Go 동시성 프로그래밍

Go 동시성 프로그래밍

개발자를 위한 도구와 테크닉

캐서린 콕스 부데이 지음   이상식 옮김

i!i
에이콘

 에이콘출판의 기틀을 마련하신 故 정완재 선생님 (1935-2004)

L.과 N. 너희들 덕분에 이 책이 나올 수 있었어. 내 인생을 통틀어 너희가 최고야.

캐서린 콕스 부데이|Katherine Cox-Buday

디지털오션Digital0cean 사에서 일하고 있는 컴퓨터 과학자다. 소프트웨어 엔지니어링과 글쓰기, 바둑, 음악이 취미이며 이 모든 것을 가끔씩, 다양한 수준으로 즐기고 있다.

옮긴이 소개

이상식(crackerlss@gmail.com)

성균관대학교 컴퓨터공학과를 졸업한 후 금융결제원을 거쳐 현재 금융보안원에서 일하고 있다. 모의 해킹 업무를 수행하고 있지만, 보안 외에도 파이썬 프로그래밍, 시스템 트레이딩 등 다양한 분야에 관심이 많다. 구체적인 이력은 링크드인(https://www.linkedin.com/in/sangsiklee)에서 확인할 수 있다.

옮긴이의 글

오늘날 소프트웨어가 동작하는 환경(고성능 멀티 코어 CPUd의 보급과 멀티태스킹 지원, 비동기 분산 서비스 및 클라우드 기반의 마이크로서비스 패러다임)을 살펴보면 동시성을 고려하지 않고 프로그램을 작성하는 것은 불가능해 보인다.

이러한 환경을 반영하듯 동시성을 지원하는 새로운 언어가 계속 등장하고 있으며, 기존의 언어들 역시 다양한 패턴과 라이브러리를 추가해 동시성 프로그래밍을 지원하려는 변화의 노력을 지속하고 있다. 언어들이 동시성을 추상화한 수준은 모두 다른데, 그 중에서도 Go 언어의 동시성 지원은 단연 돋보인다.

전통적인 프로세스와 스레드, 잠금 및 동기화 모델, 이어서 등장한 메시지 큐와 비동기 서비스 모델에서의 동시성 프로그래밍과 Go 언어가 제공하는 고루틴과 채널을 활용한 동시성 프로그래밍을 비교해본다면 언어 자체가 지원하는 추상화의 강력함을 느낄 수 있을 것이다. Go 언어는 동시성과 관련된 부수적인 작업들을 추상화함으로써 프로그래머가 문제 해결에만 집중할 수 있도록 도와준다.

이 책은 Go 언어의 특성을 보다 잘 이해하고 활용할 수 있도록 동시성과 병렬성의 개념, Go 동시성 모델의 이론적인 배경부터 실무에서 활용할 수 있는 도구와 테크닉까지 폭넓게 다루고 있다. 이 책을 통해 Go를 활용한 동시성 프로그래밍 기법을 익힐 수 있을 뿐만 아니라, 최신 언어가 동시성을 어떻게 지원하는지 살펴보며 동시성 자체에 대한 이해도 높일 수 있을 것이다.

차례

1장   동시성 소개   21

2장   코드 모델링: 순차적인 프로세스 간의 통신   49

들어가며

『Go 동시성 프로그래밍』에 온 것을 환영한다! 이 책을 선택하고, 6개 장에 걸쳐 Go에서의 동시성에 대해 함께 알아보게 된 것을 기쁘게 생각한다.

Go는 멋진 언어다. 이 언어가 처음 발표되고 세상에 나왔을 때, 큰 관심을 갖고 살펴봤던 기억이 난다. Go는 간결하고 믿을 수 없을 정도로 빠르게 컴파일되며, 성능이 뛰어날 뿐만 아니라 덕 타이핑duck typing도 지원한다. 또한 Go 언어의 동시성 기본 요소로 작업하면서 많은 영감을 받을 수 있었다. 처음으로 go 키워드를 사용해 고루틴(이후 설명할 것이다)을 생성했을 때, 바보처럼 웃을 수밖에 없었다. 다양한 언어에서 동시성 작업을 해봤지만, 이렇게 동시성을 쉽게 만들어주는 언어를 사용해본 적은 없다(이런 언어가 존재하지 않는다는 것이 아니라, 사용해본 적이 없다는 것이다). 나는 Go에서 길을 발견했다.

지난 몇 년 동안 나는 Go로 간단한 스크립트를 작성하는 수준에서 개인적인 프로젝트를 거쳐, 마침내 수십만 줄의 코드를 다루는 전문적인 프로젝트를 수행하기에 이르렀다. Go 언어 커뮤니티 역시 언어와 함께 성장했고, 함께 Go에서 동시성을 다루는 모범 사례를 발견했다. 자신이 발견한 패턴에 대해 이야기하는 이들도 있다. 그러나 커뮤니티에는 Go에서 동시성을 어떻게 다뤄야 하는지에 대한 종합적인 안내가 없었다.

이 점을 염두에 두고 책을 쓰기로 마음먹었다. Go 커뮤니티가 동시성 프로그래밍 요소의 사용법, 시스템에 이를 통합하기 위한 모범 사례 및 패턴, 내부적인 동작 원리를 비롯한 Go 언어의 동시성에 대한 종합적인 고급 정보에 접근할 수 있기를 원했다. 이 책을 쓰면서 이 주제 사이에서 균형을 유지하고자 최선을 다했다.

이 책이 도움이 되기를 바란다!

대상 독자

이 책은 Go 언어를 사용해본 경험이 있는 개발자를 대상으로 한다. 언어의 기본 문법에 대한 설명은 하지 않을 것이다. 다른 언어에서 동시성이 어떤 식으로 표현되는지 알고 있다면 도움이 되겠지만 반드시 알 필요는 없다.

이 책에서는 Go 동시성 프로그래밍의 여러 주제에 관해 논한다. 흔히 나타나는 동시성 프로그래밍의 문제점이나 Go의 동시성을 디자인한 배경, Go의 동시성 기본요소 문법, 일반적인 동시성 패턴, 그리고 이 모든 과정을 도와주는 도구들을 다룰 것이다. 이 책의 주제는 굉장히 광범위하다. 따라서 여러 분야의 독자들에게 유용할 것이다.

이 책에서 다루는 내용

기술 서적을 읽을 때 나는 관심이 있는 부분을 이리저리 건너뛰면서 읽고는 한다. 업무를 위해서 새로운 기술을 익히려고 하는 경우, 일과 관련된 부분을 집중적으로 찾아본다. 어떤 식으로 이 책을 읽든 이 책의 로드맵이 당신이 원하는 곳에 이를 수 있도록 도움이 되기를 바란다.

1장. 동시성 소개

역사적인 관점에서 동시성이 왜 중요한 기능이 됐는지 알아보고, 동시성 프로그래밍을 정확하게 작성하는 것이 어려운 원인에 대해 이야기한다. 그리고 Go 언어가 어떻게 이런 어려움을 덜어주는지 간략하게 다룬다. 만약 동시성에 대한 실무 지식이 있거나 Go의 동시성 기본 요소를 사용하는 방법에 대한 기술적인 측면에 관심이 있다면 1장을 건너뛰어도 무방하다.

2장. 코드 모델링: 순차적인 프로세스 간의 통신

Go 언어가 지금과 같이 디자인되는 데 동기를 부여한 요소를 다룬다. 이를 이해하면 Go 언어 커뮤니티에서 다른 사람과 대화하는 데 도움이 된다. 또한 Go 언어가 동작하는 원리를 이해하는 틀을 잡는 데도 도움이 된다.

3장. Go의 동시성 구성 요소

Go의 동시성 기본 요소의 문법을 깊이 살펴본다. 또한 Go의 메모리 접근 동기화를 담당하는 sync 패키지도 알아본다. 이전에 Go 언어에서 동시성 프로그래밍을 해본 적이 없지만 바로 시작하기를 원한다면 3장부터 읽으면 된다. 이 장에서는 Go에서의 기본적인 동시성 코드 작성에 대한 내용, 다른 언어 및 동시성 모델의 개념과의 비교가 섞여 있다. 꼭 다른 언어나 동시성 모델에서의 개념까지 이해할 필요는 없지만, 이 개념들은 Go의 동시성에 대한 완전한 이해를 돕는다.

4장. Go의 동시성 패턴

Go의 동시성 기본 요소들이 합쳐져 어떻게 패턴을 형성하는지 살펴본다. 이 패턴들은 문제를 해결하는 데 도움이 될 뿐만 아니라, 동시성 기본 요소를 조합하는 데서 오는 이슈를 해결하는 데 도움이 된다. Go 언어로 동시성 프로그램을 작성해본 경험이 있다면 4장부터 읽는 것도 도움이 될 것이다.

5장. 확장에서의 동시성

그동안 배웠던 패턴을 조합해 보다 큰 프로그램, 서비스, 분산 시스템에서 일반적으로 사용하는 큰 패턴을 구성해본다.

6장. 고루틴과 Go 런타임

Go의 런타임이 고루틴을 스케줄링하는 방법을 설명한다. 6장은 Go 런타임의 내부를 이해하고자 하는 독자들을 위한 것이다.

부록

동시성 프로그램을 간단히 작성해보고, 보다 쉽게 작성하고 디버깅할 수 있도록 도와주는 여러 가지 도구들을 소개한다.

온라인 참고자료

Go는 매우 활동적이고 열정적인 커뮤니티를 갖고 있다! Go를 처음 하더라도 용기를 내자. Go 언어를 향한 여정에 기꺼이 도움을 베풀려는 친절한 사람들을 쉽게 찾을 수 있을 것이다. 다음은 내가 가장 좋아하는 커뮤니티 기반의 읽을거리, 도움말, 선배 Go 사용자들과의 소통 장소이다.

- https://golang.org/

- https://golang.org/play

- https://go.googlesource.com/go

- https://groups.google.com/group/golang-nuts

- https://github.com/golang/go/wiki

편집 규약

이 책에서는 정보의 종류에 따라 글꼴 스타일을 다르게 적용했다.

텍스트, 경로 이름, 사용자 입력에 대한 코드 단어는 다음과 같이 표시된다.

"if 문에서 data 변수가 읽히기 전에 위쪽의 고루틴이 스케줄링되고 실행될 것이라고 가정한다."

코드 블록은 다음과 같이 표시된다.

```
1 var data int
2 go func() {
3     data++
4 }()
5 if data == 0 {
6     fmt.Printf("the value is %v.\n", data)
7 }
```

새로운 용어와 중요한 단어는 다음과 같이 굵게 표시된다.

> **클라우드 컴퓨팅**이라는 새로운 패러다임이 장악하기 시작한 2000년대 초반에는 수평적 확장이 훨씬 쉬워졌다."

예제 코드

예제 코드와 연습 문제는 http://katherine.cox-buday.com/concurrency-in-go에서 다운로드할 수 있다. 이 코드는 MIT 라이센스 및 관련 조항에 따라 배포된다.

한국어판은 에이콘출판사 깃허브 저장소 https://github.com/AcornPublishing/concurrency-in-go에서 찾아볼 수 있다.

감사의 말

책을 쓰는 일은 어려운 작업이다. 나를 도와주고, 리뷰를 작성하고, 도구를 작성하고, 질문에 답해주는 사람들이 없었다면 당신 앞에 놓인 이 책을 쓸 수 없었을 것이다. 도와주신 모든 분들께 진심으로 감사드린다. 우리가 함께 해냈어!

> 제비 한 마리가 왔다고 여름이 온 것은 아니다...
>
> -속담

- 앨런 도노반Alan Donovan은 처음 제안서를 작성하고 방향을 설정하는 것을 도와줬다.

- 앤드류 윌킨스Andrew Wilkins와 캐노니컬Canonical에서 함께 일한 것은 커다란 행운이었다. 그의 통찰과 전문성, 지성이 이 책에 많은 영향을 미쳤으며, 그의 리뷰 덕분에 이 책이 더욱 훌륭해졌다.

- 아라 풀리도Ara Pulido는 Go를 처음 접한 사용자의 눈으로 이 책을 바라볼 수 있게 도와줬다.

- 던 샤나플트[Dawn Schanafelt]는 이 책이 명확하게 읽힐 수 있도록 최선의 노력을 다해 준 편집자다. 이 책을 쓰는 동안 내가 겪은 인생의 어려움을 참고 기다려준 그녀와 오라일리 출판사에 깊은 감사를 전한다.

- 프란세스크 캄포이[Francesc Campoy]는 항상 새로운 Go 사용자들을 고려할 수 있게 도와줬다.

- 이반 다니룩[Ivan Daniluk]의 동시성에 대한 섬세한 관심 덕분에 이 책을 종합적이고 유용한 내용으로 만들 수 있었다.

- 야스시 쇼지[Yasushi Shoji]는 내가 AsciiDoc 형상을 Emacs의 Org 모드로 내보내는 데 사용한 org-asciidoc 도구를 작성했다. 그는 자신이 책을 쓰는 것을 도왔다는 사실을 모르겠지만, 언제나 버그 리포팅과 질문에 기꺼이 답해줬다.

- Go 유지보수팀의 지원에 감사드린다.

- 이 책을 쓰는 데 사용한 GNU Emacs의 모드인 Org 모드 유지보수팀에게 진심으로 감사드린다. 나는 평생 org를 사용해왔다.

- 이 책을 쓰는 데 사용했던 GNU Emacs 유지보수 팀에게도 감사드린다. Emacs는 내가 인생에서 더 많은 것을 할 수 있게 도와줬다.

- 이 책의 대부분을 썼던 세인트루이스 공공 도서관에도 고마움을 전한다.

표지 이미지

표지의 동물은 작은귀코끼리땃쥐[Macroscelides proboscideus]로, 나미비아, 보츠와나 및 남아프리카의 건조한 지역에 서식하는 작은 포유류다. 센지[sengi]라고도 알려진 작은귀코끼리땃쥐는 코끼리의 코처럼 보이는 길쭉한 주둥이 덕분에 이런 이름을 갖게 됐다.

작은귀코끼리땃쥐는 28~43그램이고 10센티미터까지 자랄 수 있어 코끼리땃쥐과 동물 중에서는 가장 작은 종이다. 털은 회갈색이며 복부쪽 털은 흰색이다. 흰 개미나 개미, 지렁이 같은 곤충뿐만 아니라 산딸기나 잎사귀의 새싹 같은 식물도 먹는다.

작은귀코끼리땃쥐는 주로 혼자 지내지만 일부일처로 생활하는 몇 안되는 포유류 중의 하나다. 한 쌍의 작은귀코끼리땃쥐는 다른 땃쥐로부터 자신들의 영역을 지키기 위해 무리를 이룬다. 야생 상태에서 작은귀코끼리땃쥐의 수명은 1~2년 정도지만 가둬 기르는 경우 4년까지 생존하는 것으로 밝혀졌다.

오라일리 책의 표지에 나온 많은 동물들이 중요한 멸종 위기 동물이다. 이 동물들을 돕고 싶다면 animals.oreilly.com을 방문해보라.

표지 이미지는 『Braukhaus Lexicon』에서 가져왔다.

1장
동시성 소개

동시성^{Concurrency}은 흥미로운 용어이다. 이 업계에서는 사람마다 받아들이는 동시성의 의미가 각기 다르기 때문이다. "동시성" 외에도 "비동기^{asynchronous}", "병렬^{parallel}", "스레드^{thread}"라는 용어를 들어봤을 수도 있다. 이 용어를 동일한 의미로 사용하는 이들도 있고, 용어들 사이의 차이를 매우 구체적으로 설명하는 이들도 있다. 이 책에서는 동시성에 대해 논의할 것이므로, 먼저 "동시성"이 의미하는 바를 논의하는 것이 도움이 될 것이다.

2장에서 동시성이 가진 철학을 일부 배우겠지만, 지금은 실제 사례를 통해 동시성의 정의를 이해해보자.

대부분의 사람은 대개 하나 이상의 프로세스와 동시에 발생하는 프로세스를 나타낼 때 "동시^{concurrent}"라는 용어를 사용한다. 이 말은, 일반적으로 이 모든 프로세스들이 거의 동시에 수행되고 있음을 암시한다. 이 정의를 따른다면, 사람들을 떠올리면서 동시를 쉽게 이해할 수 있다. 지금 이 문장을 읽고 있는 동안에도 전 세계 사람들은 동시에 자신들의 삶을 살아가고 있다. 그들과 당신은 **동시에** 존재한다.

동시성은 컴퓨터 과학에서 폭 넓은 주제다. 동시성 이론, 동시성 모델링의 접근법, 논리의 정확성, 실제 사례, 심지어는 이론 물리학에 이르기까지 모든 종류의 주제가 동시성 개념에서부터 출발한다. 이 책을 통해서 부차적인 주제들도 다루겠지만, 책 내용 대부분은 Go의 컨텍스트 내에서 동시성을 이해하는 데 필요한 실제 문제들에 초점을 맞춘다. 예컨대 Go가 동시성을 위해 어떤 모델을 선택했는지, 이 모델로 인해 어떤 문제가 발생하는지, 이러한 문제를 해결하기 위해 이 모델 내에서 기본 요소들을 어떤 식으로 구성하는지에 대해 설명한다.

1장에서는 동시성이 컴퓨터 과학에서 중요한 주제가 된 이유와 동시성이 왜 어려운지, 왜 신중하게 연구해야 하는지를 알아본다. 그리고 무엇보다도 중요한 주제인, 이러한 난관에도 불구하고 Go의 동시성 요소를 사용해 프로그램을 보다 명확하고 빠르게 만드는 기법을 폭넓게 알아본다. Go의 동시성을 이해하기 앞서 그 역사를 간략히 살펴보자. 먼저 동시성이 어떻게 중요한 주제가 됐는지 그 과정을 알아보자.

무어의 법칙, 웹 스케일, 그리고 혼란

1965년에 고든 무어^{Gordon Moore}는 그의 세 쪽짜리 논문에서, 전자공학 시장이 집적 회로로 통합될 것이며, 향후 최소 10년 동안은 집적 회로의 구성 요소가 매년 두 배로 늘어날 것이라고 주장했다. 그 후 1975년, 그는 집적 회로의 구성 요소가 2년마다 두 배가 될 것이라고 이 예측을 수정했다. 이 예측은 거의 최근이라 할 수 있는 2012년까지 거의 들어맞았다.

몇몇 회사는 무어의 법칙이 예측한 속도가 둔화될 것을 예견했고, 컴퓨팅 능력을 향상시킬 수 있는 대안을 조사하기 시작했다. 필요는 혁신의 어머니라는 속담처럼, 멀티 코어 프로세서는 이런 식으로 탄생했다.

멀티 코어 프로세스는 무어의 법칙에서 오는 한계를 영리하게 해결한 듯 보였다. 하지만 컴퓨터 과학자들은 곧 또 다른 법칙인 암달의 법칙이라는 한계에 직면했음을 깨달았다. 암달의 법칙은 컴퓨터 아키텍트인 진 암달^{Gene Amdahl}의 이름에서 따온 것으로, 문제의 해결책을 병렬적으로 구현하면 잠재적으로 성능이 얼마나 향상될지 모델링하는 방법을 설명한다. 간단히 말하면, 이 법칙은 프로그램에서 순차적인 방식으로 작성할 수 밖에 없는 부분이 얼마나 되는지에 따라 성능 향상의 한계가 정해진다고 말한다.

예를 들어 주로 GUI에 기반한 프로그램을 작성한다고 생각해보자. 사용자에게 인터페이스가 표시되고, 어떤 버튼을 클릭하면 동작이 이루어진다. 이 같은 유형의 프로그램은 파이프라인에서 매우 많은 부분을 차지하면서도 순차적으로 실행될 수밖에 없는 사용자와의 상호작용에 의해 성능이 제한된다. 이 프로그램은 사용할 수 있는 코어의 수와 관계없이, 사용자가 인터페이스와 얼마나 빠르게 상호작용할 수 있는지에 따라 그 성능이 항상 제한된다.

이제 파이(π)의 자릿수를 계산하는 다른 예를 생각해보자. 스피곳 알고리즘(https://en.wikipedia.org/wiki/Spigot_algorithm)류의 알고리즘 덕분에, 이 문제는 당혹스러울 정도로 **지나치게 병렬적**embarrassingly parallel, 과잉 병렬이라고 한다. 이 용어는 다소 이상하게 들리기는 하지만, 기술 용어로서 손쉽게 병렬 작업들로 나눌 수 있음을 의미한다. 과잉 병렬에 해당할 경우 프로그램에서 더 많은 코어를 사용할 수 있게 만들어 성능을 상당히 향상할 수 있다. 이때 병렬 처리된 결과를 어떻게 결합하고 저장하느냐가 새로운 문제로 떠오르게 된다.

암달의 법칙은 이 두 문제의 차이점을 이해하고 병렬 처리가 시스템의 성능 문제를 해결하는 올바른 방법인지 판단하는 데 도움이 될 수 있다.

과잉 병렬 문제의 경우, **수평적**horizontally으로 확장할 수 있도록 애플리케이션을 작성할 것을 권한다. 수평 확장이 가능하다는 것은 프로그램의 인스턴스를 가져와 더 많은 CPU나 기기에서 실행할 수 있으며, 이로 인해 시스템의 실행 시간이 향상된다는 의미이다. 과잉 병렬 문제는 이 모델에 매우 적합한데, 애플리케이션의 서로 다른 인스턴스에게 문제의 일부를 보낼 수 있는 방식으로 프로그램을 구성하기가 매우 쉽기 때문이다.

클라우드 컴퓨팅이라는 새로운 패러다임이 장악하기 시작한 2000년대 초반에는 수평적 확장이 훨씬 쉬워졌다. 1970년대 초반부터 클라우드 컴퓨팅이라는 용어가 사용될 조짐이 보이기는 했지만, 실제로 시대 정신에 뿌리를 내리기 시작한 시기는 2000년대 초반이다. 클라우드 컴퓨팅은 애플리케이션 배포 및 수평 확장에 대한 새로운 종류의 스케일링 접근 방식을 시사한다. 클라우드 컴퓨팅은 평소에 신중하게 관리하거나 소프트웨어를 설치하고, 유지 관리하는 장비machine들이 아닌, 필요 시에 기기에 제공되는 방대한 리소스 풀에 대한 접근을 의미한다. 장비들은 덧없는 존재가 됐으며, 기기에서 실행하려는 프로그램들에 특화돼 맞춤형으로 제공되기 시작했다. 일반적으로(항상 그런 것은 아니지만) 이 리소스 풀pool은 다른 회사 소유의 데이터 센터에서 호스팅됐다.

이 변화는 새로운 사고 방식을 장려했다. 개발자들은 갑작스럽게 비교적 저렴한 비용으로 대규모 문제를 해결할 때 사용할 수 있는 방대한 컴퓨팅 성능에 접근하게 됐다. 솔루션을 여러 대의 컴퓨터와 글로벌한 영역으로까지 확장하는 것도 이제는 대수롭지 않은 일이 됐다. 클라우드 컴퓨팅은 이전에는 거대 기술 기업만 해결할 수 있었던 문제에 완전히 새로운 솔루션을 적용할 수 있게 했다.

그러나 클라우드 컴퓨팅이 새롭게 제시한 도전 과제도 많이 생겨났다. 이러한 자원들을 프로비저닝provisioning하고, 장비 인스턴스 간에 통신하고, 결과를 집계하고 저장하는 문제를 모두 해결해야 했다. 무엇보다도 코드를 동시적으로concurrently 모델링하는 방법을 이해하는 문제가 가장 어려웠다. 솔루션의 일부가 서로 다른 여러 장비에서 실행될 수 있다는 사실이 문제를 동시적으로 모델링할 때 흔히 마주치는 몇 가지 사안을 악화시켰다. 하지만 이러한 사안들이 성공적으로 해결되면서 곧 **웹 스케일**web scale이라는 새로운 유형의 소프트웨어 브랜드로 이어졌다.

어떤 소프트웨어가 웹 스케일이라면, 이 소프트웨어는 과잉 병렬일 것이라고 예상할 수 있다. 즉, 웹 스케일 소프트웨어는 일반적으로 애플리케이션의 인스턴스들을 추가함으로써 수십만 또는 그 이상의 동시 작업 부하를 처리할 것이다. 웹 스케일은 롤링 업그레이드rolling upgrade[1], 탄력적인 수평 확장이 가능한 아키텍처, 지리적 분산 같은 모든 종류의 속성을 가능하게 했다. 또한 소프트웨어에 대한 이해 및 장애 허용fault tolerance에 있어 새로운 수준의 복잡성을 제시했다.

그 결과 이러한 멀티 코어, 클라우드 컴퓨팅, 웹 스케일, 그리고 병렬 처리가 가능할지 여부를 고민해야 하는 이 세계에서 현대의 개발자들은 어느 정도 부담을 느끼고 있는 듯하다. 결정의 시기는 이미 지났으며, 이제는 주어진 하드웨어의 한계 내에서 문제를 해결해야 한다. 2005년 허브 셔터Herb Sutter는 **닥터 밥스**Dr. Dobb's에 "공짜는 끝났다: 소프트웨어의 동시성을 향한 근본적인 전환"이라는 제목의 기사를 썼다(http://www.gotw.ca/publications/concurrency-ddj.htm). 적절한 제목에 선견지명이 있는 기사다. 셔터는 이 기사의 말미에서 "기존 언어들이 제공하는 것보다 높은 수준의 동시성 프로그래밍 모델이 절실히 필요하다." 라고 말했다.

---

1   사용 중인 시스템을 중단시키지 않고 순차적으로 업그레이드. −옮긴이

셔터가 이처럼 강하게 주장한 이유를 알기 위해서는 동시성을 제대로 구현하는 것이 왜 그렇게 어려운지 살펴봐야 한다.

동시성이 어려운 이유

동시성 코드를 제대로 작성하는 것은 어렵기로 유명하다. 생각대로 동작하게 하려면 일반적으로 반복 작업을 몇 번이나 해야 한다. 심지어 디스크 사용량이 많아지고 시스템에 로그인한 사용자가 늘어나는 등 타이밍이 약간 변경돼, 기존에는 발견되지 않고 한참 동안 소스 코드 속에 숨어 있던 버그가 고개를 쳐드는 경우도 많다. 사실, 이 책에서도 이런 버그를 줄이기 위해 코드를 여러 번 살펴봤다.

다행스럽게도 동시성 코드를 작업할 때는 누구나 동일한 문제를 겪는다. 이 때문에 컴퓨터 과학자들은 일반적인 문제들을 분류할 수 있었으며, 이를 바탕으로 문제의 발생 원인과 해결 방법에 대해 논의할 수 있었다.

그러면 이제 시작해보자. 다음은 동시성 코드 작업에 좌절감을 느끼면서도 흥미를 느낄 수 있는 가장 일반적인 문제들이다.

레이스 컨디션

레이스 컨디션^{Race Condition}은 둘 이상의 작업이 올바른 순서로 실행돼야 하지만 프로그램이 그렇게 작성되지 않아서 이 순서가 유지되는 것이 보장되지 않을 때 발생한다.

대부분 이 문제는 하나의 동시 작업이 어떤 변수를 읽으려고 시도하는 동안 또 다른 동시 작업이 특정할 수 없는 시점에 동일 변수에 값을 쓰려고 하는 데이터 레이스^{data race}인 것으로 밝혀졌다.

기본적인 예제는 다음과 같다.

```
1 var data int
2 go func() {          ❶
3   data++
4 }()
```

```
5 if data == 0 {
6    fmt.Printf("the value is %v.\n", data)
7 }
```

❶ Go에서는 함수를 동시적으로 실행시키기 위해 go 키워드를 사용할 수 있다. 이렇게 하면 고루틴^{goroutine}이라는 것이 생성된다. 이 내용은 65페이지의 "고루틴"에서 자세히 설명한다.

여기서 3행과 5행은 모두 변수 데이터에 접근하려고 시도하는데, 이 두 연산이 어떤 순서로 일어나는지는 보장되어 있지 않다. 이 코드를 실행하면 다음 세 가지 결과가 발생할 수 있다.

- 아무것도 출력되지 않는다. 이 경우 3행이 5행보다 먼저 실행된다.

- "the value is 0"이 출력된다. 이 경우 5행과 6행이 3행보다 먼저 실행된다.

- "the value is 1"이 출력된다. 이 경우 5행이 3행보다 먼저 실행됐지만, 3행이 6행보다 먼저 실행된다.

보다시피 몇 줄의 잘못된 코드로 인해 프로그램에 엄청난 변동성이 나타날 수 있다.

대부분의 데이터 레이스는 개발자가 문제를 순차적으로 생각하기 때문에 일어난다. 개발자들은 어떤 한 줄의 코드가 다른 코드보다 먼저 나타나기 때문에 먼저 실행될 것이라고 가정한다. 예를 들어 if문에서 data 변수가 읽히기 전에 위쪽의 고루틴이 스케줄링되고 실행될 것이라고 가정한다.

동시성 코드를 작성할 때는 가능한 한 시나리오를 세심하게 반복해야 한다. 이 책의 뒷부분에서 다루는 기법 중 일부를 사용하지 않는 한, 소스 코드에 나열된 순서대로 코드가 실행된다는 보장은 없다. 때로는 연산들 사이에 많은 시간적 공백이 있다고 상상하는 것이 도움이 된다는 사실도 알아냈다. 고루틴이 호출된 후에 실행될 때까지 한 시간이 흘렀다고 생각해보자. 프로그램의 나머지 부분이 어떤 식으로 동작할까? 고루틴이 성공적으로 실행되고 프로그램이 if문에 도달하기까지 1시간이 걸렸다면 어떻게 될까? 시간의 단위는 다를 수 있지만, 컴퓨터에게 있어 상대적인 시간 차는 거의 비슷하기 때문에 이런 식으로 생각하면 꽤 도움이 된다.

사실 일부 개발자는 코드 전체에 걸쳐 sleep을 뿌리는 잘못을 범한다. sleep이 동시성 문제를 해결하는 것처럼 보이기 때문이다. 이전 코드를 대상으로 실습해보자.

```
1 var data int
2 go func() { data++ }()
3 time.Sleep(1*time.Second) // 이것은 잘못됐다!
4 if data == 0 {
5   fmt.Printf("the value is %v.\n" data)
6 }
```

데이터 레이스가 해결됐을까? 아니다. 실제로 이 프로그램에서도 세 가지 결과가 모두 발생할 수 있다. 다만 **가능성이 낮을** 뿐이다. 고루틴을 호출하고 data의 값을 확인하는 사이에 더 오래 sleep하면 할수록 프로그램은 정확해진다. 하지만 이 확률은 점진적으로 논리적 정확성에 다가가는 것이지 결코 논리적으로 정확한 것은 아니다.

이 외에도 알고리즘에 비효율적인 요소를 도입하자. 이제 데이터 레이스가 일어나지 않도록 하기 위해 1초 동안 sleep해야 한다. 올바른 도구를 사용했다면, 기다릴 필요가 전혀 없거나 대기 시간이 불과 1마이크로초 정도일 것이다.

여기서 기억해야 할 점은, 언제나 논리의 정확성을 추구해야 한다는 것이다. 코드에 sleep을 추가하는 것은 동시성 프로그램을 디버깅하는 편리한 방법일 수 있지만 해결책은 아니다.

레이스 컨디션은 동시성 버그 중 가장 은밀한 유형 중 하나다. 코드가 운영 환경에 투입된 후에도 수년 동안 드러나지 않을 수 있기 때문이다. 그러다가 코드가 실행되는 환경의 변화로 인해 갑작스럽게 버그가 발생한다. 이 경우 코드가 올바르게 작동하는 것처럼 보이지만, 실제로는 연산들이 순서대로 실행될 가능성이 매우 높은 것일 뿐이다. 머지않아 프로그램에 의도하지 않은 결과가 발생할 것이다.

원자성

무언가가 원자적atomic이거나 원자적인 속성을 가진다면, 이는 동작하는 컨텍스트 내에서 나누어지거나 중단되지 않는다는 것을 의미한다.

그러면 원자성이 실제로 의미하는 바는 무엇이며, 동시성 코드로 작업할 때 원자성을 아는 것이 중요한 이유는 무엇인가?

이때 가장 중요한 것은 "컨텍스트context"라는 용어이다. 어떤 컨텍스트에서는 원자적인 것이 다른 컨텍스트에서는 아닐 수 있다. 예를 들어, 사용자 프로세스의 컨텍스트 내에서는 원자적인 연산도 운영체제의 컨텍스트에서는 원자적이지 않을 수 있다. 운영체제의 컨텍스트 내에서 원자적인 연산이 기기의 컨텍스트 내에서 원자적이지 않을 수도 있다. 기기의 컨텍스트 내에서 원자적인 연산도 사용자 애플리케이션 컨텍스트 내에서 원자적이지 않을 수 있다. 다시 말해, 연산의 원자성은 현재 정의된 범위scope에 따라 달라질 수 있다. 이 사실은 당신에게 도움을 줄 수도 있고, 힘들게 할 수도 있다!

원자성에 대해 생각할 때, 가장 먼저해야 할 일은 연산이 원자적인 것으로 간주해야 할 컨텍스트 또는 범위를 정의하는 것이다. 다른 모든 것보다 이것이 우선이다.

재미있는 사실

2006년에 게임 회사인 블리자드(Blizzard)가 MDY 사(MDY Industries)를 상대로 소송을 걸어 성공적으로 승소해 6백만 달러를 배상 받은 일이 있었다. MDY 사가 사용자 개입 없이 〈월드 오브 워크래프트(World of Warcraft)〉 게임을 자동으로 수행하는 "글라이더(Glider)"라는 프로그램을 만든 것이 소송의 원인이었다. 일반적으로 글라이더 같은 프로그램을 로봇의 약자인 "봇"이라고 한다.

당시 〈월드 오브 워크래프트〉는 게임을 플레이할 때 항상 실행되는 "와든(Warden)"이라는 부정 방지(anti-cheating) 프로그램을 보유하고 있었다. 당시 와든은 호스트 컴퓨터의 메모리를 검사하고, 부정 행위에 사용되는 것으로 보이는 프로그램을 찾기 위해 발견적인(heuristic[2]) 방법을 수행했다.

글라이더는 원자적 컨텍스트의 개념을 이용해 이 검사를 성공적으로 회피했다. 와든은 기기의 메모리 스캔하는 동작을 원자적 연산으로 간주했지만, 글라이더는 이 스캔을 시작하기 전에 하드웨어 인터럽트를 사용해 자신을 숨긴다! 와든의 메모리 스캔은 해당 프로세스의 컨텍스트 내에서 원자적이었지만 운영체제의 컨텍스트에서는 그렇지 않았다.

이번에는 "불가분indivisible"과 "중단 불가uninterruptible"이라는 용어를 살펴보자. 이들 용어는 사용자가 정의한 컨텍스트 내부에서 원자적인 요소가 통째로 발생하며, 해당 컨텍스

---

2 반복적 시행착오와 점진적 개선을 통해 복잡한 문제를 해결하는 방식. – 옮긴이

트 내에서는 해당 요소 외에 어떤 것도 동시에 이루어지지 않는다는 것을 의미한다. 설명이 복잡했는데, 예시를 살펴보면서 이해해보자.

i++

이것은 누구나 떠올릴 수 있는 간단한 예제이지만, 원자성의 개념을 쉽게 보여준다. 이 예시가 원자적으로 보일 수도 있지만, 간단한 분석을 통해 몇 가지 연산으로 구성돼 있음을 알 수 있다.

- i의 값을 가져온다.

- i의 값을 증가시킨다.

- i의 값을 저장한다.

이런 각 연산은 원자적이지만, 세 연산의 조합은 컨텍스트에 따라 원자적이지 않을 수 있다. 이것은 원자적 연산의 흥미로운 특성을 보여준다. 바로 원자적 연산을 조합한다고 해서 반드시 더 큰 원자적 연산이 생성되는 것은 아니라는 점이다. 연산을 원자적으로 만드는 것은 사용자가 어떤 컨텍스트에서 원자성을 얻고자 하는지에 달려 있다. 동시에 수행되는 프로세스들이 없는 프로그램의 컨텍스트라면, 이 코드는 해당 컨텍스트 내에서 원자적이다. i 값을 다른 고루틴들에게 노출하지 않는 고루틴의 컨텍스트인 경우에도 이 코드는 원자적이다.

그렇다면 왜 원자성에 대해 신경을 써야 할까? 무언가가 원자적이라면 암묵적으로 동시에 실행되는 컨텍스트들 내에서는 안전하다는 것을 의미하기 때문에 원자성은 중요하다. 원자성은 논리적으로 올바른 프로그램을 작성할 때 필요한 요소이며, 나중에 살펴보겠지만 동시성 프로그램들을 최적화하는 방법이기도 하다.

함수, 메서드, 프로그램은 고사하고 대부분의 구문조차 원자적 요소가 아니다. 원자성이 논리적으로 올바른 프로그램을 작성하는 열쇠라면, 그리고 대부분의 구문은 원자적이지 않다면 이 두 사실을 어떻게 조화시켜야 할까? 뒤에서 더 깊이 살펴보겠지만, 간단히 말하면 다양한 기법을 사용해 원자성을 강제할 수 있다. 그 후부터는 코드의 어느 영역이 원자적이어야 하는지, 어느 정도의 세분화가 필요한지 결정하는 것이 기술이다. 다음 절에서 이러한 과제 중 일부에 대해 논의한다.

메모리 접근 동기화

다음과 같은 데이터 레이스 상황을 생각해보자. 동시에 실행되는 두 프로세스가 동일한 메모리 영역에 접하려고 시도하고 있으며, 각 프로세스가 메모리에 접근하는 방식은 원자적이지 않다고 가정하자. 앞에서 살펴본 데이터 레이스 예제를 조금만 수정하면 된다.

```
var data int
go func() { data++}()
if data == 0 {
  fmt.Println("the value is 0.")
} else {
  fmt.Printf("the value is %v.\n", data)
}
```

data의 값에 상관없이 항상 무언가가 출력되도록 하기 위해 else 절을 추가했다. 앞서 말한 대로 데이터 레이스가 존재하며, 이 프로그램의 출력은 완전하게 비결정적이라는 사실을 기억하라. 실은 프로그램에서 공유 리소스에 독점적으로 접근해야 하는 영역 section을 칭하는 이름이 있다. 이를 **임계 영역**critical section이라고 한다. 이 예에서는 세 가지 임계 영역이 있다.

- data 변수를 증가시키는 goroutine

- data 값이 0인지 확인하는 if 구문

- 출력할 data의 값을 가져오는 fmt.Printf 구문

프로그램에서 임계 영역을 보호하는 다양한 방법이 존재하며, Go는 이를 처리할 수 있는 여러 가지 좋은 아이디어를 가지고 있다. 그 중 한 가지 방법이 임계 영역 간의 메모리 접근을 동기화하는 것이다. 예시를 통해 살펴보자.

다음 Go 코드는 관용적으로 사용되는 것이 아니며, 이런 식으로 데이터 레이스 문제를 해결하는 것도 권하지 않는다. 하지만 이 방식은 메모리 접근 동기화를 매우 간단하게 보여준다. 이 예제에 나오는 타입, 함수 또는 메서드 중 하나가 낯설어도 괜찮다. 이러한 호출을 통해 메모리에 대한 접근을 동기화한다는 개념에 중점을 두도록 하자.

```go
var memoryAccess sync.Mutex ❶
var value int
go func() {
  memoryAccess.Lock()   ❷
  value++
  memoryAccess.Unlock()   ❸
}()

memoryAccess.Lock()   ❹
if value == 0 {
  fmt.Printf("the value is %v.\n", value)

} else {
  fmt.Printf("the value is %v.\n", value)
}
memoryAccess.Unlock()   ❺
```

❶ data 변수의 메모리에 대한 접근을 동기화^{synchronize}할 수 있게 해주는 변수를 추가했다. sync.Mutex 타입에 대해서는 78페이지의 "sync 패키지"에서 자세히 설명한다.

❷ 별도로 선언할 때까지 고루틴이 이 메모리에 독점적으로 접근해야 한다고 선언한다.

❸ 고루틴이 이 메모리에 대한 접근을 끝냈다고 선언한다.

❹ 다시 한번 다음 조건문이 data 변수의 메모리에 독점적으로 접근해야 한다고 선언한다.

❺ 다시 한번 이 메모리에 대한 접근이 끝났다고 선언한다.

이 예제에서는 개발자가 따를 수 있는 규칙^{convention}을 만들었다. 개발자는 data 변수의 메모리에 접근하려고 할 때마다 먼저 Lock을 호출해야 하며, 완료되면 Unlock을 호출해야 한다. 이 두 구문 사이의 코드는 data에 독점적으로 접근할 수 있는 것으로 간주된다. 메모리에 대한 접근을 성공적으로 동기화한 것이다. 또한 개발자가 이 규칙을 따르지 않는다면 독점적인 접근이 보장되지 않는다는 점에 유의하자. 이 개념은 128페이지의 "제한"에서 다시 볼 수 있다.

데이터 레이스를 해결하는 동안, 실제로 레이스 컨디션을 해결하지는 못했다는 사실을 알아챘을지도 모르겠다! 이 프로그램의 연산 순서는 여전히 비결정적이다. 단지 비결정적인 부분의 범위를 조금 좁혔을 뿐이다. 이 예에서 고루틴이 먼저 실행될 수도 있고, if와 else 블록 모두가 실행될 수도 있다. 이 프로그램에게 주어진 실행 환경에서 어느 것이 먼저 일어날지 여전히 알지 못한다. 나중에 이 문제를 올바르게 해결할 도구를 살펴볼 것이다.

겉보기에는 꽤 간단해 보인다. 임계 영역을 발견하면 메모리에 대한 접근을 동기화하기 위한 포인트를 추가하라! 쉽지 않은가?

메모리에 대한 접근을 동기화해 몇 가지 문제를 해결할 수는 있지만, 방금 본 것처럼 이것이 데이터 레이스나 논리적인 정확성을 자동으로 해결하지는 못한다. 또한 이 방식이 유지 관리 및 성능 문제를 일으킬 수도 있다.

앞에서 특정 메모리에 독점적으로 접근해야 한다고 선언하기 위한 규칙을 만들었다고 말했다. 규칙은 훌륭하지만 쉽게 무시할 수 있다. 사업상 요구사항이 때로는 신중함보다 중요시되는 소프트웨어 엔지니어링의 경우에는 특히 그렇다. 이러한 방식으로 메모리에 대한 접근을 동기화함으로써, 다른 모든 개발자가 현재에도, 앞으로도 동일한 규칙을 따를 것이라고 기대할 것이다. 그건 꽤 어려운 주문이다. 고맙게도 이 책의 뒷부분에서 동료를 성공적으로 도울 수 있는 방법도 살펴볼 것이다.

이러한 방식으로 메모리에 대한 접근을 동기화하는 것은 성능에도 영향을 미친다. 나중에 78페이지의 "sync 패키지"에서 sync 패키지를 검토할 때 자세히 알아보겠지만, Lock 호출이 프로그램을 느려지게 만들 수 있다. 이러한 연산들 중 하나를 수행할 때마다, 프로그램은 일정 시간 동안 멈춘다. 이는 두 가지 의문을 제기한다.

- 임계 영역에 반복적으로 들어갔다 나오는가?
- 임계 영역은 어느 정도 크기여야 하는가?

프로그램의 컨텍스트에서 이 두 가지 질문에 정답은 없다. 이 질문들은 예술art 영역에 가깝기 때문에 메모리에 대한 접근을 동기화하기가 까다롭다.

메모리 접근 동기화 기법 및 다른 동시성 문제 모델링 기법에는 몇 가지 공통된 문제점이 있다. 다음 절에서 이에 대해 설명한다.

데드락, 라이브락, 기아 상태

이전 절에서는 이런 문제들이 올바르게 관리된다면 프로그램에서 부정확한 대답을 제공하지 않는다는 점에서 프로그램의 정확성에 대해 논의했다. 불행하게도 이런 문제들을 성공적으로 다루더라도 데드락deadlock과 라이브락livelock, 기아 상태starvation 같은 또 다른 문제가 발생한다. 이들 문제는 프로그램이 언제나 유용하게 동작하도록 하는 것과 관련이 있다. 문제를 적절히 처리하지 않으면 프로그램이 완전히 작동을 멈춘 상태가 될 수도 있다.

데드락

프로그램이 데드락 상태에 빠지면, 해당 프로그램에서 동시에 실행 중인 모든 프로세스는 자신이 아닌 다른 프로세스가 끝나기만을 기다린다. 데드락 상태가 되면 외부 개입이 없이는 결코 프로그램을 복구할 수 없다.

암울하게 들릴지 모르겠지만 사실이 그렇다! Go 런타임이 일부 데드락(모든 고루틴이 대기하고 있거나 "잠들어 있는"[3] 상황)을 탐지하는 등 자신의 역할을 하겠지만, 그렇다고 데드락을 방지하는 데 많은 도움이 되지는 않는다.

데드락의 정의를 확실히 하기 위해 먼저 다음 예제를 살펴보자. 이번에도 마찬가지로 모르는 타입과 함수, 메서드, 패키지는 무시해도 상관없으며 그저 코드의 호출만 따라오면 된다.

---

3 Go 런타임에서 부분적인 데드락을 감지할 수 있게 하는 제안이 있지만 구현되지 않았다. 자세히 알고 싶다면, https://github.com/golang/go/issues/13759를 참조한다.

```
type value struct {
    mu   sync.Mutex
value int
}

var wg sync.WaitGroup
printSum := func(v1, v2 *value) {
  defer wg.Done()
  v1.mu.Lock()  ❶
  defer v1.mu.Unlock()  ❷

  time.Sleep(2*time.Second) ❸
  v2.mu.Lock()
  defer v2.mu.Unlock()

  fmt.Printf("sum=%v\n", v1.value + v2.value)
}

var a, b value
wg.Add(2)
go printSum(&a, &b)
go printSum(&b, &a)
wg.Wait()
```

❶ 여기서는 입력값(v1)을 위해 임계 영역에 진입하려고 시도한다.

❷ printSum 함수가 리턴되기 전에 임계 영역을 벗어나도록 하기 위해 defer문을 사용하고 있다.

❸ 여기서 일정 시간 동안 sleep하면서 임의의 작업을 수행하는 것처럼 시뮬레이션한다(그리고 데드락을 유발한다).

이 코드를 실행하려고 하면 다음과 같은 메시지를 보게 될 것이다.

```
fatal error: all goroutines are asleep - deadlock!
```

주의 깊게 살펴보면 이 코드에서 타이밍 문제가 발생한다는 것을 알 수 있다. 다음은 진행 상황을 시각적으로 표현한 것이다. 박스는 함수를 나타내고, 가로선은 이러한 함수들에 대한 호출을, 세로 막대는 위쪽에 있는 함수의 수명을 나타낸다(그림 1-1).

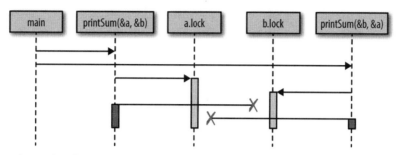

그림 1-1 데드락을 발생시키는 타이밍 문제

본질적으로 함께 동작할 수 없는 두 개의 기어를 만들었다. 첫 번째 printSum 호출은 a를 잠근 다음 b를 잠그려고 시도하지만, 그 사이에 두 번째 printSum 호출이 b를 잠그고 a를 잠그려고 시도했다. 두 고루틴은 서로를 무한히 기다린다.

역설

이 예제를 간소화하기 위해 데드락을 발생시킬 목적으로 time.Sleep을 사용한다. 그러나 이로 인해 레이스 컨디션이 나타난다! 찾을 수 있겠는가?

논리적으로 "완벽한" 데드락에는 정확한 동기화가 필요하다.[4]

시각적으로 나타내보면 이러한 데드락이 발생하는 이유는 꽤 명확하지만, 보다 엄격하게 정의해보면 도움이 될 것이다. 데드락이 발생하기 위해서는 몇 가지 조건이 필요하며, 1971년 에드가 코프먼Edgar Coffman은 논문에서 이러한 조건을 나열했다(http://bit.ly/CoffmanDeadlocks). 코프먼 조건으로 알려진 이 조건들은 데드락을 탐지, 예방 및 교정하는 것을 돕는 기법들의 기반이 된다.

코프먼 조건은 다음과 같다.

---

4   실제로 고루틴들이 어떤 순서로 실행될 것인지, 또는 시작하는 데 얼마나 오랜 시간이 걸릴지 확신할 수 없다. 매우 드물지만 하나의 고루틴이 다른 프로세스가 시작되기 전에 두 개의 잠금을 모두 획득했다가 해제해 데드락을 피하는 경우도 있을 수 있다!

상호 배제(Mutual Exclusion)

동시에 실행되는 프로세스가 어떤 임의의 시점에 하나의 리소스에 대한 배타적 권리를 보유한다.

대기 조건(Wait For Condition)

동시에 실행되는 프로세스는 하나의 리소스를 보유하고 있는 동시에 또 다른 추가 리소스를 기다리고 있다.

비선점(No Preemption)

동시에 실행되는 프로세스 중 하나를 보유하고 있는 리소스는 해당 프로세스에 의해서만 사용 해제release될 수 있으므로 이 조건도 만족한다.

순환 대기(Circular Wait)

동시에 실행되는 프로세스 중 하나(P1)가 다른 동시 프로세스(P2)로 이어지는 체인에서 기다려야 하며, P2는 최종적으로 P1을 기다려야 하는데, 이 마지막 조건 역시 충족한다.

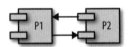

부자연스러운 프로그램을 검토하고, 네 가지 조건을 모두 충족하는지 확인해보자.

1. printSum 함수는 a와 b 모두에 대한 배타적인 권한을 필요로 하므로 이 조건을 충족한다.

2. printSum는 a 또는 b 중에 하나를 보유한 상태에서 다른 하나를 기다리고 있으므로 이 조건을 충족한다.

3. 다른 프로세스가 고루틴이 보유한 자원을 선점할 수 있는 어떤 여지도 제공하지 않는다.

4. printSum에 대한 첫 번째 호출은 두 번째 호출을 기다리고 있으며, 그 반대의 경우
   도 마찬가지다.

그렇다. 우리는 확실히 데드락을 손에 쥐고 있다.

이 조건들은 데드락을 방지할 수 있게 해주기도 한다. 이러한 조건들 중 하나라도 참이
아니라면 데드락이 발생하는 것을 막을 수 있다. 하지만 실제로는 이들 조건을 추론하
는 것이 어려울 수 있으므로 데드락을 예방하기란 쉽지 않다. 어째서 코드 조각^{code snippet}
이 데드락에 빠졌는지 궁금해하는 개발자들의 질문을 웹 여기저기서 볼 수 있다. 일단
알아차리고 난 다음에는 그 원인이 꽤 분명해 보이지만, 많은 경우에는 원인을 파악하
기 위해 여러 사람이 들여다봐야 한다. 그 이유에 대해 43페이지의 "동시실행 안전성 판
단"에서 이야기할 것이다.

라이브락

라이브락^{Livelock}이란, 프로그램들이 활동적으로 동시에 연산을 수행하고는 있지만, 이 연
산들이 실제로 프로그램의 상태를 진행시키는 데 아무런 영향을 주지 못하는 의미 없는
연산 상태를 의미한다.

복도에서 다른 사람을 향해 걸어본 적이 있는가? 그녀가 당신이 지나갈 수 있도록 한쪽
으로 비켜주었지만, 당신도 같은 쪽으로 비켜섰다. 그래서 당신이 반대편으로 움직였지
만 그녀도 그쪽으로 이동했다. 이것이 영원히 계속되는 것을 상상해보자. 이 상태가 바
로 라이브락이다.

이 시나리오를 설명하는 데 도움이 되는 코드를 작성해보겠다. 먼저 예제를 단순하게
만들어주는 몇 가지 도우미 함수^{helper function}를 설정한다. 실제로 동작하는 예제를 만들기
위해 이 코드에는 아직 다루지 않은 몇 가지 주제를 사용했다. sync 패키지는 그 중 하나
인데, 지금은 애써 자세히 이해하려고 할 필요는 없다. 대신 하이라이트된 부분을 이해
하기 위해 코드의 호출을 따라가보고, 이 예제의 핵심을 포함하는 두 번째 코드 블록에
주의를 기울일 것을 권한다.

```
cadence := sync.NewCond(&sync.Mutex{})
go func() {
  for range time.Tick(1*time.Millisecond) {
    cadence.Broadcast()
    }
}()

takeStep := func() {
  cadence.L.Lock()
  cadence.Wait()
  cadence.L.Unlock()
}

tryDir := func(dirName string, dir *int32, out *bytes.Buffer) bool {   ❶
  fmt.Fprintf(out, " %v", dirName)
  atomic.AddInt32(dir, 1)  ❷
  takeStep()  ❸
  if atomic.LoadInt32(dir) == 1 {
    fmt.Fprint(out, ". Success!")
    return true
  }
  takeStep()
  atomic.AddInt32(dir, -1)  ❹
  return false
}

var left, right int32
tryLeft := func(out *bytes.Buffer) bool { return tryDir("left", &left, out) }
tryRight := func(out *bytes.Buffer) bool { return tryDir("right", &right, out) }
```

❶ tryDir은 어떤 사람이 특정 방향으로 움직이게 시도할 수 있도록 해주고, 그 시도가 성공했는지 아닌지를 리턴하는 함수이다. 각 방향은 그 방향으로 움직이고자 하는 사람들의 수를 표시한다.

❷ 먼저, 인자로 주어진 방향을 1씩 증가시킴으로써 그 방향으로 움직이겠다는 의사를 표현한다. atomic 패키지에 대해서는 3장에서 자세하게 다룰 것이다. 현재로서는 이 패키지의 연산들이 원자적이라는 사실만 알면 된다. 라이브락을 보여주기 위한 예제에서는 각자가 동일한 속도, 즉 보조步調를 맞추어 움직여야 한다.

❸ takeStep은 모든 참가자가 일정한 보조로 움직이는 것을 시뮬레이션한다.

❹ 이 시점에서 이 사람은 이 방향으로 갈 수 없다는 것을 깨닫고 포기한다. 그 방향을 1만큼 줄이는 것으로 이를 표현했다.

```
walk := func(walking *sync.WaitGroup, name string) {
  var out bytes.Buffer
  defer func() { fmt.Println(out.String()) }()
  defer walking.Done()
  fmt.Fprintf(&out, "%v is trying to scoot:", name)
  for i := 0; i < 5; i++ {  ❶
    if tryLeft(&out) || tryRight(&out) {  ❷
      return
    }
  }
  fmt.Fprintf(&out, "\n%v tosses her hands up in exasperation!", name)
}

var peopleInHallway sync.WaitGroup  ❸
peopleInHallway.Add(2)
go walk(&peopleInHallway, "Alice")
go walk(&peopleInHallway, "Barbara")
peopleInHallway.Wait()
```

❶ 프로그램이 종료될 수 있도록 인위적인 제한을 두었다. 라이브락이 있는 프로그램은 이러한 제한이 없기 때문에 문제가 된다!

❷ 먼저 한 사람은 왼쪽으로 움직이려고 시도하고, 실패하면 오른쪽으로 움직이려 한다.

❸ 이 변수는 두 사람이 서로를 지나쳐 가거나 혹은 포기할 때까지 프로그램이 기다릴 수 있게 하는 방법을 제공한다.

이 프로그램을 실행하면 다음과 같이 출력된다.

```
// Alice가 서둘러 가려고 한다: left right left right left right left right left right
// Alice가 화를 내며 양팔을 흔든다!
Alice is trying to scoot: left right left right left right left right left right
Alice tosses her hands up in exasperation!
```

```
// Barbara가 서둘러 가려고 한다: left right left right left right left right
// Barbara가 화를 내며 양팔을 흔든다!
Barbara is trying to scoot: left right left right left right left right left right
Barbara tosses her hands up in exasperation!
```

Alice와 Barbara가 마침내 포기하기 전까지 계속 서로의 길을 막아서는 것을 볼 수 있을 것이다.

이 예제는 동시에 실행되는 두 개 이상의 프로세스가 아무런 조정 없이 데드락을 방지하려고 시도하는 상황을 보여준다. 이는 라이브락이 작성되는 매우 일반적인 이유이기도 하다. 복도에 있는 사람들이 그들 중 단 한 사람만 움직이자고 서로 합의했다면, 한 사람은 멈춰 서고 다른 한 사람은 반대편으로 이동할 것이며, 그들은 계속 걸어갈 수 있었을 것이다.

개인적인 생각으로, 프로그램이 마치 동작하는 것처럼 보이기 때문에 라이브락은 데드락보다 더 알아차리기 어렵다. 라이브락에 빠진 프로그램이 기기에서 실행되고 있을 때 이 프로그램이 뭔가를 하고 있는지 알아보기 위해 CPU 사용률을 조사해본다면, (CPU가 사용 중인 것으로 나타나기 때문에) 아마도 프로그램이 동작하고 있다고 판단하게 될 것이다. 라이브락에 따라서는 작업 중이라고 생각하게 할 만한 다른 신호들을 보낼 수도 있다. 그럼에도 불구하고, 아마도 여러분의 프로그램은 복도를 왔다갔다하는 영원한 게임을 하고 있을 수 있다.

라이브락은 기아 상태^{stravation}라는 더 큰 문제의 부분 집합이다. 계속해서 살펴보자.

기아 상태

기아 상태^{Starvation}란, 어떤 동시 프로세스가 작업을 수행하는 데 필요한 모든 리소스를 얻을 수 없는 모든 상황을 의미한다.

앞에서 라이브락에 관해 논의했다. 고루틴이 굶주려 있던 자원은 공유 잠금$^{shared\ lock}$이었다. 라이브락에서는 동시에 실행되는 모든 프로세스가 동일하게 리소스를 얻지 못하고 어떠한 작업도 완료되지 않기 때문에, 라이브락을 기아 상태와 별도로 논의하는 것이 당연하다. 일반적으로 기아 상태란, 다른 동시 프로세스 혹은 프로세스들이 가능한 효율적으로 작업을 수행하는 것을 부당하게 방해하거나, 작업을 전혀 수행하지 못하게 만드는 욕심 많은 동시 프로세스가 하나 이상 존재한다는 것을 암시한다.

다음은 욕심 많은 고루틴과 예의 바른 고루틴을 모두 가지고 있는 프로그램의 예이다.

```go
var wg sync.WaitGroup
var sharedLock sync.Mutex
const runtime = 1*time.Second

greedyWorker := func() {
  defer wg.Done()

  var count int
  for begin := time.Now(); time.Since(begin) <= runtime; {
    sharedLock.Lock()
    time.Sleep(3*time.Nanosecond)
    sharedLock.Unlock()
    count++
  }

  fmt.Printf("Greedy worker was able to execute %v work loops\n", count)
}

politeWorker := func() {
  defer wg.Done()

  var count int
  for begin := time.Now(); time.Since(begin) <= runtime; {
    sharedLock.Lock()
    time.Sleep(1*time.Nanosecond)
    sharedLock.Unlock()

    sharedLock.Lock()
    time.Sleep(1*time.Nanosecond)
    sharedLock.Unlock()

    sharedLock.Lock()
    time.Sleep(1*time.Nanosecond)
    sharedLock.Unlock()
```

```
        count++
    }

    fmt.Printf("Polite worker was able to execute %v work loops.\n", count)
}

wg.Add(2)
go greedyWorker()
go politeWorker()

wg.Wait()
```

이 프로그램을 실행하면 다음과 같은 결과가 나온다.

```
// 예의 바른 작업자는 289777번의 작업 루프를 실행할 수 있었다.
Polite worker was able to execute 289777 work loops.
// 욕심 많은 작업자는 471287번의 작업 루프를 실행할 수 있었다.
Greedy worker was able to execute 471287 work loops
```

욕심 많은 작업자는 탐욕스럽게도 자신의 전체 작업 루프 동안 공유 잠금을 가지고 있는 반면, 예의 바른 작업자는 자신이 필요할 때만 잠금을 시도했다. 두 작업자 모두 동일한 양의 시뮬레이션 작업을 수행하지만(3나노초 동안의 sleep), 앞에서 볼 수 있듯이 같은 시간 동안 욕심 많은 작업자는 거의 **두 배**의 작업량을 얻었다!

그렇다고 욕심 많은 작업자의 알고리즘이 더 효율적이라고 결론짓거나 또는 실제로는 느리지 않은 Lock 및 Unlock 함수에 대한 호출로 인해 속도가 느려졌다고 결론지어서는 안 된다. 두 작업자가 같은 크기의 임계 영역을 가지고 있다고 한다면, 욕심 많은 작업자는 임계 영역을 벗어난 후에도 불필요하게 공유 잠금을 보유함으로써 기아 상태를 일으키고 있다. 그리고 이로 인해 예의 바른 작업자의 고루틴이 효율적으로 작업을 수행하는 것을 방해받고 있다는 것이 우리의 판단이다.

여기서 기아 상태를 확인하기 위한 기법인 계측metric에 주목하자. 기아 상태는 기록 및 표본 계측sampling metric을 뒷받침하는 훌륭한 논거이다. 계측은 기아 상태를 감지하고 해결할 수 있는 방법 중 하나로, 작업이 완료됐을 때 로깅을 통해 작업 속도가 예상만큼 높은지를 판단하는 것이다.

기아 상태로 인해 프로그램이 비효율적이거나 잘못된 방식으로 작동할 수 있다. 앞의 예제는 비효율성을 보여준다. 그러나 동시에 실행 중인 다른 프로세스의 작업 수행을 완전히 막을 정도로 욕심이 많은 동시 프로세스가 있다면 더 큰 문제가 발생하게 된다. 기아 상태가 Go 프로세스의 외부에서 초래되는 경우도 고려해야 한다. 기아 상태는 CPU, 메모리, 파일 핸들, 데이터베이스 연결에도 적용될 수 있음을 염두에 두자. 공유해야 하는 리소스는 모두 기아 상태에 빠질 수 있는 후보이다.

동시실행 안전성 판단

마침내 동시성 코드를 개발하는 데 있어 가장 어려운 문제와 마주했다. 이 문제는 다른 나머지 문제들의 근간이 된다. 바로 사람이다.

코드의 모든 행^{line} 이면에는 적어도 한 명의 사람이 있다. 앞서 배웠듯이, 동시에 실행되는 코드가 어려운 이유는 무수히 많다. 개발자가 새로운 기능을 도입하거나 프로그램의 버그를 수정하는 과정에서 이러한 모든 문제에 대해 언쟁을 벌일 생각이라면 제대로 된 결정을 내리는 것이 정말로 어려울 수 있다.

아무것도 없는 상태에서 시작해 문제 공간을 모델링할 합리적인 방법을 구축해야 하는데, 동시성까지 개입된다면 알맞은 수준의 추상화 지점을 찾는 것이 어려울 수 있다. 호출자들에게 동시성을 어떤 식으로 노출할 것인가? 쉽게 사용하고 수정할 수 있는 솔루션을 만들기 위해 어떤 기법들을 사용하는가? 이 문제에서 적절한 동시성 수준은 무엇일까? 이러한 문제를 생각할 수 있는 구조화된 방법이 있기는 하지만, 여전히 예술적인 기교의 영역이다.

기존 코드와 인터페이스하는 개발자에게 있어 어떤 코드가 동시성을 사용하는지, 코드를 안전하게 하기 위해 어떤 방법을 사용했는지 파악하기란 언제나 쉽지 않다. 다음 함수 시그니처^{function signature}를 보자.

```
// CalculatePi 함수는 시작(begin)과 끝(end) 사이의
// 파이(Pi) 자릿수를 계산한다.
func CalculatePi (begin, end int64, pi * Pi)
```

큰 정밀도로 파이를 계산하는 것은 동시에 수행할 수 있는 작업이지만, 이 예제는 많은 질문을 유발한다.

- 이 함수를 사용해 어떻게 동시에 수행할 것인가?

- 이 함수를 동시에 여러 번 호출하는 것은 누가 담당하는가?

- 함수의 모든 인스턴스가 내가 전달한 주소를 가진 Pi 인스턴스에서 직접 동작할 것이다. 해당 메모리에 대한 접근을 동기화할 책임이 나에게 있는가, 아니면 Pi 타입이 이를 처리하는가?

하나의 함수에서 이러한 모든 질문이 발생한다. 적당한 크기의 프로그램을 상상해보면, 동시성이 초래할 수 있는 복잡성을 이해할 수 있다. 이 시점에서 주석^{Comment}이 놀라운 역할을 할 수 있다. CalculatePi가 이전과는 다르게 다음과 같은 식으로 작성돼 있다고 생각해보자.

```
// CalculatePi 함수는 시작(begin)과 끝(end) 사이의
// 파이(Pi) 자릿수를 계산한다.
//
// 내부적으로, CalculatePi는 CalculatePi를 재귀(recursively) 호출하는
// FLOOR((end-begin)/2) 개의 동시 프로세스를 생성할 것이다.
// pi 변수에 쓰는 작업에 대한 동기화는 Pi 구조체 내부에서 처리한다.
func CalculatePi(begin, end int64, pi *Pi)
```

이제는 함수를 평범하게 호출할 수 있으며, 동시성이나 동기화를 걱정하지 않아도 된다는 것을 알 수 있다. 이때 이 주석이 다음과 같은 측면을 포함한다는 점에 주목하자.

- 누가 동시성을 책임지는가?

- 문제 공간은 동시성 기본 요소에 어떻게 매핑되는가?

- 동기화는 누가 담당하는가?

동시성이 관련돼 있는 문제 공간에서 함수, 메서드 및 변수를 외부로 노출할 때는 동료와 미래의 자신을 위해 호의를 베풀도록 하자. 지나치다 싶을 정도로 자세하게 주석을 달고 위의 세 가지 측면을 모두 다루려고 노력하자.

또한 이 함수의 모호함은 모델링을 잘못한 것에서 비롯됐다고 생각하자. 아마 함수적인 접근법^{functional approach}을 취하고 함수에 부작용^{side effect}이 없도록 예방해야 했을 것이다.

```
func CalculatePi (begin, end int64) [] uint
```

이 함수의 시그니처만으로도 동기화에 대한 모든 질문이 해결됐지만, 여전히 동시성이 사용됐는지에 대한 의문은 남는다. 다시 한번 함수 시그니처를 변경해 어떤 일이 일어나는지 외부로 알려주는 신호를 보내도록 할 수 있다.

```
func CalculatePi(begin, end int64) <-chan uint
```

여기서 채널^{channel}이라는 것을 처음으로 사용하는 걸 볼 수 있다. 101페이지의 "채널"에서 나중에 설명하겠지만, 이것은 CalculatePi가 적어도 하나의 고루틴을 가지게 될 것이므로, 별도로 고루틴을 생성해서 이 함수를 성가시게 해서는 안 된다는 것을 시사한다.

이런 수정 작업은 성능에 영향을 미치므로, 이제 다시 성능과 명확성 사이의 균형 문제로 돌아가자. 가능한 한 이 코드로 작업하는 사람들이 제대로 작업할 수 있기를 원하기 때문에 명확성이 중요하며, 성능 역시 여러 가지 이유로 중요하다. 이 두 가지가 상호 배타적이지는 않지만 둘을 섞는 것은 어렵다.

이제 의사 소통의 어려움을 고려해 팀 규모의 프로젝트로 확장해보자.

이는 문제가 될 만하다.

좋은 소식은 Go는 이러한 유형의 문제를 보다 쉽게 해결할 수 있도록 진보했다는 점이다. Go 언어는 가독성과 단순함을 선호한다. 이 언어에서 권장하는 동시성 코드 모델링 방식은 정확성correctness, 합성 가능성composability 및 확장성scalability을 높여준다. 사실 Go가 동시성을 처리하는 방식은 실제로 문제 영역을 보다 명확하게 표현하는 데 도움을 줄 수 있다! 이에 대한 이유를 살펴보자.

복잡성 속의 단순함

지금까지 상당히 암울한 전망을 살펴봤다. 동시성은 컴퓨터 과학 분야에서 확실히 어려운 영역이지만, 좌절하지 않았으면 좋겠다. 동시성이 아주 다루기 힘든 것은 아니다. Go가 제공하는 동시성 기본 요소들을 사용하면 동시성 알고리즘을 보다 안전하고 명확하게 표현할 수 있다. Go가 앞서 논의한 런타임 및 통신상의 어려움을 해결한 것은 아니지만 그래도 상당히 쉽게 만들었다. 2장에서는 이러한 진전이 어떻게 이뤄졌는지 알아보겠다. 이때 Go의 동시성 기본 요소가 실제로 문제 영역을 모델링하고, 알고리즘을 보다 명확하게 표현할 수 있다는 점을 살펴보는 데 약간의 시간을 할애한다.

Go의 런타임은 어려운 작업 대부분을 처리하며, Go가 제공하는 동시성 세부 사항의 기반을 제공한다. 이것의 동작 방식에 대해서는 6장에서 논의하겠다. 또한 이 동작 방식이 여러분의 삶의 질을 어떻게 높여주는지도 알아본다.

우선 동시에 동작하며, 대기 시간이 짧은 Go의 가비지 컬렉터garbage collector를 살펴보자. 개발자들은 종종 언어에 가비지 컬렉터가 있는 것이 좋은지에 논쟁을 벌인다. 언어 내 가비지 컬렉터를 비난하는 사람들은 실시간real-time 성능 또는 결정적인deterministic 성능 프로필이 필요한 문제 도메인에서, 프로그램의 모든 활동을 일시 중지하고 사용하지 않는 메모리를 정리하는 가비지 컬렉터를 수용할 수는 없다고 주장한다. 이 주장도 일리는 있지만, Go의 가비지 컬렉터는 매우 성능이 뛰어나서 (프로그램을 작성할 때) 그 세부적인 동작 방식까지 신경 써야 하는 경우는 크게 줄었다. Go 1.8 이후, 가비지 컬렉션으로 인한 프로그램의 일시 정지는 일반적으로 10~100마이크로초 사이이다.

이 점이 시사하는 바는 무엇일까? 메모리 관리는 컴퓨터 과학에서 또 다른 문제점이 될 수 있으며, 동시성과 결합하면 올바른 코드를 작성하는 것이 매우 어려워질 수 있다. 10 마이크로 초 정도의 일시 정지에 대해 걱정할 필요가 없는 대다수의 개발자라면, Go를 사용하면 프로그램에서 동시성을 사용할 때 메모리를 관리하지 않고 동시 프로세스들만 신경 쓰면 되므로 동시성을 훨씬 쉽게 사용할 수 있다.

또한 Go의 런타임은 동시 연산을 운영체제의 스레드로 다중화^{multiplexing}하는 일도 자동으로 처리한다. 이 말이 길고 복잡하게 느껴지겠지만, 65페이지의 "고루틴"에서 이것의 정확한 의미를 알 수 있을 것이다. 이 작업이 왜 유용한지 이해를 돕기 위해 간단히 말하자면, 스레드를 시작하고 관리하며 프로그램의 논리를 사용 가능한 스레드에 균등하게 매핑하는 세부 사항을 처리하는 대신 동시성 문제를 동시성 생성자$^{concurrent\ construct}$에 직접 매핑할 수 있다. 이 점만 기억하자.

예를 들어, 웹 서버를 작성하는 데 수락된 모든 연결이 다른 모든 연결과 동시에 처리되도록 하고 싶다고 가정해보자. 일부 언어에서는 웹 서버가 연결 수락을 시작하기 전에 일반적으로 스레드 풀^{pool}이라고 하는 스레드 컬렉션을 만든 다음, 들어오는 연결을 스레드로 매핑해야 한다. 그런 다음, 생성한 각 스레드 내에서 해당 스레드의 모든 연결을 돌면서 그들이 모두 CPU 시간을 할당 받을 수 있도록 해야 한다. 게다가 다른 연결과 공평하게 공유할 수 있도록 연결을 처리하는 논리를 중간에 멈출 수 있도록 작성해야 한다.

이와는 달리 Go에서는 함수를 작성한 다음, 이를 호출할 때 앞에 go 키워드를 추가하면 된다. 그러면 런타임이 앞서 논의한 모든 것을 자동으로 처리한다! 프로그램을 설계하는 과정을 진행할 때 어느 모델이 동시성에 도달할 가능성이 더 크다고 생각하는가? 어느 것이 정확할 가능성이 더 높다고 생각하는가?

또한 Go의 동시성 기본 요소는 더 큰 문제들 쉽게 구성할 수 있게 해준다. 101페이지의 "채널"에서 배우겠지만, Go의 **채널** 기본 요소는 동시에 실행되는 프로세스 사이에서 구성 가능하면서 동시 실행에 안전한 방식$^{concurrent-safe}$으로 통신할 수 있는 방법을 제공한다.

이런 기능들의 작동 원리를 대충 언급하고 넘어갔지만, Go가 어떤 식으로 프로그램에서 동시성을 사용해 명확하고 효율적인 방법으로 문제를 해결해주는지 조금이라도 알게 됐으면 한다. 2장에서는 동시성의 철학과, Go가 이 모든 것을 제대로 처리할 수 있었던 이유에 대해 논의할 것이다. 예제 코드를 먼저 보고 싶다면 3장으로 바로 넘어가도 좋다.

2장

코드 모델링: 순차적인 프로세스 간의 통신

동시성과 병렬성의 차이

동시성^{concurrency}이 **병렬성**^{parallelism}과 다르다는 사실을 간과하거나 오해하기 쉽다. 많은 개발자는 업무 중 대화에서도 "다른 것과 동시에 실행되는 것"을 표현할 때 종종 동시성과 병렬성을 섞어서 사용한다. 이때 "병렬"이라는 용어를 사용하는 것이 맞는 경우도 있지만, 코드에 대해 토론하는 경우라면 일반적으로는 "동시"라는 단어를 사용해야만 한다.

단지 작은 차이를 따지기 위해 이 둘을 구분하려는 것이 아니다. 코드를 모델링할 때 동시성과 병렬성의 차이는 객체의 추상화(抽象, abstraction)에 큰 영향을 미치는 것으로 밝혀졌으며, Go는 이를 최대한 활용한다. 이 추상화의 효과를 이해하기 위해 두 개념이 어떻게 다른지 살펴보겠다. 매우 간단한 문장부터 살펴보자.

동시성은 코드의 속성이고, 병렬 처리는 실행 중인 프로그램의 속성이다.

흥미로운 구분이다. 보통은 이 둘을 같은 방식이라고 생각하지 않는가? 우리는 프로그램이 병렬로 실행되도록 코드를 작성한다. 그렇지 않은가?

한 번 더 생각해보자. 프로그램의 두 부분을 병렬로 실행하려는 의도로 코드를 작성하는 경우, 프로그램이 실행될 때 실제로 그렇게 되리라는 보장이 있는가? 코어가 하나뿐인 기기에서 해당 코드를 실행하면 어떻게 되는가? 여러분 중 누군가는 이 코드가 **병렬적으로 실행되리라**고 생각할 수도 있지만, 사실은 그렇지 않다!

프로그램의 각 부분이 병렬로 실행되는 것처럼 보일 수 있지만, 실제로는 구별할 수 없을 정도로 빠르게 순차적으로 실행된다. 서로 다른 프로그램 간의 시간을 공유하기 위해 CPU의 컨텍스트가 전환되며, 시간을 매우 잘게 쪼개기 때문에 작업이 병렬적으로 실행되는 것처럼 보인다. 두 개의 코어가 있는 시스템에서 동일한 바이너리를 실행하면, 프로그램의 각 부분이 실제로 병렬로 실행 중일 수 있다.

이는 몇 가지 흥미롭고 중요한 사실을 암시한다. 첫째, 우리는 병렬적인 코드를 작성하는 것이 아니라, 병렬로 실행되기를 바라면서 동시성 코드를 작성하는 것이다. 다시 한 번 말하지만, 병렬성은 코드의 속성이 아닌 프로그램 실행 시의 속성이다.

둘째, 동시성 코드가 실제로 병렬로 실행되는지 여부를 모를 수도 있다. 심지어 알고자 하는 경우에도 말이다. 프로그램의 모델 아래에 있는 동시성 기본 요소, 프로그램의 런타임, 운영체제 및 하이퍼바이저^{hypervisor}, 컨테이너^{container}, 가상 머신^{virtual machine}과 같은 운영체제가 실행되는 플랫폼, 그리고 최종적으로 CPU와 같은 추상화 계층들을 통해서만 코드가 병렬로 실행되는지 확인할 수 있다. 이런 추상화로 동시성과 병렬성을 구분할 수 있으며, 궁극적으로 우리 자신을 표현할 수 있는 힘과 유연성을 얻을 수 있다. 이에 대해서는 나중에 다시 논의한다.

셋째, 병렬 처리인지 아닌지는 시간, 또는 컨텍스트에 의해 결정된다. 컨텍스트의 개념을 논의한 27페이지의 "원자성^{atomicity}"을 기억하는가? 27페이지에서는 어떤 연산을 원자적이라고 판단할 수 있는 범위를 컨텍스트라고 정의했다. 반면 여기서는 컨텍스트를 두 개 이상의 연산이 병렬적으로 실행됐다고 여길 수 있는 범위로 정의한다.

예를 들어, 컨텍스트가 5초 동안이라면, 각각 실행에 1초가 걸리는 두 개의 연산을 실행했을 때 작업이 두 연산이 병렬로 실행됐다고 간주한다. 그러나 컨텍스트가 1초라면, 작업이 순차적으로 실행됐다고 생각할 것이다.

시분할^{time slice}의 관점에서 컨텍스트를 재정의하는 것이 그다지 좋지 않을 수도 있지만, 컨텍스트가 시간과 관련된 것만은 아니라는 사실을 기억하자. 컨텍스트를 프로그램이 실행되는 프로세스, 또는 해당 프로세스의 운영체제 스레드, 프로세스가 동작하는 장비 등으로 정의할 수도 있다. 컨텍스트의 정의는 동시성과 정확성의 개념과 밀접하게 관련된다. 이게 컨텍스트의 정의가 중요한 이유다. 원자적인 연산이 정의된 컨텍스트 내에서만 원자적이라고 여겨질 수 있는 것처럼, 동시에 수행되는 작업은 정의된 컨텍스트에서만 정확하다. 이것은 모두 상대적이다.

다소 추상적이기 때문에 예제를 살펴보겠다. 컨텍스트가 사용자의 컴퓨터라고 가정해보자. 이론적인 물리학을 무시한다면, 하나의 장비에서 실행되는 프로세스가 다른 장비에서 실행되는 프로세스의 로직에 영향을 미치지는 않을 것이라고 합리적으로 기대할 수 있다.

양쪽 모두에서 계산기 프로세스를 시작하고, 간단한 산수 연산을 시작하면 한쪽에서 수행한 계산이 다른 쪽에서 수행한 계산에 영향을 주지 않을 것이다.

다소 단순한 예시이기는 하지만, 하나씩 나누어 살펴보면 동시성의 모든 구성 요소를 다루었다. 각각의 컴퓨터는 컨텍스트에 해당하며, 개별 컴퓨터에서 실행되는 프로세스들은 동시에 실행되는 연산에 해당한다. 여기서 동시 연산을 분리된 컴퓨터, 운영체제, 프로세스라는 측면에서 생각하고 모델링하기로 한 것이다. 이러한 추상화 덕분에 동시에 실행되는 각 연산이 정확히 수행되리라고 확신할 수 있다.

정말로 바보 같은 예시일까?

개별 컴퓨터를 사용한다는 것이 좀 인위적인 예처럼 보일 수 있지만, 과거에는 개인용 컴퓨터가 어디서나 볼 수 있는 흔한 것이 아니었다! 1970년대 후반까지도 메인 프레임이 표준이었으며, 개발자가 동시에 실행했을 때 발생하는 문제를 고민할 때 사용하는 컨텍스트는 프로그램의 프로세스였다.

이제는 많은 개발자가 분산 시스템에서 작업하고 있으므로, 컨텍스트의 개념은 또 다시 변화하고 있다! 개발자들은 이제 하이퍼바이저, 컨테이너, 가상 머신을 동시성의 컨텍스트라고 생각하기 시작했다.

어떤 두 프로세스가 동일한 분산 시스템에 속하지 않는다고 가정하면, 한 장비의 프로세스가 다른 장비의 프로세스에 영향을 받지 않을 것이라고 예상할 수 있다. 하지만 동일한 장비 내의 두 프로세스가 서로의 논리에 영향을 주지 않을 것이라고 기대할 수 있을까? 프로세스 A가 프로세스 B가 읽고 있는 파일을 덮어쓸 수도 있고, 안전하지 않은 OS에서는 프로세스 A가 프로세스 B가 읽고 있는 메모리를 침범할 수도 있다. 이는 많은 공격 코드exploit의 작동 방식이기도 하다.

하지만 여전히 프로세스 수준에서는 컨텍스트를 비교적 쉽게 생각할 수 있다. 계산기 예제로 돌아가면, 동일한 장비에서 두 개의 계산기 프로세스를 실행하는 두 명의 사용자는 자신의 작업이 논리적으로 서로 격리될 것으로 예상하는 것이 합리적이다. 다행히도 프로세스 경계process boundary와 운영체제는 논리적인 방식으로 동시성 문제들을 생각하는 데 도움이 된다. 그러나 개발자는 동시성에 대한 우려로 인해 부담을 느끼기 시작하며, 이러한 부담은 점점 심해질 수 있다.

OS 스레드 경계로 한 단계 더 내려가면 어떻게 될까? 바로 이 지점에서 25페이지의 "동시성이 어려운 이유" 절에서 이야기한 레이스 컨디션, 데드락, 라이브락, 기아 상태와 같은 모든 문제가 실제로 발생한다. 같은 장비를 사용하는 모든 사람이 하나의 계산기 프로세스만 바라보고 있다면 동시성 로직을 제대로 동작하게 하는 것이 더 어려울 것이다. 메모리에 대한 접근을 동기화하고, 정확한 사용자가 정확한 결과를 조회하는지 신경 써야 한다.

추상화의 단계가 진행될수록 무언가를 동시적으로 모델링하는 문제는 더욱 추론하기 어려워지고 중요해진다. 거꾸로 동시적으로 모델링하는 문제가 어려워질수록 추상화는 더욱 더 중요하다. 다시 말해, 동시성을 제대로 확보하는 것이 어려우면 어려울수록, 사용이 용이한 동시성 기본 요소primitive들에 접근할 수 있는지가 중요하다는 것이다. 그러나 불행히도 우리 업계에서 대부분의 동시성 논리는 가장 높은 추상화 수준인 OS 스레드에서 작성돼 있다.

Go가 처음으로 공개되기 전에, 인기 있는 프로그래밍 언어 대부분의 추상화 체인은 OS 스레드에서 끝났다. 동시성 코드를 작성하려면 스레드의 관점에서 프로그램을 모델링하고, 이들 사이의 메모리 접근을 동기화해야 했다. 동시적으로 모델링해야 하는 작업이 많고, 시스템이 많은 스레드를 처리할 수 없는 경우에는 **스레드 풀**thread pool을 만들고 스레드 풀에 작업을 다중화해야 했다.

Go는 이 체인에 또 다른 연결 고리인 고루틴을 추가했다. 또한 Go는 유명한 컴퓨터 과학자인 안토니 호어의 작업에서 몇 가지 개념을 차용해, **채널**channel을 사용하는 새로운 기본 요소를 도입했다.

지금까지 추론해온 방향대로라면, OS 스레드 아래에 또 다른 추상화 수준을 도입하는 경우 상황이 더 어려워질 것이라고 추측할 수 있겠지만, 재미있게도 사실은 그렇지 않다. 실제로는 상황이 더 쉬워진다. 실제로 OS 스레드 위에 또 다른 추상화 레이어를 추가하는 것이 아니라 그것을 대체했기 때문이다.

스레드는 여전히 존재하지만, OS 스레드라는 관점에서 문제 공간을 생각할 필요가 거의 없다는 것을 알게 될 것이다. 대신 고루틴과 채널에서 모든 것을 모델링하며 때때로 메모리를 공유한다. 이는 57페이지의 "동시성을 지원하는 언어의 장점"에서 살펴볼 흥미로운 속성과 같은 맥락이다. 하지만 먼저 Go의 아이디어를 상당 부분 가져온 논문이자, Go의 동시성 기본 요소의 뿌리가 되는 찰스 안토니 리차드 호어의 세미나 논문인 『상호작용하는 순차적 프로세스들Communicating Sequential Processes』을 자세히 살펴보자.

CSP란 무엇인가?

Go에 대해 논의할 때면 종종 CSP라는 약자를 듣게 된다. 대부분은 CSP 덕분에 Go가 성공했다며, 혹은 CSP는 동시성 프로그래밍의 만병 통치약이라고 극찬한다. 이로 인해 CSP가 무엇인지 잘 모르는 사람들은 컴퓨터 과학 분야에서 동시성 프로그램을 절차적 프로그램만큼 쉽게 작성할 수 있게 해주는 놀랍고도 새로운 기법이 발견되었다고 오해할지도 모른다. CSP는 이러한 작업을 더 쉽게 해주고 프로그램을 더 견고하게 만들어주지만, 불행하게도 만병통치약은 아니다. 그렇다면 CSP란 무엇일까? 모두들 왜 그렇게 열광하는 것일까?

CSP는 "상호작용하는 순차적 프로세스들Communicating Sequential Processes"의 약자로, 그 자체가 논문의 제목이자 여기에서 소개하는 기법의 이름이다. 1978년 찰스 안토니 리차드 호어Charles Antony Richard Hoare는 미국 계산기 학회(ACM으로 더 널리 알려짐)에서 이 논문(http://bit.ly/HoareCSP)을 발표했다.

이 논문에서 호어는 "프로그래밍에서 두 가지 기본 요소인 입력 및 출력이 간과되고 있으며, 특히 동시에 실행되는 코드의 경우에는 더욱 그렇다"고 말한다. 호어가 이 논문을 집필할 당시 프로그램을 구조화하는 방법에 대한 연구는 여전히 진행되고 있었지만,

연구들 중 대부분은 순차적인 코드를 위한 기법에 관한 것이었다. 당시에는 goto 문법의 사용이 논의되고 있었고, 객체 지향 패러다임이 싹트기 시작했다. 동시성 연산에 대해서는 크게 고려하지 않았다. 호어가 이를 바로잡기 시작하면서 그의 논문과 CSP가 탄생했다.

1978년에 CSP는 상호작용하는 순차적 프로세스들의 능력을 입증하려는 목적으로 만들어진 단순한 프로그래밍 언어였다. 실제로 호어는 그의 논문에서 소개한 개념과 표기법이 추상적이며, 실제적인 프로그래밍을 위한 프로그래밍 언어로 사용하기에는 적합하지 않다고 말했다.

호어는 자신이 제안한 기술이 프로그램의 정확성을 밝혀내는 데 아무런 도움이 되지 않고, 자신이 제안한 기술에 기반한 언어가 실질적인 성능을 내지 못할까봐 깊이 우려했다. 이후 6년 동안, CSP의 개념은 "상호작용하는 순차적 프로세스들"이라는 개념과 결합해서, 프로그램의 정확성을 입증하는 연구를 통해 **프로세스 미적분/대수**process calculus/process algebras라는 형식 표현법formal representation으로 발전했다. 프로세스 미적분이란, 동시성 시스템을 수학적으로 모델링하는 방법으로, 이러한 시스템들을 대상으로 여러 가지 변형을 수행해 효율성 및 정확성과 같은 다양한 속성을 분석하는 대수적 법칙을 제공한다. 프로세스 미적분은 그 자체로도 흥미로운 주제이지만 이 책의 범위를 벗어난다. CSP에 대한 최초의 논문과 그로부터 진화된 언어가 Go의 동시성 모델에 크게 영감을 주었기 때문에, 이제부터는 여기에 중점을 둘 것이다.

호어는 입력과 출력이 언어 기본 요소로 간주돼야 한다는 주장을 뒷받침하기 위해, 그의 CSP 프로그래밍 언어에 프로세스 간 입력 및 출력, 즉, 통신을 정확하게 모델링하기 위한 기본 요소들을 포함시켰다. 호어의 논문 제목이 바로 이 통신에서 유래했다. 호어는, 입력을 요구하고 다른 프로세스가 사용할 출력을 생산하는 로직의 캡슐화된 부분을 "프로세스"라고 지칭했다. 호어가 논문을 집필할 당시에 업계에서 프로그램을 어떻게 구조화할 것인지에 대한 논쟁이 없었다면 "프로세스" 대신 "함수function"라는 용어를 사용했을지도 모른다.

호어는 프로세스 사이의 통신을 위해 입력 및 출력 명령을 만들었다. !는 프로세스에 입력을 보내기 위한 것이고, ?는 프로세스에서 출력을 읽어오기 위한 것이다. 각 명령은 프로세스의 바깥에서 변수를 읽는 경우 출력 변수를, 프로세스로 입력을 보내는 경우는 목적지를 지정해야 한다. 때로는 이 두 가지가 동일한 것을 가리키는 경우도 있는데, 이런 경우를 두 프로세스가 "상응correspond"한다고 말한다. 즉, 한 프로세스의 출력이 다른 프로세스의 입력으로 직접 전달되는 경우다. 표 2-1은 이 논문에 나오는 몇 가지 예제를 보여준다.

표 2-1 호어의 CSP 논문에서 가져온 몇 가지 예제

연산	설명
cardreader?cardimage	cardreader로부터 card를 읽어와서 그 값(문자열)을 cardimage 변수에 할당한다.
lineprinter!lineimage	lineprinter에, 출력을 위한 lineimage 값을 전송한다.
X?(x, y)	X라는 이름을 가지는 프로세스에서 한 쌍의 값을 입력 받아 x와 y에 할당한다.
DIV!(3*a+b, 13)	DIV 프로세스에게 두 개의 지정된 값을 출력한다.
*[c:character;west?c → east!c]	west에서 출력된 모든 문자열을 읽어와서 그것들을 하나씩 east로 출력한다. west 프로세스가 종료되면 이 반복을 중단한다.

누가 봐도 Go의 채널과 유사하다는 것을 분명하게 알 수 있다. 마지막 예제에서 west의 출력이 변수 c로 보내지고, 동일한 변수에서 east의 입력으로 수신되는 방법에 주목하자. 이 두 프로세스는 상응하는 프로세스이다. 호어의 CSP에 관한 첫 번째 논문에서, 프로세스는 이름이 지정된 출처source와 목적지destination를 통해서만 통신할 수 있었다. 그는 코드를 라이브러리로 포함시킬 때 코드를 가져다 쓰는 쪽consumer에서 입력과 출력의 이름을 알아야 하기 때문에 문제가 될 수 있음을 알고 있었다. 그는 소비자 측에서 입출력의 이름을 알 수 있도록 하기 위해 "포트 이름port name"이라고 불렸던 것을 등록할 수 있다고 언급했는데, 이 이름은 병렬 명령의 앞 부분head에 선언할 수 있었으며 이름이 지정된 매개 변수와 이름이 지정된 리턴 값으로 인식될 수 있었다.

이 언어는 또한 1974년, 에드가 다익스트라Edgar Dijkstra의 논문 『보호받는 명령어, 프로그램의 비결정성 및 형식 유도(Guarded commands, nondeterminacy and formal derivation of programs)』[1]라는 논문에서 언급된, 소위 **보호받는 명령**guarded command에서도 사용됐다.

---

1 http://bit.ly/DijkstraGuarded

보호받는 명령어는 왼쪽과 오른쪽 부분이 →로 나뉘어진 구문이다. 왼쪽 부분은 조건 또는 오른쪽 부분에 대한 보호 장치로서, 왼쪽 부분이 거짓false이거나, 거짓을 리턴하는 명령어이거나, 종료exit된 경우에 오른쪽 부분은 절대 실행되지 않는다. 이 개념들을 호어의 I/O 명령과 결합하면 호어의 상호 통신하는 프로세스의 기초가 되며, 곧 Go 채널의 기반이 된다.

이러한 기본 요소를 사용해, 호어는 통신을 모델링하기 위한 일급first-class 지원 언어가 문제를 얼마나 더 간단하고 이해하기 쉽게 해주는지에 대한 몇 가지 예제들을 보여줬다. 그가 사용하는 표기법 중 일부는 지나칠 정도로 간결하다(아마 perl 프로그래머라면 동의하지 않을 것이다!). 그러나 호어가 제시한 문제는 매우 명확한 해결책을 지니고 있다. Go가 제시한 비슷한 해결책도 이보다는 조금 더 길지만 명확성을 지니고 있다.

역사는 호어의 제안이 정확하다고 판단했다. 그러나 Go가 발표되기 전까지는 극소수의 언어들만 이런 기본 요소를 언어 내적으로 지원했다는 점은 흥미롭다. 인기 있는 언어 대다수는 CSP의 메시지 전달 스타일보다 메모리에 대한 접근을 공유하고 동기화하는 방식을 선호한다. 예외도 있지만, 유감스럽게도 이 기능들은 그다지 인기가 없는 언어들만 보유하고 있다.

Go는 CSP의 핵심 원칙을 통합한 최초의 언어 중 하나로, 동시성 프로그래밍 스타일을 대중에게 제공한다. Go가 성공을 거두면서 다른 언어도 이런 기본 요소를 추가하려고 시도하게 됐다.

메모리 접근 동기화가 본질적으로 나쁜 것은 아니다. 60페이지의 "Go의 동시성에 대한 철학"의 뒷부분에서 배우겠지만, Go에서조차도 특정 상황에서는 메모리를 공유하는 것이 더 적절하다는 것을 알 수 있다. 그러나 공유 메모리 모델은 특히 대규모 프로그램이나 복잡한 프로그램에서 올바르게 활용하기 어려울 수 있다. 동시성이 Go의 강점 중 하나로 간주되는 이유가 바로 이것이다. 처음부터 CSP의 원칙을 염두에 두고 구축됐으므로 읽고 쓰기 쉽고, 추론하기 쉽다.

동시성을 지원하는 언어의 장점

동시성을 지원하기 위한 기본 요소라는 개념과 이를 구현한 언어를 비롯한 이 모든 것을 매력적으로 생각할 수도 있고, 그렇지 않을 수도 있지만, 이 책을 읽고 있다면 동시성에 관해 해결해야 할 문제가 있으며 이것이 중요한 이유가 궁금할 것이다. Go가 동시성과 관련해 다른 대중적인 언어와 차별화되는 점은 무엇일까?

동시성 문제를 모델링하기 위해 49페이지의 "동시성과 병렬성의 차이"에서 논의했듯이, 많은 언어는 보통 OS 스레드 및 메모리 접근 동기화 수준에서 언어의 추상화 체인을 끝낸다. Go는 다른 방식을 사용해 고루틴 및 채널의 개념으로 이를 대체한다.

동시성 코드를 추상화하는 두 방법의 개념을 비교해보면 고루틴은 스레드와, 채널은 뮤텍스와 비교할 수 있을 것이다(이러한 기본 요소들이 매우 유사해 보이기는 하지만, 비교해보면 각각의 상황을 파악하는 데 도움이 될 것이다). 이 추상화가 우리에게 가져다주는 장점은 무엇인가?

고루틴은 병렬성이라는 측면을 고민할 필요가 없도록 도와주며, 대신 본연의 동시성 수준에 가깝게 문제를 모델링하도록 해준다. 동시성과 병렬성의 차이점을 살펴봤지만, 해결책을 모델링하는 데 병렬성을 고민할 필요가 없이 동시성을 지원한다는 차이가 어떻게 영향을 미치는지는 명확하지 않다. 예를 들어보자.

엔드 포인트에서의 요청을 처리하는 웹 서버를 빌드해야 한다고 가정해보자. 잠시 프레임워크를 스레드 추상화만을 제공하는 언어로 설정한다면, 아마도 다음 질문에 대해 심사숙고하게 될 것이다.

- 이 언어가 자체적으로 스레드를 지원하는가? 아니면 라이브러리를 선택해야 하는가?
- 스레드의 제한 영역은 어디에 있어야 하는가?
- 이 운영체제의 스레드는 얼마나 무거운가?
- 프로그램이 동작하는 운영체제는 스레드를 어떻게 다르게 처리하는가?
- 생성하는 스레드의 수를 제한하기 위해 작업자 풀을 만들어야 한다. 최적의 개수는 어떻게 알 수 있을까?

이 모든 질문은 모두 중요하지만, 어떤 질문도 해결하려는 문제와 직접 관련이 있는 건 아니다. 병렬성 문제를 어떻게 해결할 것인지에 대한 세부적인 난관에 바로 빠져들고 만 것이다.

한 발 뒤로 물러나서 원래의 문제를 생각한다면 다음과 같이 기술할 수 있다. 개인 사용자가 내 엔드 포인트에 연결하고 세션을 연다. 세션은 요청을 내보내고 응답을 리턴해야 한다. Go에서는 코드상에서 이런 문제의 본질적인 상태를 거의 직접적으로 표현할 수 있다. 들어오는 연결마다 고루틴을 만들고, 거기에 요청을 입력한 다음(데이터 및 서비스를 위해 다른 고루틴과 통신할 수 있음), 고루틴의 함수에서 리턴한다. 이처럼 문제에 대해 자연스럽게 생각하는 방식이 Go에서 자연스럽게 코딩하는 방식으로 연결된다.

Go는 다음과 같이 약속한다. 고루틴은 가볍기 때문에 고루틴 생성을 걱정할 필요는 없다. 시스템에서 얼마나 많은 고루틴이 실행되고 있는지 고려해야 할 적절한 시점이 있기는 하지만, 너무 빨리 고민하는 것은 성급한 최적화이다. 이 문제를 사전에 고려하는 편이 현명하다고 할 수 있는 스레드와 비교해보자.

어떤 언어에서 병렬성 문제를 추상화할 수 있는 프레임워크가 존재한다고 해서, 동시성 문제를 모델링하는 본연의 방법이 중요하지 않다는 의미는 아니다! 누군가는 프레임워크를 작성해야 하며, 작성자가 처리해야 하는 복잡성이 무엇이든지 간에 당신의 코드는 최상단에 위치할 것이다. 단지 복잡성이 숨겨져 있다고 해서 그것이 존재하지 않는다는 것을 의미하지는 않으며, 복잡성은 버그를 낳는다. Go는 동시성을 중심으로 설계됐기 때문에, 이 언어가 제공하는 동시성 기본 요소에는 해당되지 않는 이야기다. 즉 함수의 개수도 적고 더 버그도 적다는 의미다!

문제 공간에 대한 보다 자연스러운 매핑은 엄청난 이점이지만, 여기에 더해 몇 가지 유익한 이점도 얻을 수 있다. Go의 런타임은 고루틴을 OS 스레드에 자동으로 다중화하고 스케줄링을 관리해준다. 이는 문제를 모델링한 방법을 변경하지 않고도 런타임을 최적화할 수 있다는 것을 의미한다. 이것은 고전적인 관심사 분리^{seperation of concerns}이다. 병렬 처리가 발전할수록 Go의 런타임은 개선될 것이며 프로그램의 성능이 향상될 것이다.

Go의 릴리즈 정보를 주의 깊게 살펴보자. 다음과 같은 문구를 볼 수 있다.

Go 1.5에서는 고루틴의 스케줄링 순서가 변경됐다.

Go의 작성자들은 프로그램을 더 빠르게 만들기 위해 보이지 않는 곳에서 기능을 개선하고 있다.

동시성과 병렬성의 분리는 또 다른 장점이다. Go의 런타임이 고루틴의 스케줄링을 관리해주기 때문에 고루틴이 I/O를 기다리면서 멈춰 있는지를 검사할 수 있고, 고루틴에 멈춰 있지 않은 OS 스레드를 지능적으로 재할당할 수 있다. 이 또한 코드 성능을 향상시킨다. Go의 런타임은 6장에서 더 상세하게 설명할 것이다.

문제 공간과 Go 코드 간의 보다 자연스러운 매핑으로 인한 또 다른 이점은, 동시성 방식으로 모델링된 문제 공간의 양이 늘어난다는 것이다. 개발자인 우리가 다루는 문제들은 자연적으로 동시적인 경우가 그렇지 않은 경우보다 많다. 따라서 자연스럽게 다른 언어보다 세분화된 수준으로 동시성 코드를 작성할 것이다. 예를 들어, 웹 서버 예제로 돌아가면 스레드 풀에 다중화된 연결을 사용하는 대신 모든 사용자가 각각의 고루틴을 가지게 된다. 이 섬세한 수준의 세분화로 인해 프로그램은 자신의 호스트에서 허용하는 병렬성의 양만큼 **동적으로** 확장될 수 있으며, 이는 암달^{Amdahl}의 법칙이 실제로 적용된 예제라 할 수 있다! 이것은 놀라운 일이다.

고루틴은 퍼즐의 일부분에 불과하다. CSP의 다른 개념인 채널과 select 역시 가치를 더해준다.

예를 들어, 채널은 본질적으로 다른 채널들과 **구성 가능하다.** 출력들을 손쉽게 구성함으로써 여러 하위 시스템으로부터의 입력을 조정할 수 있기 때문에, 대형 시스템을 더 간단하게 작성할 수 있다. 입력 채널을 제한 시간^{timeout}, 취소 또는 다른 하위 시스템으로의 메시지와 결합할 수도 있다. 뮤텍스 조정은 훨씬 더 어려운 문제이다.

select 구문은 Go의 채널을 보완하며, 채널 구성의 모든 어려운 부분을 가능하게 해준다. select문을 사용하면 효율적으로 이벤트를 기다리거나, 경쟁 채널 사이에서 균등 난수^{uniform random} 방식으로 메시지를 선택하거나, 대기 중인 메시지가 없는 경우에 계속 진행할 수 있다.

CSP에서 영감을 얻은 기본 요소들과 이를 지원하는 런타임의 화려한 조합이 Go에 강력한 힘을 선사한다. 이 책의 뒷부분에서 이런 Go의 기능이 어떻게 작동하는지, 멋진 코드를 작성할 때 왜 Go를 사용해야 하는지, 또 어떻게 사용할 수 있는지를 배운다.

Go의 동시성에 대한 철학

Go의 많은 부분이 CSP를 중심으로 설계됐으며, 현재도 그러하다. 그러나 Go는 메모리 접근 동기화를 비롯한 여러 가지 전통적인 동시성 코드 작성 방법 역시 지원한다. sync 및 기타 패키지들의 구조체와 메서드를 사용하면, 잠금을 수행하고 리소스 풀을 만들고, 고루틴을 선점하는 등의 작업을 할 수 있다.

CSP 기본 요소와 메모리 접근 동기화 중에서 선택할 수 있기 때문에 문제를 해결하기 위해 동시성 코드를 어떤 스타일로 작성할지 조금 더 통제할 수 있다는 장점이 있지만, 약간의 혼란이 있을 수 있다. Go 언어를 새롭게 접한 사람들은 종종 CSP 스타일이 Go에서 동시성 코드를 작성하는 유일한 방법으로 여겨지고 있다는 인상을 받는다. 그 예로, 다음과 같이 sync 패키지의 문서의 내용을 살펴보자.

> sync 패키지는 상호 배타 잠금^{mutual exclusion lock} 같은 기초적인 동기화 기본 요소를 제공한다. Once와 WaitGroup 타입을 제외하면, 대부분은 저수준 라이브러리 루틴에서 사용하기 위한 것이다. 채널 및 통신을 통해 보다 높은 수준의 동기화를 수행할 수 있다.

이 언어의 FAQ(https://golang.org/doc/faq)에는 다음과 같은 내용이 있다.

sync 패키지가 뮤텍스를 구현하기는 하지만, Go 프로그래밍 스타일을 통해 사람들이 더 높은 수준의 기법을 시도하도록 유도할 수 있기를 바란다. 특히 한 번에 하나의 고루틴만 특정 데이터에 대한 책임을 지도록 프로그램을 구성하는 것을 고려해보라.

메모리 공유를 사용해 통신하지 마라. 대신 통신을 통해 메모리를 공유하라.

이 밖에도 Go 팀의 여러 구성원이 sync.Mutex와 같은 기본 요소 대신 CSP 스타일을 사용할 것을 주장하는 기사나 강의, 인터뷰도 많이 찾아볼 수 있다.

그러니까 도대체 왜 Go 팀이 메모리 접근 동기화 기본 요소를 공개하기로 했는지 모르겠다고 해도 충분히 공감할 수 있다. 훨씬 더 혼란스러울 수 있는 부분은, 이러한 메모리 접근 동기화 기본 요소들이 일반적으로 실무에서 눈에 띌 뿐 아니라, 사람들이 Go로 프로그램을 작성하는 과정에서 채널을 과도하게 사용하는 것에 대한 불평 역시 볼 수 있으며, Go 팀원 중 일부는 메모리 접근 동기화 기본 요소를 사용해도 괜찮다고 말한다는 점이다. 다음은 Go 위키(https://github.com/golang/go/wiki/MutexOrChannel)에서 인용한 문장이다.

Go의 모토 중 하나는 "통신을 통해 메모리를 공유하고, 메모리 공유를 통해 통신하지 말라"이다. 즉, Go는 sync 패키지에서 전통적인 잠금 메커니즘을 제공한다. 대부분의 잠금 문제는 채널이나 전통적인 잠금 중 하나를 사용해 해결할 수 있다.

그렇다면 어느 쪽을 사용해야 할까?

가장 표현력이 풍부하면서 가장 단순한 것, 또는 둘 중 하나에 해당하는 것을 사용하라.

이는 좋은 조언이며, Go로 작업할 때 자주 볼 수 있는 지침이지만 다소 모호하다. 더 표현력이 풍부하면서 단순한 것, 또는 양쪽 중 하나에 해당하는 것이 무엇인지 어떻게 알 수 있을까? 어떤 기준으로 판단해야 할까? 다행히도 제대로 판단할 수 있도록 도와주는 몇 가지 지침이 있다. 뒤에서 보겠지만, 가장 확실하게 구분할 수 있는 기준은 내부적으로는 매우 좁은 범위^{scope}에서, 외부적으로는 시스템 전체에 이르기까지, 동시성을 관리하려고 하는 위치이다. 그림 2-1은 이러한 지침을 결정 트리^{decision tree}로 나열한다.

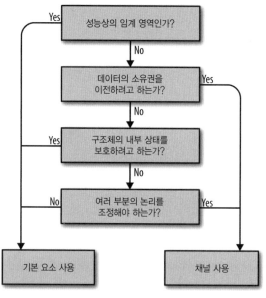

그림 2-1 결정 트리

결정 지점을 하나씩 따라가보자.

데이터의 소유권을 이전하려고 하는가?

결과를 산출하는 약간의 코드가 있고, 그 결과를 또 다른 코드와 공유하려는 경우, 실제로 수행하는 작업은 해당 데이터의 소유권을 이전하는 것이다. 가비지 컬렉션을 지원하지 않는 언어에서의 메모리-소유권memory-ownership 개념에 익숙할지 모르겠는데, 이것은 그 개념과 동일하다. 데이터에는 하나의 소유자가 있으며, 동시에 실행되는 프로그램들을 안전하게 만드는 한 방법은 한 번에 하나의 동시 컨텍스트만 데이터의 소유권을 가지게 하는 것이다. 채널은 한 번에 하나의 동시 컨텍스트만 데이터 소유권을 가져야 한다는 의도를 채널의 타입에 인코딩함으로써 메모리 소유권 개념을 전달할 수 있게 도와준다.

이 방식의 가장 큰 장점은, 적은 비용으로 메모리 내부 큐in-memory queue를 구현하기 위한 버퍼링된 채널을 생성하고, 이를 통해 생산자와 소비자를 분리할 수 있다는 점이다.

또 다른 장점으로는, 채널을 사용하면 여러분의 동시성 코드를 다른 동시성 코드와 함께 구성할 수 있다는 점이다.

구조체의 내부 상태를 보호하고자 하는가?

구조체의 내부 상태를 보호해야 하는 상황은 메모리 접근 동기화 기본 요소를 사용할 수 있는 훌륭한 후보로, 채널을 사용해서는 안 된다는 매우 강력한 지표이다. 메모리 접근 동기화 기본 요소를 사용하면 임계 영역을 잠그는 구현의 세부 사항을 호출자에게 공개하지 않을 수 있다. 다음은 스레드에는 안전thread-safe하지만 호출자에게는 그 복잡성을 드러내지 않는 타입의 간단한 예제이다.

```
type Counter struct {
    mu sync.Mutex
    value int
}
func (c *Counter) Increment() {
    c.mu.Lock()
    defer c.mu.Unlock()
    c.value++
}
```

원자성의 개념을 상기해보면, 여기에서 수행한 작업이 Counter 타입의 원자성 범위로 정의된다고 말할 수 있다. Increment에 대한 호출은 원자적이라고 간주할 수 있다.

여기서 핵심이 되는 단어는 "내부적"이라는 것을 잊지 말자. 어떤 타입을 넘어서 잠금이 드러나는 것을 발견하면 경계해야 한다. 잠금을 작은 어휘 범위lexical scope로 제한해보자.

여러 부분의 논리를 조정해야 하는가?

채널은 본질적으로 메모리 접근 동기화 기본 요소보다 더 쉽게 구성 가능하다는 것을 기억하자. 객체 그래프상에 흩어져 있는 잠금들은 끔찍하지만, 채널은 객체 그래프상의 어디에든 있을 수 있으며, 채널을 가지고 있을 것을 권장한다! 채널은 구성할 수 있지만, 값을 리턴하는 잠금이나 메서드는 쉽게 구성할 수 없다.

채널을 사용한다면, Go의 대기열로 제공되며 안전하게 전달해주는 채널의 기능과 select문 덕분에 소프트웨어에서 발생하는 긴급한 복잡성을 훨씬 쉽게 제어할 수 있다. 동시성 코드가 작동하는 방식, 데드락 또는 레이스가 발생하는 이유, 기본 요소를 사용하는 방식을 이해하는 데 어려움을 겪는다면 이런 장점이 채널을 사용해야 한다는 신호일 것이다.

성능상의 임계 영역(performance-critical section)인가?

이 질문이 "내 프로그램이 성능이 뛰어나기를 바란다. 그러므로 뮤텍스만을 사용할 것이다"라는 의미는 절대로 아니다. 오히려 특정 프로그램 영역에 대한 성능을 분석한 결과, 해당 영역이 프로그램의 나머지 부분보다 현저하게 느린 주요 병목 지점으로 밝혀졌다면, 메모리 접근 동기화 기본 요소를 사용하자. 이 임계 영역이 부하 상황에서 동작하는 데 도움이 될 수 있다. 그 이유는, 채널이 동작할 때 메모리 접근 동기화를 사용하기 때문에 채널이 더 느릴 수 있기 때문이다. 그러나 이 방식을 고려하기 전에, 성능상의 임계 영역은 프로그램을 재구성해야 한다는 사실을 암시하고 있을 수도 있다.

부디 이 기준을 통해 CSP 스타일의 동시성과 메모리 접근 동기화 중에 어떤 것을 사용할지 분명히 결정했기를 바란다. 개발자들이 동시성을 추상화하는 수단으로 OS 스레드를 사용하는 언어를 사용할 때 자주 보이는 패턴과 관행들이 있다. 스레드 풀이 그 예다. 이런 추상화의 대부분은 OS 스레드의 강점과 약점을 대상으로 하기 때문에, Go로 작업할 때는 이런 패턴을 사용하지 않는 편이 좋다. 그렇다고 해서 이들 패턴이 쓸모없다는 의미는 아니지만, Go에서는 그 용례가 훨씬 제한적이다. 계속해서 고루틴을 사용해 문제 공간을 모델링하고, 작업 중 동시에 수행되는 부분을 표현하기 위해 고루틴을 사용하자. 그리고 두려워하지 말고 마음 편히 고루틴을 실행하자. 하드웨어가 지원할 수 있는 고루틴 수의 상한에 도달하기 전에 프로그램을 재구성해야 할 가능성이 훨씬 더 크다.

동시성에 대한 Go의 철학은 다음과 같이 요약할 수 있다. 단순화를 목표로 하고, 가능하면 채널을 사용하며, 고루틴을 무한정 쓸 수 있는 자원처럼 다루어라.

Go의 동시성 구성 요소

3장에서는 Go의 동시성을 지원하는 풍부하고 정교한 기능에 대해 설명한다. 3장을 배우고 나면 활용할 수 있는 문법과 함수, 패키지로는 무엇이 있는지 파악할 수 있다. 또한 각 기능에 대해서도 이해할 수 있을 것이다.

고루틴

고루틴은 Go 프로그램을 구성하는 가장 기본적인 단위 중 하나다. 따라서 고루틴이란 무엇이고, 어떻게 작동하는지 이해하는 것이 중요하다. 실제로 모든 Go 프로그램에는 적어도 하나의 고루틴이 있다. 프로세스가 시작될 때 자동으로 생성되고 시작되는 main **고루틴**이 바로 그것이다. 거의 모든 프로그램에서 문제를 해결할 때 언젠가는 고루틴을 사용하게 될 것이다. 그렇다면 고루틴이란 무엇인가?

간단히 말하면 고루틴은 다른 코드와 함께 동시에 실행되는 함수이다. 그렇다고 고루틴이 반드시 병렬로 실행되는 것은 아니다! 함수 앞에 go 키워드를 두면 간단히 시작할 수 있다.

```
func main ( ) {
  go sayHello( )
  // 다른 작업들을 계속한다.
}
```

```
func sayHello() {
  fmt.Println("hello")
}
```

익명 함수^{anonymous function}도 동작한다! 다음은 앞의 예제와 같은 동작을 하는 예제이다. 그러나 함수로 고루틴을 만드는 것이 아니라 익명 함수로 고루틴을 만든다.

```
go func () {
  fmt.Println("hello")
}() ❶
// 다른 작업들을 계속한다.
```

❶ go 키워드를 사용하기 위해 익명 함수를 즉시 호출해야 한다는 점에 유의한다.

이렇게 하는 대신 함수를 변수에 할당하고, 다음과 같이 익명 함수를 호출할 수도 있다.

```
sayHello := func() {
  fmt.Println("hello")
}
go sayHello()
// 다른 작업들을 계속한다.
```

얼마나 멋진가! 함수 하나와 키워드 하나만 사용해 동시에 실행되는 논리 블록을 만들 수 있다! 믿거나 말거나, 이것이 고루틴을 시작하기 위해 알아야 할 전부다. 고루틴을 적절하게 사용하고, 동기화하고, 구성하는 방법에 관해서는 할 말이 많지만, 실제로 고루틴을 활용하는 데는 위 내용만 알면 충분하다. 3장의 나머지 부분에서는 고루틴이란 무엇이며, 어떻게 작동하는지 자세히 설명한다. 고루틴에서 제대로 작동하는 코드를 작성하는 것에만 관심이 있다면 다음 절로 건너뛰어도 된다.

그러면 보이지 않는 곳에서 무슨 일이 일어나고 있는지 살펴보자. 고루틴은 실제로 어떻게 동작하는가? 고루틴은 OS 스레드일까? 아니면 그린 스레드일까? 고루틴을 얼마나 많이 만들 수 있을까?

일부 다른 언어는 비슷한 동시성 기본 요소가 있기는 하지만, 고루틴은 Go에만 존재한다. 고루틴은 OS 스레드가 아니다. 언어의 런타임에 의해 관리되는 스레드인 그린 스레드green thread도 아니다. 고루틴은 **코루틴**coroutine이라 불리는 더 높은 수준의 추상화이다. 코루틴은 단순히 동시에 실행되는 서브루틴(함수, 클로저, 또는 Go의 메서드)으로서, **비선점적**nonpreemptive, 다시 말해 인터럽트할 수 없다. 대신 코루틴은 잠시 중단suspend하거나 재진입reentry할 수 있는 여러 개의 지점을 가지고 있다.

고루틴을 Go만의 고유한 특징으로 만드는 것은 바로 Go 런타임과의 긴밀한 통합이다. 고루틴은 자신의 일시 중단 지점이나 재진입 지점을 정의하지 않는다. Go의 런타임은 고루틴의 실행 시 동작을 관찰해, 고루틴이 멈춰서 대기block 중일 때 자동으로 일시 중단시키고, 대기가 끝나면 다시 시작시킨다. Go 런타임이 이런 식으로 고루틴을 선점 가능하게 해주기는 하지만, 고루틴이 멈춰 있는 지점에서만 선점 가능하다. 이게 바로 런타임과 고루틴 로직 사이의 우아한 파트너십이다. 따라서 고루틴은 코루틴의 특별한 클래스로 간주할 수 있다.

코루틴은 동시에 실행되는 구조물이라고 여겨지지만, 그렇다고 해서 동시성이 코루틴의 속성인 것은 아니며, 고루틴은 코루틴의 일종이므로 고루틴 역시 그렇다. 즉, 누군가가 여러 코루틴이 동시에 주관host, 호스팅하면서 각 코루틴이 실행될 수 있는 기회를 제공해야 한다. 그렇지 않으면 코루틴은 동시에 실행되지 않을 것이다! 그렇다고 이 말이 코루틴은 절대적으로 병렬적이라고 암시하는 것은 아니라는 점에 유의하자. 병렬로 처리된다는 환상을 심어주기 위해 순차적으로 실행되는 여러 개의 코루틴을 생성할 가능성이 있으며, 실제로 Go에서는 항상 이러한 일이 발생한다.

고루틴을 호스팅하는 Go의 메커니즘은 **M:N 스케줄러**를 구현한 것으로, M개의 그린 스레드를 N개의 OS 스레드에 매핑한다는 의미이다. 그런 다음 고루틴은 스레드에 스케줄링된다. 사용 가능한 그린 스레드보다 더 많은 고루틴이 있는 경우, 스케줄러는 사용 가능한 스레드들로 고루틴을 분배하고 이 고루틴들이 대기 상태가 되면 다른 고루틴이 실행될 수 있도록 한다. 이 모든 것이 어떻게 작동하는지에 대해서는 6장에서 논의할 것이며, 3장에서는 Go가 동시성을 어떻게 모델링하는지 설명할 것이다.

Go는 fork-join 모델[1]이라는 동시성 모델을 따른다. fork라는 단어는 프로그램의 어느 지점에서든지 실행의 자식child 분기를 만들어 부모와 동시에 실행할 수 있다는 사실을 나타낸다. 그리고 join이라는 단어는 미래의 어느 시점에서 이렇게 동시에 실행된 분기가 다시 합쳐진다는 사실을 나타낸다. 자식 분기가 다시 부모 분기와 합쳐지는 지점을 **합류 지점**join point이라고 한다. 이런 구도를 좀 더 자세히 이해하기 위해 다음 그림을 살펴보자.

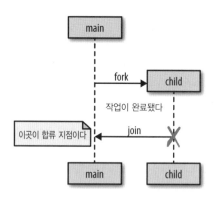

go 구문은 Go가 포크fork를 수행하는 방법이며, 포크된 실행 스레드가 고루틴이다. 다시 간단한 고루틴 예제로 돌아가자.

```
sayHello := func () {
  fmt.Println("hello")
}
go sayHello()
// 다른 작업들을 계속한다.
```

여기서 sayHello 함수가 자체적인 고루틴에서 실행되는 동안 프로그램의 나머지 부분도 계속 실행될 것이다. 이 예제에서는 합류 지점이 없다. sayHello를 실행하는 고루틴은 일정하지 않은 시간이 지난 후에 종료될 것이고, 프로그램의 나머지 부분은 이미 계속 실행되고 있을 것이다.

---

1 C에 익숙한 사람이라면 이 모델과 fork 함수를 비교할 것이다. fork-join 모델은 동시성이 수행되는 방법에 대한 논리적인 모델이다. 이 모델은 fork와 wait를 호출하는 C 프로그램을 논리적인 수준에서만 설명해준다. fork-join 모델은 메모리가 관리되는 방식에 대해서는 아무것도 말해주지 않는다.

그러나 이 예제에는 한 가지 문제가 있다. 작성된 대로 sayHello 함수가 실행될지 아닐지 전혀 알 수 없다는 점이다. 이 고루틴은 Go의 런타임을 통해 실행되도록 생성 및 스케줄링되지만, 실제로는 main 고루틴이 종료되기 전에 실행될 기회를 얻지 못할 수도 있다.

실제로 이 간단한 예제를 실행할 때, 단순함을 위해 main 함수의 나머지 부분을 생략했기 때문에 sayHello에 대한 호출을 호스팅하는 고루틴이 시작되기도 전에 프로그램의 실행이 끝날 것이다. 결과적으로 표준 출력^{stdout}에는 "hello"라는 단어가 출력되지 않는다. 고루틴을 생성한 후에 time.Sleep을 둘 수도 있지만, 이는 실제로 합류 지점을 만드는 것이 아니라 단지 레이스 컨디션을 일으킬 뿐이라는 것을 기억하자. 1장을 떠올려보면, 종료되기 전에 실행될 확률이 늘어나기는 하지만 실행을 보장할 수는 없다. 합류 지점은 프로그램의 정확성을 보증하고 레이스 컨디션을 제거하는 요소이다.

합류 지점을 생성하려면 main 고루틴과 sayHello 고루틴을 동기화해야 한다. 이 작업은 여러 가지 방법으로 수행할 수 있지만, 여기서는 78페이지의 "sync 패키지"에서 설명할 내용인 sync.WaitGroup을 사용한다. 이 예제가 어떻게 두 개의 고루틴 사이에 조인 지점을 만드는지 이해하는 것은 현재로서는 중요하지 않다. 다음은 앞서 언급한 문제점을 수정한 예시이다.

```
var wg sync.WaitGroup
sayHello := func () {
  defer wg.Done()
  fmt.Println("hello")
}
wg.Add(1)
go sayHello()
wg.Wait() ❶
```

❶ 여기가 합류 지점이다.

다음과 같이 출력된다.

```
hello
```

이 예제는 sayHello 함수를 호스팅하는 고루틴이 종료될 때까지 확정적으로 main 고루틴을 멈춰놓는다. sync.WaitGroup의 동작 방식에 대해서는 78페이지의 "sync 패키지"에서 배우겠지만, 여기서는 이 예제가 정확하게 동작하도록 만들기 위해 sync.WaitGroup 사용해 합류 지점을 만든다.

이 책에서는 빠르게 고루틴 예제를 만들기 위해 익명 함수를 많이 사용했다. 이제 클로저closure로 관심을 돌려보자. 클로저는 자신들이 생성된 어휘 범위lexical scope를 폐쇄해 변수들을 캡처한다. 고루틴에서 클로저를 실행하면 클로저는 이들 변수의 복사본에 대해 동작하는가? 아니면 원본을 참조해 동작하는가? 한번 시도해보자.

```
var wg sync.WaitGroup
salutation := "hello"
wg.Add(1)
go func() {
  defer wg.Done()
  salutation = "welcome" ❶
}()
wg.Wait()
fmt.Println(salutation)
```

❶ 바로 여기서 고루틴은 salutation 변수의 값을 수정한다.

salutation의 값은 "hello"일까? 아니면 "welcome"일까? 그렇게 생각하는 이유는 무엇인가? 한번 실행해서 그 결과를 보자.

```
welcome
```

흥미롭다! 고루틴은 자신이 생성된 곳과 동일한 주소 공간에서 실행되기 때문에, 프로그램은 "welcome"이라는 단어를 출력한다. 다른 예를 들어보자. 이 프로그램은 무엇을 출력할 것이라고 생각하는가?

```
var wg sync.WaitGroup
for _, salutation := range []string{"hello", "greetings", "good day"} {
  wg.Add(1)
  go func() {
```

```
        defer wg.Done()
        fmt.Println(salutation)    ❶
    }()
}
wg.Wait()
```

❶ 여기서는 문자열 슬라이스^{slice}의 범위에 의해 생성된 반복문의 변수 salutation을 참조한다.

정답은 예상보다 훨씬 까다로우며, Go의 몇 가지 놀랄 만한 특징 중 하나를 보여준다. 대부분은 직관적으로 이 코드가 "hello", "greetings", "good day"라는 단어를 일련의 비결정적인 순서로 출력할 것이라고 생각할 것이다. 실제 동작을 살펴보자.

```
good day
good day
good day
```

놀랍지 않은가! 무슨 일이 일어났는지 알아보자. 이 예제에서 고루틴은 문자열 타입을 갖는 반복문의 변수 salutation에 대해 닫혀 있는 클로저를 실행 중이다. 루프가 반복될 때 salutation에는 슬라이스 리터럴^{literal}의 다음 문자열 값이 할당된다. 스케줄링된 고루틴은 미래의 어떤 시점에서든 실행될 수 있기 때문에, 고루틴 내부에서 어떤 값이 출력될지는 결정돼 있지 않다. 내 컴퓨터에서는 고루틴이 시작되기 전에 루프가 종료될 확률이 높다. 이 말은 곧 salutation 변수가 범위를 벗어났음을 의미한다. 그러면 어떻게 될까? 고루틴이 범위를 벗어난 무언가를 여전히 참조할 수 있을까? 고루틴이 잠재적으로 가비지 컬렉션된 메모리에 접근하지는 않을까?

이를 통해 Go가 메모리를 관리하는 방식을 이해할 수 있다. Go 런타임은 salutation 변수에 대한 참조가 여전히 이루어지고 있으므로 고루틴이 계속 접근할 수 있도록 메모리를 힙^{heap}으로 옮길 것이라는 사실을 알고 있다.

일반적으로 내 컴퓨터에서는 고루틴이 실행되기도 전에 루프가 종료되므로, salutation은 문자열 슬라이스의 마지막 값인 "good day"에 대한 참조를 저장하고 있는 힙으로 옮겨지게 되고, 이에 따라 보통은 "good day"가 세 번 출력된다. 이 반복문을 작성하는 올바른 방법은, 클로저 내부로 salutation의 사본을 전달해 고루틴이 실행될 때, 반복문에서 해당 반복 회차^{iteration}에 고루틴으로 전달된 데이터를 가지고 동작하게 하는 것이다.

```go
var wg sync.WaitGroup
for _, salutation := range [] string { "hello", "greetings", "good day"} {
  wg.Add(1)
  go func(salutation string) { ❶
    defer wg.Done()
    fmt.Println(salutation)
  }(salutation)  ❷
}
wg.Wait()
```

❶ 여기서 다른 함수처럼 매개 변수를 선언한다. 어떤 일이 발생하는지 보다 확실하게 하기 위해 원래의 salutation 변수를 가린다^{shadow}.

❷ 여기서는 현재 반복 회차의 변수를 클로저로 전달한다. 문자열 구조체의 복사본이 만들어지므로, 고루틴이 실행될 때 적절한 문자열을 참조하리라는 것을 보장할 수 있다.

그러면 다음과 같이 올바른 출력이 나온다.

```
good day
hello
greetings
```

이 예제는 예상한 대로 동작하며, 코드가 약간 더 길어졌을 뿐이다.

고루틴은 서로 동일한 주소 공간에서 작동하며, 단순히 함수를 호스팅하는 것이기 때문에, 고루틴을 사용하면 동시에 실행되지 않는 코드를 작성하는 것에서 동시성 코드를 작성하는 것으로 자연스럽게 확장할 수 있다. Go의 컴파일러는 고루틴이 실수로 할당이 해제된 메모리에 접근하지 않도록 메모리상에 고정돼 있는 변수를 잘 처리하기 때문에, 개발자는 메모리 관리 대신 문제 공간에 집중할 수 있다. 그러나 이것이 백지 수표는 아니다.

여러 고루틴이 동일한 주소 공간에 대해 동작할 수 있기 때문에 여전히 동기화에 대해 걱정해야 한다. 앞서 논의한 것처럼, 고루틴이 접근하는 공유 메모리에 대해 동기화된 접근을 하도록 하거나, CSP 기본 요소를 사용해 통신으로 메모리를 공유할 수 있다. 이 기법은 나중에 "채널"(101페이지)과 "sync 패키지"(78페이지)에서 설명한다.

고루틴의 또 다른 이점은 매우 가볍다는 것이다. 다음은 Go의 FAQ(https://golang.org/doc/faq#goroutines)에서 발췌한 것이다.

> 새롭게 만들어진 고루틴에게는 몇 킬로바이트 정도가 주어지며, 대개는 이것만으로도 충분하다. 혹시 충분하지 않다면 런타임이 자동으로 스택을 저장하기 위한 메모리를 늘리거나 줄인다. 이를 통해 고루틴이 적정 메모리량으로 살아갈 수 있게 해준다. CPU 오버헤드는 평균적으로 함수 호출 한 번에 약 3개의 명령어 정도이다. 실제로 동일한 주소 공간에 수십만 개의 고루틴이 만들어진다. 만약에 고루틴이 그저 스레드와 같다면 고루틴이 훨씬 적어도 시스템 자원이 금세 고갈될 것이다.

고루틴 하나당 몇 킬로바이트라니, 그 정도면 전혀 나쁘지 않다! 직접 검증해보자. 그러나 그 전에 고루틴에 관해 흥미로운 점 하나를 먼저 언급하려고 한다. 가비지 컬렉터는 버려진 고루틴을 회수하기 위한 어떠한 조치도 하지 않는다. 다음과 같은 코드를 작성한다고 해보자.

```
go func( ) {
  // <영원히 대기하는 동작>
}( )
// 작업 수행
```

이 고루틴은 프로세스가 종료될 때까지 대기하고 있을 것이다. 이 문제를 해결하는 방법에 대해서는 4장의 "고루틴 누수 방지"에서 설명한다. 다음 예제에서는 이 절대 종료되지 않는 고루틴을 실제로 고루틴의 크기를 측정하는 데 사용한다.

이 예제는 고루틴이 가비지 컬렉션되지 않는다는 사실과 런타임이 스스로를 검사할 수 있는 기능을 조합해, 고루틴 생성 전후에 할당된 메모리의 양을 측정한다.

```
memConsumed := func () uint64 {
  runtime.GC()
  var s runtime.MemStats
  runtime.ReadMemStats(&s)
  return s.Sys
}

var c <-chan interface{}
var wg sync.WaitGroup
noop := func() { wg.Done(); <-c }  ❶

const numGoroutines = 1e4  ❷
wg.Add(numGoroutines)
before := memConsumed()  ❸
for i := numGoroutines; i > 0; i-- {
  go noop()}
wg.Wait()
after := memConsumed()  ❹
fmt.Printf("%.3fkb", float64(after-before)/numGoroutines/1000)
```

❶ 측정을 위해서는 메모리상에 다수의 고루틴이 유지돼야 하며, 이를 위해 고루틴이
  절대로 종료되지 않도록 해야 한다. 하지만 지금은 이 조건을 어떻게 수행할지 걱정
  하지 않아도 된다. 다만 이 고루틴이 프로세스가 끝날 때까지 종료되지 않는다는 것
  만 알아두자.

❷ 여기서 생성할 고루틴의 수를 정의한다. 고루틴 하나의 크기에 점근적으로 접근하기
  위해 대수의 법칙^{law of large numbers}을 사용할 것이다.

❸ 여기서는 고루틴들을 생성하기 전에 소비된 메모리 양을 측정한다.

❹ 그리고 여기서 고루틴들을 생성한 후에 소비된 메모리의 양을 측정한다.

결과는 다음과 같다.

2.817kb

정확한 결과처럼 보인다. 이 예제의 고루틴들은 아무것도 하지 않는 빈 고루틴이지만, 고루틴을 몇 개나 만들 수 있는지 암시한다. 표 3-1에서는 스왑 공간을 사용하지 않고 64비트 CPU에서 생성할 수 있는 고루틴의 수를 대략적으로 추정한다.

표 3-1 주어진 메모리 내에서 가능한 고루틴의 대략적인 수에 대한 분석

메모리(GB)	고루틴(#/100,000)	자릿수
2^0	3,718	3
2^1	7,436	3
2^2	14,873	6
2^3	29,746	6
2^4	59,492	6
2^5	118,983	6
2^6	237,967	6
2^7	475,934	6
2^8	951,867	6
2^9	1903,735	9

정말로 큰 수치다. 내 휴대용 컴퓨터에는 8GB의 RAM이 있다. 즉, 이론상으로는 스와핑 없이도 수백만 개의 고루틴을 돌릴 수 있다. 물론 이것은 내 컴퓨터에서 실행 중인 다른 프로그램과 고루틴의 실제 내용을 무시한 결과이다. 하지만 이 간단한 계산을 통해 고루틴이 얼마나 가벼운지 알 수 있다.

우리를 기운 빠지게 만드는 또 다른 요소는 **컨텍스트 스위칭**context switching이다. 컨텍스트 스위칭이란, 동시에 실행되는 프로세스를 호스팅하는 어떤 것이 다른 동시 프로세스를 실행하도록 전환하기 위해 자신의 상태를 저장해야 하는 경우를 말한다. 동시에 실행되는 프로세스가 너무 많으면 프로세스 사이의 컨텍스트 스위칭에 모든 CPU 시간을 소모하느라 실제 작업은 전혀 수행하지 못할 수도 있다. OS 수준에서 스레드를 사용하면 이로 인해 상당히 많은 비용이 발생할 수 있다. OS 스레드는 레지스터 값이나 룩업 테이블, 메모리 맵 등을 저장해야만 시간이 됐을 때 현재 스레드로 다시 전환할 수 있다. 그런 다음 진입하는 스레드에 대해서도 동일한 정보를 로드해야 한다.

소프트웨어에서의 컨텍스트 스위칭은 상대적으로 훨씬 더 저렴하다. 소프트웨어로 정의된 스케줄러 아래에서 런타임은 되돌아오기 위해 유지해야 할 항목, 유지 방식, 유지 시점을 보다 선별적으로 고를 수 있다. 내 휴대용 컴퓨터에서 OS 스레드와 고루틴 사이의 상대적인 컨텍스트 스위칭 성능을 비교해보자. 먼저, 리눅스의 내장 벤치마킹 제품군을 사용해 동일한 코어에서 두 스레드 간에 메시지를 보내는 데 걸리는 시간을 측정한다.

```
taskset -c 0 perf bench sched pipe -T
```

다음과 같은 결과가 나온다.

```
# Running 'sched/pipe' benchmark('sched/pipe' 벤치마크 실행):
# Executed 1000000 pipe operations between two threads(두 스레드 사이에서 1000000개의 파이
프 연산 실행)

     Total time: 2.935 [sec]

       2.935784 usecs/op
         340624 ops/sec
```

이 벤치마크는 사실 하나의 스레드에서 메시지를 보내고 받는 데 걸리는 시간을 측정하므로, 이 결과를 2로 나눌 것이다. 그러면 컨텍스트 스위치당 1.467μs가 나온다. 그렇게 나쁘지는 않지만, 고루틴 간의 컨텍스트 전환을 조사할 때까지 일단 판단을 보류한다. 우선 Go를 사용해서 유사한 벤치마크를 구성한다. 아직까지 다루지 않았던 것 몇 가지를 사용할 텐데, 잘 이해가 되지 않는다면 그냥 호출을 따라가서 결과에만 초점을 맞추자. 다음 예제에서는 두 개의 고루틴을 생성하고 둘 사이에서 메시지를 전송할 것이다.

```go
func BenchmarkContextSwitch(b *testing.B) {
  var wg sync.WaitGroup
  begin := make(chan struct{})
  c := make(chan struct{})

  var token struct{}
  sender := func() {
    defer wg.Done()
    <-begin ❶
```

```
    for i := 0; i < b.N; i++ {
      c <- token ❷
    }
  }
  receiver := func() {
    defer wg.Done()
    <-begin ❶
    for i := 0; i < b.N; i++ {
      <-c ❸
    }
  }

  wg.Add(2)
  go sender()
  go receiver()
  b.StartTimer() ❹
  close(begin) ❺
  wg.Wait()
}
```

❶ 시작한다고 말해주기 전까지는 여기서 대기한다. 고루틴을 설정하고 시작하는 비용
  이 컨텍스트 스위칭을 측정하는 데 영향을 미치는 것을 원하지 않기 때문이다.

❷ 여기서는 수신측 고루틴에게 메시지를 보낸다. struct{}{}는 **빈 구조체**라고 불리며,
  메모리를 사용하지 않는다. 그러므로 메시지를 보내는 데 걸리는 시간만 측정하게
  된다.

❸ 여기서는 메시지를 수신하지만, 메시지로 아무런 작업도 하지 않는다.

❹ 여기서 성능 타이머를 시작시킨다.

❺ 여기서 두 고루틴에게 시작하라고 말한다.

리눅스의 벤치마크와 유사하게 만들기 위해 하나의 CPU만 사용하도록 지정하고 벤치
마크를 실행한다. 결과를 살펴보자.

```
go test -bench=. -cpu=1 \
src/gos-concurrency-building-blocks/goroutines/fig-ctx-switch_test.go
```

```
BenchmarkContextSwitch    5000000                         225      ns/op
PASS
ok                        command-line-arguments  1.393s
ns/op
```

와우! 컨텍스트 스위치당 225ns. 이는 0.225μs로, 기억나는지 모르겠지만 1.467μs가 걸렸던 내 기기의 OS 컨텍스트 스위치보다 92% 더 빠르다. 고루틴이 얼마나 많아야 과도한 컨텍스트 스위칭이 발생하는지에 대해서는 어떤 주장도 하기 어렵지만, 이 상한이 고루틴 사용에 있어 어떠한 장애물도 되지 않을 것이라고는 자신 있게 말할 수 있다.

지금까지 고루틴을 시작하는 방법과 그들이 작동하는 방법에 대해 약간은 이해했을 것이다. 또한 문제 공간에서 적절하다고 생각된다면 얼마든지 안전하게 고루틴을 만들 수 있다는 점도 배웠다. 49페이지의 "동시성과 병렬성의 차이"에서 설명했듯이, 문제 공간이 암달의 법칙에 의해 하나의 동시 실행 세그먼트로 제한되지만 않는다면 더 많은 고루틴을 만들수록 프로그램은 여러 개의 프로세서로 조정될 것이다. 고루틴의 생성에는 큰 비용이 들지 않기 때문에, 이것이 성능 문제의 근본 원인으로 입증된 경우에만 그 비용을 논의해야 한다.

sync 패키지

sync 패키지에는 저수준의 메모리 접근 동기화에 가장 유용한 동시성 기본 요소들이 포함되어 있다. 주로 메모리 접근 동기화를 통해 동시성을 처리하는 언어로 작업해본 적이 있다면 이러한 유형에 이미 익숙할 것이다. Go와 이들 언어의 차이점은, Go가 메모리 접근 동기화 기본 요소 위에 함께 동작할 수 있는 확장 세트를 제공하기 위해 새로운 동시성 기본 요소 세트를 구축했다는 점이다. 60페이지의 "Go의 동시성에 대한 철학"에서 설명했듯이, 이런 연산들은 모두 자기만의 쓰임이 있으며, 주로 구조체와 같은 작은 범위에서 사용된다. 메모리 접근 동기화를 사용할 적절한 시점이 언제인지 결정하는 것은 당신에게 달려 있다. 그렇기는 하지만, sync 패키지가 제공하는 다양한 기본 요소들을 살펴보자.

WaitGroup

WaitGroup은 동시에 수행된 연산의 결과를 신경 쓰지 않거나, 결과를 수집할 다른 방법이 있는 경우 동시에 수행될 연산 집합을 기다릴 때 유용하다. 둘 중 어느 조건도 충족되지 않는다면 대신 채널과 select문을 사용하는 것이 좋다. WaitGroup은 매우 유용하다. 다음 절부터는 WaitGroup을 사용하겠다. 다음은 WaitGroup을 사용해 고루틴들이 완료되기를 기다리는 기본 예제이다.

```go
var wg sync.WaitGroup

wg.Add(1)              ❶
go func () {
  defer wg.Done()      ❷
  fmt.Println("1st goroutine sleeping...")
  time.Sleep(1)
}()

wg.Add(1)              ❶
go func() {
  defer wg.Done()      ❷
  fmt.Println("2nd goroutine sleeping...")
  time.Sleep(2)
}()

wg.Wait()    ❸
fmt.Println("All goroutines complete.")
```

❶ 여기서는 1을 인자로 Add를 호출해 하나의 고루틴이 시작된다는 것을 나타낸다.

❷ 여기에서는 고루틴의 클로저를 종료하기 전에 WaitGroup에게 종료한다고 알려주기 위해, defer 키워드를 사용해 Done을 호출한다.

❸ 여기서 Wait를 호출하는데, 이 호출로 인해 main 고루틴은 다른 모든 고루틴이 자신들이 종료되었다고 알릴 때까지 대기한다.

실행 결과는 다음과 같다.

```
2nd goroutine sleeping... // 두번째 고루틴이 슬립 상태이다.
1st goroutine sleeping... // 첫번째 고루틴이 슬립 상태이다.
All goroutines complete.  // 모든 고루틴이 완료됐다.
```

WaitGroup을 동시에 실행해도 안전한^{concurrent-safe} 카운터라고 생각해도 된다. Add 호출은
전달된 정수만큼 카운터를 증가시키고, Done은 카운터를 1만큼 감소시킨다. Wait를 호
출하면 카운터가 0이 될 때까지 대기한다.

Add에 대한 호출을 고루틴의 외부에서 수행하는 것이 추적에 도움이 된다는 점에 주목
하자. 이렇게 하지 않았다면 아마도 레이스 컨디션이 일어났을 것이다. 65페이지의 "고
루틴"에서 언급했듯이, 언제 고루틴이 스케줄링될지 확신할 수 없다는 점을 기억해야
한다. 고루틴 중 하나가 시작되기도 전에 Wait 호출에 도달할 수도 있다. Add에 대한 호
출이 고루틴의 클로저 내부에서 이루어지면 Add에 대한 호출이 일어나지 않을 수도 있
다. 따라서 Wait를 호출하더라도 전혀 대기하지 않고 바로 리턴될 수도 있었다.

추적을 돕기 위해 Add에 대한 호출은 고루틴에 가능한 한 가깝게 짝지어 두는 것이 관례
이다. 그러나 때때로 여러 개의 고루틴을 한꺼번에 추적하기 위해 Add를 호출하는 경우
도 보게 될 것이다. 보통은 반복문 앞에서 이런 작업을 한다.

```
hello := func(wg *sync.WaitGroup, id int) {
  defer wg.Done()
  fmt.Printf("Hello from %v!\n", id)
}

const numGreeters = 5
var wg sync.WaitGroup
wg.Add(numGreeters)
for i := 0; i < numGreeters; i++ {
  go hello(&wg, i+1)
}
wg.Wait()
```

다음과 같이 출력될 것이다.

```
Hello from 5!
Hello from 4!
Hello from 3!
Hello from 2!
Hello from 1!
```

Mutex와 RWMutex

이미 메모리 접근 동기화를 통해 동시성을 처리하는 언어에 익숙하다면, 바로 Mutex를 배워보자. 만약 그렇지 않다고 해도 Mutex는 매우 이해하기 쉽기 때문에 전혀 걱정할 필요가 없다.

Mutex는 "상호 배제^{mutual exclusion}"의 약자로, 프로그램의 임계 영역을 보호하는 방법이다. 1장의 내용을 떠올려보자. 임계 영역이란, 공유 리소스에 독점적으로 접근해야 하는 프로그램 영역을 말한다. Mutex는 이러한 공유 리소스에 대해 동시에 실행해도 안전한 방식의 배타적 접근을 나타내는 방법을 제공한다. Go의 방식을 빌려 말하자면, 채널은 통신을 통해 메모리를 공유하는 반면, Mutex는 개발자가 메모리에 대한 접근을 동기화하기 위해 따라야 하는 규칙을 만들어 메모리를 공유한다. Mutex를 사용해 메모리에 대한 접근을 보호하는 방식으로 이 메모리에 대한 접근을 조정해야 할 책임은 당신에게 있다. 다음은 공통된 값을 증가 및 감소시키려는 두 개의 고루틴에 대한 간단한 예시로, Mutex를 사용해 접근을 동기화한다.

```
var count int
var lock sync.Mutex

increment := func () {
  lock.Lock()          ❶
  defer lock.Unlock()  ❷
  count++
  fmt.Printf("Incrementing: %d\n", count)
}

decrement := func() {
  lock.Lock()          ❶
  defer lock.Unlock()  ❷
```

```
    count--
    fmt.Printf("Decrementing: %d\n", count)
}

// 증가
var arithmetic sync.WaitGroup
for i := 0; i <= 5; i++ {
  arithmetic.Add(1)
  go func() {
    defer arithmetic.Done()
    increment()
  }()
}

// 감소
for i := 0; i <= 5; i++ {
  arithmetic.Add(1)
  go func() {
    defer arithmetic.Done()
    decrement()
  }()
}
arithmetic.Wait()
fmt.Println("Arithmetic complete.") // 계산 완료
```

❶ 여기서는 lock이라는 Mutex에 의해 보호되는 임계 영역(count 변수)의 독점적인 사용을 요청한다.

❷ 여기서는 lock이 보호하고 있는 임계 영역에 대한 작업이 끝났음을 표시한다.

다음과 같이 출력된다.

```
Decrementing: -1   // 감소
Incrementing: 0    // 증가
Decrementing: -1
Incrementing: 0
Decrementing: -1
Decrementing: -2
Decrementing: -3
Incrementing: -2
```

82

```
Decrementing: -3
Incrementing: -2
Incrementing: -1
Incrementing: 0
Arithmetic complete.
```

항상 defer 구문 내에서 Unlock을 호출한다는 점을 알 수 있을 것이다. 이것은 Mutex에서 매우 흔하게 사용되는 관용구로, 패닉panic이 발생하는 경우를 포함해 모든 경우에 Unlock이 확실하게 호출되는 것을 보장한다. 그렇게 하지 않으면 프로그램이 데드락에 빠질 수 있다.

임계 영역은 이름에서도 알 수 있듯이 프로그램상의 병목 지점을 의미한다. 임계 영역에 진입하고 벗어나는 것은 다소 비용이 많이 들기 때문에, 사람들은 임계 영역에서 소비하는 시간을 최소화하려고 노력한다.

이를 위한 전략 중 하나는 임계 영역의 단면을 줄이는 것이다. 동시에 실행되는 여러 프로세스 간에 공유해야 하는 메모리가 있을 수 있지만, 이러한 프로세스들 모두가 이 메모리를 읽고 쓰지 않을 수도 있다. 이 경우 다른 유형의 뮤텍스인 sync.RWMutex를 이용할 수 있다.

sync.RWMutex는 Mutex와 동일한 개념이다. 즉, 둘 다 메모리에 대한 접근을 보호한다. 그러나 RWMutex는 조금 더 메모리를 제어할 수 있게 해준다. 예를 들어 읽기 잠금을 요청할 수 있지만, 다른 프로세스가 쓰기 잠금을 가지고 있는 않은 경우에만 접근 권한이 부여된다. 즉, 아무도 쓰기 잠금을 보유하고 있지 않다면 몇 개의 프로세스든 읽기 잠금을 보유할 수 있다. 다음은 코드가 생성하는 수많은 소비자consumer보다 덜 활동적인 생산자producer를 보여주는 예제이다.

```
producer := func(wg *sync.WaitGroup, l sync.Locker) {  ❶
  defer wg.Done()
  for i := 5; i > 0; i-- {
    l.Lock()
    l.Unlock()
    time.Sleep(1)  ❷
  }
```

```
}

observer := func(wg *sync.WaitGroup, l sync.Locker) {
  defer wg.Done()
  l.Lock()
  defer l.Unlock()
}

test := func(count int, mutex, rwMutex sync.Locker) time.Duration {
  var wg sync.WaitGroup
  wg.Add(count+1)
  beginTestTime := time.Now()
  go producer(&wg, mutex)
  for i := count; i > 0; i-- {
    go observer(&wg, rwMutex)
  }
  wg.Wait()
  return time.Since(beginTestTime)
}

tw := tabwriter.NewWriter(os.Stdout, 0, 1, 2, ' ', 0)
defer tw.Flush()

var m sync.RWMutex
fmt.Fprintf(tw, "Readers\tRWMutext\tMutex\n")
for i := 0; i < 20; i++ {
  count := int(math.Pow(2, float64(i)))
  fmt.Fprintf(
    tw,
    "%d\t%v\t%v\n",
    count,
    test(count, &m, m.RLocker()),
    test(count, &m, &m),
  )
}
```

❶ producer 함수의 두 번째 매개 변수는 sync.Locker 타입이다. 이 인터페이스에는
Lock과 Unlock이라는 두 개의 메서드가 있는데, Mutex와 RWMutex 타입은 이 인터페이
스를 충족시킨다.

❷ 여기서는 producer를 1초 동안 대기하게 해서 observer 고루틴보다 덜 활동적이도
록 만든다.

출력은 다음과 같다.

Readers	RWMutext	Mutex
1	38.343µs	15.854µs
2	21.86µs	13.2µs
4	31.01µs	31.358µs
8	63.835µs	24.584µs
16	52.451µs	78.153µs
32	75.569µs	69.492µs
64	141.708µs	163.43µs
128	176.35µs	157.143µs
256	234.808µs	237.182µs
512	262.186µs	434.625µs
1024	459.349µs	850.601µs
2048	840.753µs	1.663279ms
4096	1.683672ms	2.42148ms
8192	2.167814ms	4.13665ms
16384	4.973842ms	8.197173ms
32768	9.236067ms	16.247469ms
65536	16.767161ms	30.948295ms
131072	71.457282ms	62.203475ms
262144	158.76261ms	119.634601ms
524288	303.865661ms	231.072729ms

이 예제의 경우, 실제로 읽는 쪽이 약 213명 정도는 돼야 임계 영역의 단면을 줄인 효과
가 있다는 점을 알 수 있다. 이것은 임계 영역이 어떤 작업을 하느냐에 따라 달라질 수
있지만, 논리적으로 합당하다면 Mutex 대신 RWMutex를 사용하는 것이 좋다.

Cond

Cond 타입에 대한 주석은 그 목적을 정말로 잘 설명해주고 있다.

... 고루틴들이 대기하거나, 어떤 이벤트의 발생을 알리는 집결 지점(rendezvous point)

이 정의에서 "이벤트"란, 두 개 이상의 고루틴 사이에서, 어떤 사실이 발생했다는 사실 외에는 아무런 정보를 전달하지 않는 임의의 신호를 말한다. 대개는 하나의 고루틴에서 실행을 계속하기 전에 이러한 신호들 중 하나를 기다리고 싶을 것이다. Cond 타입 없이 이 작업을 수행하는 방법을 살펴보자면, 단순한 접근 방법 중 하나는 무한루프를 사용하는 것이다.

```
for conditionTrue () == false {
}
```

그러나 이것은 한 개 코어의 모든 사이클을 소모한다. 이를 개선하기 위해 time.Sleep을 소개한다.

```
for conditionTrue() == false {
  time.Sleep(1*time.Millisecond)
}
```

이 방법이 조금 더 낫지만 여전히 비효율적이며, 얼마나 오랫동안 슬립^{Sleep}할지 계산해야 한다. 너무 길면 성능이 부자연스럽게 저하된다. 너무 짧으면 불필요하게 CPU 시간을 많이 소비하게 된다. 고루틴이 신호를 받을 때까지 슬립하고 자신의 상태를 확인할 수 있는 효율적인 방법이 있다면 더 좋을 것이다. 이것이 정확히 Cond 타입이 해주는 일이다. Cond를 사용하면 앞의 코드를 다음과 같이 작성할 수 있다.

```
c := sync.NewCond(&sync.Mutex{})  ❶
c.L.Lock()  ❷
for conditionTrue() == false {
  c.Wait()  ❸
}
c.L.Unlock()  ❹
```

❶ 여기서 새로운 Cond를 초기화한다. NewCond 함수는 sync.Locker 인터페이스를 만족하는 타입을 인수로 받는다. 이 때문에 Cond 타입은 동시에 실행해도 안전한 방식으로 손쉽게 다른 고루틴들과의 조정이 가능하다.

❷ 여기서는 Locker를 이 상태로 고정시킨다. Wait가 호출되면, Wait 호출에 진입할 때 자동적으로 Locker의 Unlock을 호출하기 때문에 이 작업이 필요하다.

❸ 여기서는 조건^{condition}이 충족됐다는 알림을 기다린다. 이것은 대기하는 호출로서, 해당 고루틴은 일시 중지된다.

❹ 여기서는 이 조건에 대한 Locker의 잠금을 해제한다. Wait 호출을 빠져나오면서 이 조건에 대한 Locker의 Lock을 호출하기 때문에 이 작업이 필요하다.

이 방법은 훨씬 더 효율적이다. Wait에 대한 호출은 단지 멈춰서 대기하는 것이 아니라, 현재 고루틴을 일시 중단해 다른 고루틴들이 OS 스레드에서 실행될 수 있도록 한다. Wait을 호출하면 몇몇 다른 작업도 이루어진다. 진입할 때 Cond 변수의 Locker에서 Unlock이 호출되고, Wait가 종료되면 Cond 변수의 Locker에서 Lock이 호출된다. 내 생각에는, 여기에 익숙해지는 데는 약간 시간이 필요하다. 실제로 이것은 이 메서드의 숨겨진 부작용이다. 조건이 발생할 때까지 기다리면서 계속 이 lock을 가지고 있는 것처럼 보이지만 실제로는 그렇지 않다. 코드를 훑어볼 때 이 패턴을 주의 깊게 관찰해야 한다.

이 예제를 확장해서, 신호를 기다리는 고루틴과 신호를 보내는 고루틴이라는 방정식의 양면을 모두 살펴보자. 길이가 2로 고정된 큐^{queue}와 큐에 넣을 10개의 항목이 있다고 가정해보자. 여유가 생기면 즉시 항목을 큐에 넣기를 원하므로, 큐에 여유가 있는 경우 즉시 알림을 받고자 한다. 이러한 조정을 관리하기 위해 Cond를 사용해보자.

```
c := sync.NewCond(&sync.Mutex{})  ❶
queue := make([]interface{}, 0, 10)  ❷

removeFromQueue := func(delay time.Duration) {
  time.Sleep(delay)
  c.L.Lock()  ❽
  queue = queue[1:]  ❾
  fmt.Println("Removed from queue")
  c.L.Unlock()  ❿
  c.Signal()  ⓫
}

for i := 0; i < 10; i++{
```

```
    c.L.Lock() ❸
    for len(queue) == 2 { ❹
        c.Wait() ❺
    }
    fmt.Println("Adding to queue")
    queue = append(queue, struct{}{})
    go removeFromQueue(1*time.Second) ❻
    c.L.Unlock() ❼
}
```

❶ 먼저 표준 sync.Mutex를 Locker로 사용해 조건을 생성한다.

❷ 다음으로 길이가 0인 슬라이스를 만든다. 최종적으로 10개의 항목을 추가할 것이므로, 10개를 저장할 수 있도록 인스턴스화한다.

❸ 조건의 Locker에서 Lock을 호출해 조건의 임계 영역으로 진입한다.

❹ 여기서는 루프 내부에서 큐의 길이를 확인한다. 조건에 대한 신호는 중요하다. 예상한 것이 발생했음을 알리는 것이 아니라, 뭔가 발생했다는 것을 알려주기 때문이다.

❺ Wait를 호출하면 조건에 대한 신호가 전송될 때까지 main 고루틴은 일시 중단된다.

❻ 여기서 1초 후에 항목을 큐에서 꺼내는 새로운 고루틴을 생성한다.

❼ 항목을 대기열에 성공적으로 추가했으므로 조건의 임계 영역을 벗어난다.

❽ 다시 조건의 임계 영역에 들어왔기 때문에 조건과 관련된 데이터를 수정할 수 있다.

❾ 여기에서는 슬라이스의 헤드를 두 번째 항목에 재할당해, 항목이 큐에서 제거되는 것을 시뮬레이션한다.

❿ 항목을 성공적으로 큐에서 제거했기 때문에 조건의 임계 영역을 벗어난다.

⓫ 조건을 기다리는 고루틴에게 뭔가 발생했음을 알린다.

출력은 다음과 같다.

```
Adding to queue (대기열에 추가)
Adding to queue
```

```
Removed from queue (대기열에서 제거)
Adding to queue
Removed from queue
Adding to queue
Removed from queue
Adding to queue
Removed from queue
Adding to queue
Removed from queue
Adding to queue
Removed from queue
Adding to queue
Removed from queue
Adding to queue
Removed from queue
Adding to queue
```

출력 결과에서 볼 수 있듯이, 이 프로그램은 성공적으로 10개의 항목을 큐에 추가했으며, 마지막 두 개의 항목을 큐에서 꺼내기 전에 종료된다. 또한 하나의 항목을 대기열에 추가하기 전에는 항상 적어도 하나의 항목이 대기열에서 제외될 때까지 대기한다.

이 예제에서는 Signal이라는 새로운 메서드도 등장한다. Signal은 Cond 타입이 Wait 호출에서 멈춰서 대기하는 고루틴들에게 조건이 발생하였음을 알리는 두 가지 메서드 중 하나이다. 다른 하나는 Broadcast라고 하는 메서드이다. 내부적으로 런타임은 신호가 오기를 기다리는 고루틴들의 FIFO 목록을 유지한다. Signal 메서드는 가장 오래 기다린 고루틴을 찾아서 알려주는 반면, Broadcast는 기다리고 있는 모든 고루틴들에게 신호를 보낸다. 논란의 여지는 있지만, Broadcast가 Signal보다 더 흥미로운 이유가 있다. Broadcast는 여러 개의 고루틴들과 한 번에 통신할 수 있는 방법을 제공하기 때문이다. 여러 채널들로 Signal을 쉽게 복제할 수 있지만 (101페이지의 "채널" 참고), Broadcast를 반복적으로 호출하는 동작을 복제하는 것은 더 어려울 수 있다. 또한 Cond 타입은 채널을 사용하는 것보다 훨씬 더 성능이 뛰어나다.

Broadcast를 사용하는 것이 어떤 느낌인지 알아보기 위해, 버튼이 있는 GUI 애플리케이션을 만들고 있다고 가정해보자. 버튼을 클릭했을 때 실행되는 임의의 수의 함수를 등록하고자 한다. Cond는 Broadcast 메서드를 사용해 등록된 모든 핸들러에 통지할 수 있기 때문에 이 상황에 완벽하게 부합한다. 어떤 방식인지 살펴보자.

```
type Button struct {  ❶
  Clicked *sync.Cond
}
button := Button{ Clicked: sync.NewCond(&sync.Mutex{}) }

subscribe := func(c *sync.Cond, fn func()) { ❷
  var goroutineRunning sync.WaitGroup
  goroutineRunning.Add(1)
  go func() {
    goroutineRunning.Done()
    c.L.Lock()  (8)
    defer c.L.Unlock()
    c.Wait()
    fn()
  }()
  goroutineRunning.Wait()
}

var clickRegistered sync.WaitGroup ❸
clickRegistered.Add(3)
subscribe(button.Clicked, func() { ❹
  fmt.Println("Maximizing window.")
  clickRegistered.Done()
})
subscribe(button.Clicked, func() { ❺
  fmt.Println("Displaying annoying dialog box!")
  clickRegistered.Done()
})
subscribe(button.Clicked, func() { ❻
  fmt.Println("Mouse clicked.")
  clickRegistered.Done()
})

button.Clicked.Broadcast() ❼

clickRegistered.Wait()
```

90

❶ Clicked라는 조건을 가지고 있는 Button 타입을 정의한다.

❷ 여기서는 조건의 신호들을 처리하는 함수를 등록할 수 있는 편의 함수를 정의한다. 각 핸들러는 자체 고루틴에서 실행되며, 고루틴이 실행 중이라는 것을 확인하기 전까지 subscribe 종료되지 않는다.

❸ 마우스 버튼이 (눌렀다가) 올라왔을 때의 핸들러를 설정한다. 이는 결국 Clicked Cond에서 Broadcast를 호출해 모든 핸들러에게 마우스 버튼이 클릭됐음을 알린다(보다 안정적인 구현을 위해서는 먼저 버튼이 눌렸는지 확인하면 된다).

❹ 여기서는 WaitGroup을 생성한다. 이는 stdout에 대한 쓰기가 발생하기 전에 프로그램이 종료되지 않도록 하기 위해서다.

❺ 여기서는 버튼을 클릭할 때 버튼의 윈도우를 최대화하는 것을 시뮬레이션하는 핸들러를 등록한다.

❻ 여기서는 마우스가 클릭됐을 때 대화 상자를 표시하는 것을 시뮬레이션하는 핸들러를 등록한다.

❼ 다음으로 사용자가 애플리케이션의 버튼을 클릭했다가 떼었을 때를 시뮬레이션한다.

이것은 다음과 같이 출력될 것이다.

```
Mouse clicked. (마우스가 클릭되었다.)
Maximizing window. (윈도우를 최대화한다.)
Displaying annoying dialog box! (귀찮은 대화 상자를 표시한다!)
```

Clicked Cond에서 Broadcast를 한 번 호출하면 세 개의 핸들러가 모두 실행된다는 것을 알 수 있다. clickRegistered WaitGroup을 위한 것이 아니라면 button.Clicked.Broadcast()를 여러 번 호출할 수 있으며, 호출될 때마다 세 개의 핸들러가 모두 호출된다. 이는 채널이 쉽게 할 수 없는 것으로, Cond 타입을 사용하는 주된 이유 중 하나이다.

sync 패키지의 다른 대부분의 것들과 마찬가지로, Cond는 좁은 범위^{scope}에서 사용하거나 혹은 이를 캡슐화하는 다른 타입을 통해 더 넓은 범위로 노출시키는 것이 가장 좋다.

Once

다음 코드는 무엇을 출력할까?

```go
var count int

increment := func() {
  count++
}

var once sync.Once

var increments sync.WaitGroup
increments.Add(100)
for i := 0; i < 100; i++ {
  go func() {
    defer increments.Done()
    once.Do(increment)
  }()
}

increments.Wait()
fmt.Printf("Count is %d\n", count)
```

출력 결과가 Count is 100이라고 생각하기 쉽지만, 위 코드에서 sync.Once 변수를 선언하고, once의 Do 메서드로 increment 호출을 감싼 것을 봤을 것이다. 사실 이 코드는 다음과 같이 출력된다.

```
Count is 1
```

이름에서 알 수 있듯이, sync.Once은 Do에 대해, 언제나 하나의 호출(심지어 서로 다른 고루틴들 사이에서도)만이 인수로 전달된 함수를 호출할 수 있도록 내부적으로 sync 패키지의 몇 가지 기본 요소를 사용하는 타입이다. 이 결과는 전적으로 sync.Once의 Do 메서드에서 increment 호출을 감싸고wrap 있기 때문이다.

함수를 정확하게 한 번만 호출하는 기능을 캡슐화하고 표준 패키지에 넣는 것이 이상해 보일 수도 있지만, 이 패턴이 필요한 경우가 의외로 자주 있다. 재미삼아 Go의 표준 라이브러리를 확인해 Go가 이 기본 요소를 얼마나 자주 사용하는지 확인해보자. 다음은 검색을 수행하는 grep 명령어이다.

```
grep -ir sync.Once $(go env GOROOT)/src |wc -l
```

실행하면 다음과 같이 출력된다.

```
70
```

sync.Once를 사용할 때 알아두어야 할 점이 몇 가지 더 있다. 다음 예제를 살펴보자. 어떤 결과가 출력될 것 같은가?

```
var count int
increment := func() { count++ }
decrement := func() { count-- }

var once sync.Once
once.Do(increment)
once.Do(decrement)

fmt.Printf("Count: %d\n", count)
```

다음과 같이 출력된다.

```
Count: 1
```

0이 아니라 1이 출력돼서 놀랐는가? 그 이유는 sync.Once가 Do에 전달된 각 함수가 호출된 횟수가 아니라, Do가 호출된 횟수만을 계산하기 때문이다. 이로 인해 sync.Once의 복사본들은 자신들이 호출하게 되어 있는 함수들과 밀접하게 결합된다. sync 패키지 내의 타입은 좁은 범위 내에서 사용할 때 가장 잘 작동한다는 것을 다시 확인할 수 있다. 작은 어휘 블록이나 함수 내부의 모든 sync.Once 사용을 작은 함수로 감싸거나 sync.Once와 함수를 하나의 타입으로 감싸서 이러한 결합이 형식적으로 드러나게 할 것을 추천한다. 이 예제는 어떤가? 어떤 일이 일어날 것 같은가?

```
var onceA, onceB sync.Once
var initB func()
initA := func() { onceB.Do(initB) }
initB = func() { onceA.Do(initA) }  ❶
onceA.Do(initA)  ❷
```

❶ 이 호출은 ❷의 호출이 리턴될 때까지 진행되지 않는다.

❷의 Do 호출이 종료될 때까지 ❶의 Do 호출이 진행되지 않기 때문에, 이 프로그램은 데드락에 빠지며 이는 데드락의 전형적인 예라고 할 수 있다. 경우에 따라 마치 여러 차례 초기화되는 것을 예방하기 위해 sync.Once를 사용하고 있는 것처럼 보이기 때문에, 조금 직관적이지 않을 수는 있지만, sync.Once가 보증하는 유일한 한 가지는 함수들이 한 번만 호출된다는 것이다. 때때로 이는 프로그램을 데드락 상태로 만들고 논리의 결함(이 예제에서는 순환 참조)을 드러내면서 이루어진다.

Pool

Pool은 동시에 실행해도 안전한 객체 풀object pool 패턴의 구현이다. 객체 풀 패턴에 대한 완전한 설명은 디자인 패턴에 대한 문서[2]를 참고하는 것이 가장 좋다. 그러나 Pool이 sync 패키지 내에 존재하기 때문에, 이를 활용하면 좋은 이유에 대해 간략히 논의할 것이다.

높은 수준에서의 풀 패턴은 고정된 개수만큼의 사용할 것들, 즉 풀을 생성해두고 활용할 수 있게하는 방법이다. 일반적으로 데이터베이스 연결과 같이 비용이 많이 드는 것의 생성을 제한해 고정된 수의 개체만 생성하도록 하지만, 이러한 개체에 대한 접근을 요청하는 연산이 얼마나 될지는 쉽게 알 수 없다. Go의 sync.Pool 같은 경우, 이 데이터 타입은 여러 고루틴에서 안전하게 사용할 수 있다.

Pool의 기본 인터페이스는 Get 메서드이다. Get 메서드가 호출되면 먼저 호출자에게 리턴할 수 있는 인스턴스가 풀 내에 있는지 확인하고, 그렇지 않으면 새 인스턴스를 만들기 위해 New 멤버 변수를 호출한다. 사용이 끝나면 호출자는 사용했던 인스턴스를 다른

---

2 개인적으로는 O'Reilly의 우수한 도서인 『Head First Design Patterns』을 추천한다.

프로세스가 사용할 수 있도록 풀에 다시 돌려주기 위해 Put을 호출한다.

다음은 그 예제이다.

```
myPool := &sync.Pool{
  New: func() interface{} {
    fmt.Println("Creating new instance.")
    return struct{}{}
  },
}

myPool.Get() ❶
instance := myPool.Get() ❶
myPool.Put(instance) ❷
myPool.Get() ❸
```

❶ 여기서는 풀의 Get을 호출한다. 인스턴스가 아직 초기화되지 않았기 때문에 이 호출은 풀에 정의된 New 함수를 호출한다.

❷ 여기서는 이전에 조회했던 인스턴스를 다시 풀에 돌려놓는다. 이는 사용 가능한 인스턴스의 수를 1로 증가시킨다.

❸ 이 호출이 실행되면 이전에 할당됐다가 다시 풀에 넣은 인스턴스를 다시 사용한다. New 함수는 호출되지 않는다.

다음에서 볼 수 있듯이, New 함수는 두 번만 호출된다.

```
Create new instance.  // 새로운 인스턴스 생성
Creating new instance. // 새로운 인스턴스 생성 중
```

그렇다면 왜 쓰는 만큼 객체를 인스턴스화하지 않고 풀을 사용하는가? Go에는 가비지 컬렉터가 있으므로 인스턴스화된 객체는 자동으로 정리된다. 요점이 무엇인가?

다음과 같은 예제를 생각해보자.

```
var numCalcsCreated int
calcPool := &sync.Pool {
```

```
  New: func() interface{} {
    numCalcsCreated += 1
    mem := make([]byte, 1024)
    return &mem ❶
  },
}

// 4KB로 풀을 시작한다.
calcPool.Put(calcPool.New())
calcPool.Put(calcPool.New())
calcPool.Put(calcPool.New())
calcPool.Put(calcPool.New())

const numWorkers = 1024*1024
var wg sync.WaitGroup
wg.Add(numWorkers)

for i := numWorkers; i > 0; i-- {
  go func() {
    defer wg.Done()
    mem := calcPool.Get().(*[]byte) ❷
    defer calcPool.Put(mem)
    // 이 메모리에서 뭔가 흥미롭지만 빠른 작업이
    // 이루어진다고 가정하자.
  }()
}

wg.Wait()
fmt.Printf("%d calculators were created.", numCalcsCreated)
```

❶ byte 슬라이스들의 주소를 저장하고 있음에 유의하라.

❷ 그리고 여기서는 타입이 당연히 byte 슬라이스에 대한 포인터라고 가정하고 있다.

이는 다음과 같이 출력된다.

```
8 calculators were created. // 8개의 계산기가 생성됐다.
```

결과가 언제나 확정적인 것은 아니나, sync.Pool없이 이 예제를 실행했다면 최악의 경우 기가 바이트 단위의 메모리를 할당하려고 시도했을 수도 있었다. 하지만 출력에서 보듯이 겨우 4KB만 할당했다.

Pool은 가능한 한 빨리 실행해야 하는 작업을 위해 사전에 할당된 객체의 캐시를 준비해 두는 경우에도 유용하다. 이 경우 생성될 객체의 수를 제한해 호스트 시스템의 메모리를 보호하는 것이 아니라, 사전 로딩을 통해 다른 객체에 대한 참조를 가져오는 데 걸리는 시간을 아껴서 고객의 시간을 보호한다. 가능한 한 신속하게 요청에 응답하려고 하는, 높은 처리 성능의 네트워크 서버를 작성하는 경우에 이는 매우 일반적이다. 그런 시나리오를 살펴보자.

먼저, 서비스에 연결하는 일을 시뮬레이션하는 함수를 생성해보자. 이 연결에 시간이 오래 걸리도록 만들 것이다.

```go
func connectToService() interface {} {
  time.Sleep(1*time.Second)
  return struct{}{}
}
```

다음으로 모든 요청에 대해, 서비스에 대한 새로운 연결을 생성하는 경우에 성능이 어느 정도인지 살펴본다. 우리는 네트워크 핸들러가 받아들이는 모든 연결에 대해, 서로 다른 서비스에 연결을 여는 네트워크 핸들러를 작성한다. 성능 측정을 간단하게 만들기 위해 한 번에 하나의 연결만 가능하게 한다.

```go
func startNetworkDaemon() *sync.WaitGroup {
  var wg sync.WaitGroup
  wg.Add(1)
  go func() {
    server, err := net.Listen("tcp", "localhost:8080")
    if err != nil {
      log.Fatalf("cannot listen: %v", err)
    }
    defer server.Close()

    wg.Done()
```

```
    for {
      conn, err := server.Accept()
      if err != nil {
        log.Printf("cannot accept connection: %v", err)
        continue
      }
      connectToService()
      fmt.Fprintln(conn, "")
      conn.Close()
    }
  }()
  return &wg
}
```

이제 이 성능을 측정해보자.

```
func init() {
  daemonStarted := startNetworkDaemon()
  daemonStarted.Wait()
}

func BenchmarkNetworkRequest(b *testing.B) {
  for i := 0; i < b.N; i++ {
    conn, err := net.Dial("tcp", "localhost:8080")
    if err != nil {
      b.Fatalf("cannot dial host: %v", err)
    }
    if _, err := ioutil.ReadAll(conn); err != nil {
      b.Fatalf("cannot read: %v", err)
    }
    conn.Close()
  }
}
cd src/gos-concurrency-building-blocks/the-sync-package/pool/ && \
go test -benchtime=10s -bench=.
```

다음과 같이 출력될 것이다.

```
BenchmarkNetworkRequest-8    10                          1000385643   ns/op
PASS
ok                    command-line-arguments   11.008s
```

대략 1E9ns/op 정도 된다. 이 정도면 합리적인 성능으로 보이지만, sync.Pool을 사용해 중요한 서비스에 대한 연결을 호스트함으로써 얼마나 개선할 수 있는지 알아보자.

```go
func warmServiceConnCache () * sync.Pool {
  p := &sync.Pool {
    New: connectToService,
  }
  for i := 0; i < 10; i++ {
    p.Put(p.New())
  }
  return p
}

func startNetworkDaemon() *sync.WaitGroup {
  var wg sync.WaitGroup
  wg.Add(1)
  go func() {
    connPool := warmServiceConnCache()

    server, err := net.Listen("tcp", "localhost:8080")
    if err != nil {
      log.Fatalf("cannot listen: %v", err)
    }
    defer server.Close()

    wg.Done()

    for {
      conn, err := server.Accept()
      if err != nil {
        log.Printf("cannot accept connection: %v", err)
        continue
      }
      svcConn := connPool.Get()
      fmt.Fprintln(conn, "")
```

```
        connPool.Put(svcConn)
        conn.Close()
    }
  }()
  return &wg
}
```

그리고 이것의 성능을 측정해보면 다음과 같다.

```
cd src/gos-concurrency-building-blocks/the-sync-package/pool && \
go test -benchtime=10s -bench=.
```

다음과 같이 출력된다.

```
BenchmarkNetworkRequest-8    5000                    2904307    ns/op
PASS
ok                  command-line-arguments    32.647s
```

자릿수가 3개나 차이 날 정도로 더 빠르다! 생성 비용이 많이 드는 것으로 작업할 때 이 패턴을 활용하면 응답 시간이 크게 향상될 수 있음을 알 수 있다.

앞에서 살펴본 것처럼, 객체 풀 디자인 패턴은 객체들을 필요로 하는 동시 실행 프로세스들이 있고 인스턴스화 후 객체를 매우 빠르게 없애는 경우나 혹은 이러한 객체들의 생성이 메모리에 부정적인 영향을 미칠 수 있는 경우에 가장 잘 사용된다.

그러나 Pool을 활용해야 하는지 여부를 결정할 때 조심해야 할 점이 하나 있다. Pool을 사용하는 코드에서 서로 다른 객체가 필요한 경우, 처음부터 인스턴스화하는 작업보다 Pool에서 가져온 것을 변환하는 작업이 더 오래 걸릴 수 있다. 예를 들어, 프로그램이 임의의 가변 길이 슬라이스를 필요로 한다면, Pool은 별로 도움이 되지 않을 것이다. 필요로 하는 길이의 슬라이스를 받을 확률이 낮기 때문이다.

따라서 Pool을 사용하여 작업할 때는 다음 사항을 기억하자.

- sync.Pool을 인스턴스화할 때, 호출 시 스레드로부터 안전한 New 멤버 변수를 전달한다.

- Get에서 인스턴스를 받았을 때, 돌려받은 객체의 상태에 대한 가정을 해서는 안 된다.

- Pool에서 꺼낸 객체로 작업을 마치면 반드시 Put을 호출한다. 그렇게 하지 않으면 Pool은 아무런 소용이 없다. 보통 이 작업은 defer로 이루어진다.

- 풀 내에 있는 객체들은 구조가 거의 균일해야 한다.

채널

채널은 호어의 CSP에서 파생된 Go의 동기화 기본 요소 중의 하나이다. 메모리 접근을 동기화하는 데 이것을 사용할 수도 있지만, 채널은 고루틴 간에 정보를 전달할 때 가장 적합하다. 60페이지의 "Go의 동시성에 대한 철학"에서 논의했듯이, 채널은 여러 개를 함께 구성할 수 있기 때문에 어떠한 크기의 프로그램에서든 매우 유용하다. 지금부터는 채널을 소개한 다음, 다음 절인 "select 구문"에서 구성에 대해 알아본다. 채널은 강물처럼 정보 흐름을 위한 통로 역할을 한다.

값은 채널을 따라 흘러간 다음 하류 쪽에서 읽을 수 있다. 이런 이유로 나는 보통 채널 변수 이름을 "Stream"이라는 단어로 끝낸다. 채널을 사용할 때는 값을 chan 변수에 전달한 다음, 프로그램의 다른 곳에서 채널을 읽는다. 프로그램의 서로 다른 두 부분은 서로에 대해 알 필요가 없으며, 채널이 존재하는 메모리상의 동일한 위치에 대한 참조만 알면 된다. 이 과정은 프로그램의 여기 저기에 채널에 대한 참조를 전달함으로써 진행된다.

채널을 생성하는 일은 매우 간단하다. 다음은 채널을 생성하는 구문을 채널의 선언과 인스턴스화로 나누어, 선언 및 인스턴스화를 모두 볼 수 있도록 한 예제이다. Go의 다른 값들과 마찬가지로 := 연산자를 사용해 한 단계로 채널을 만들 수도 있지만, 채널을 선언해야 하는 경우가 자주 있을 것이므로 두 단계를 개별 단계로 나누는 편이 좋다.

```
var dataStream chan interface {} ❶
dataStream = make (chan interface {}) ❷
```

❶ 여기서는 채널을 선언한다. 우리가 선언한 타입은 빈 인터페이스이므로, 이를 interface{} "타입"이라고 한다.

❷ 여기서는 내장 make 함수를 사용해 채널을 인스턴스화한다.

이 예제는 비어 있는 인터페이스를 사용했기 때문에 값을 쓸 수도 있고 읽을 수도 있는, dataStream 채널을 정의한다. 채널은 단방향의 데이터 흐름만 지원하도록 선언할 수도 있다. 즉, 정보 송신 또는 수신만 지원하는 채널을 정의할 수 있다. 이 절의 뒷부분에서 이것이 왜 중요한지 설명할 것이다.

단방향 채널을 선언하려면 <- 연산자만 포함시키면 된다. 읽기만 가능한 채널을 선언하고 인스턴스화할 때는 모두 다음과 같이 왼쪽 편에 <- 연산자만 위치시키면 된다.

```
var dataStream <-chan interface{}
dataStream := make(<-chan interface{})
```

그리고 송신만 가능한 채널을 선언하고 생성하려면 다음과 같이 오른쪽에 <- 연산자를 위치시키면 된다.

```
var dataStream chan<- interface{}
dataStream := make(chan<- interface{})
```

단방향 채널의 인스턴스화는 흔하지 않지만, 함수의 매개 변수나 리턴 타입으로 단방향 채널이 유용하게 사용되는 경우는 자주 볼 수 있을 것이다. 이는 필요할 때 Go가 양방향 채널을 묵시적으로 단방향 채널로 변환하기 때문에 가능하다. 예제를 살펴보자.

```
var receiveChan <-chan interface{}
var sendChan chan<- interface{}
dataStream := make(chan interface{})

// 유효한 구문
receiveChan = dataStream
sendChan = dataStream
```

채널의 타입이 지정되어 있음에 유의하자. 이 예제에서는 chan interface{} 변수를 만들었는데, 이는 어떤 종류의 데이터도 위치시킬 수 있다는 의미이지만, 더 엄격한 타입을 지정하여 전달할 수있는 데이터의 타입을 제한할 수도 있다. 다음은 정수를 위한 채널의 예제이다. 또한 이미 소개가 끝났기 때문에 채널을 인스턴스화하는 정석적인 방식을 보다 간단한 방식으로 전환할 것이다.

```
intStream := make(chan int)
```

채널을 사용하려면 또 다시 <- 연산자를 사용해야 한다. 송신은 <- 연산자를 채널의 오른쪽에, 수신은 <- 연산자를 채널의 왼쪽에 놓음으로써 수행된다. 채널에서의 데이터가 송수신되는 방향을 쉽게 이해하려면 화살표가 가리키는 쪽의 변수로 데이터가 흐른다는 점을 떠올리면 된다. 간단한 예제를 살펴보자.

```
stringStream := make(chan string)
go func() {
  stringStream <- "Hello channels!" ❶
}()
fmt.Println(<-stringStream) ❷
```

❶ 여기서는 stringStream 채널로 문자열 리터럴을 전달한다.

❷ 여기서는 채널의 문자열 리터럴을 읽어와서 stdout으로 출력한다.

이것은 다음과 같이 출력된다.

```
Hello channels!
```

정말 간단하지 않은가? 채널 변수만 있으면 그곳으로 데이터를 전달하고 읽을 수 있다. 그러나 읽기 전용 채널에 값을 쓰려고 하거나 쓰기 전용 채널에서 값을 읽으려고 하면 에러가 발생한다. 다음 예제를 시도해보면, Go의 컴파일러는 우리가 잘못된 작업을 하고 있다는 사실을 알려줄 것이다.

```
writeStream := make(chan<- interface{})
readStream := make(<-chan interface{})
```

```
<-writeStream
readStream <- struct{}{}
```

에러 메시지는 다음과 같다.

```
invalid operation: <-writeStream (receive from send-only type
  chan<- interface {})
invalid operation: readStream <- struct {} literal (send to receive-only
  type <-chan interface {})
```

위와 같은 에러 메시지는 동시성 기본 요소를 처리할 때조차도 타입 안전성이 가능하도록 해주는 Go 타입 시스템의 일부이다. 이 절의 뒷부분에서 배우겠지만 이는 추론하기 쉬우면서도, 구성 가능하고, 논리적인 프로그램을 작성하기 위해 API를 선언할 수 있는 강력한 방법이다.

3장의 앞부분에서 고루틴이 스케줄링됐다고 해서 프로세스가 종료되기 전에 고루틴이 실행될 것이라는 보장은 없다는 사실을 강조했다. 그러나 앞의 예제는 실행되지 않고 생략되는 코드 없이 완전하고 정확하다. 어째서 main 고루틴이 끝나기 전에 익명 고루틴이 완료되는지 궁금할 수 있다. 코드를 실행했을 때 운이 좋았던 것일까? 본론에서 벗어나기는 하지만 잠시만 그 이유를 알아보자.

보통 Go의 채널은 멈춰서 기다리고 있다고 하는데, 이로 인해 이 예제는 잘 동작한다. 즉, 가득 찬 채널에 쓰려고 하는 고루틴은 채널이 비워질 때까지 기다리고, 비어 있는 채널에서 읽으려는 고루틴은 적어도 하나의 항목이 있을 때까지 기다린다. 이 예제에서 fmt.Println은 stringStream 채널에서 값을 가져오기 때문에, 채널에 값이 입력될 때까지 기다린다. 마찬가지로 익명 고루틴이 stringStream에 문자열 리터럴을 넣으려고 하므로 이 고루틴 역시 쓰기가 완료될 때까지 종료되지 않는다. 따라서 main 고루틴과 익명 고루틴 블록은 확실하게 대기한다.

프로그램을 올바르게 구성하지 않으면 데드락이 발생할 수 있다. 익명 고루틴이 채널에 값을 넣는 것을 방지하기 위해 의미 없는 조건문을 추가한 다음 예제를 살펴보자.

```
stringStream := make(chan string)
go func() {
  if 0 != 1 { ❶
    return
  }
  stringStream <- "Hello channels!"
}()
fmt.Println(<-stringStream)
```

❶ 이로 인해 stringStream 채널에는 절대로 값이 추가되지 않는다.

이 코드는 다음과 같이 패닉을 일으킬 것이다.

```
fatal error: all goroutines are asleep - deadlock!

goroutine 1 [chan receive]:
main.main()
   /tmp/babel-23079IVB/go-src-230795Jc.go:15 +0x97
exit status 2
```

main 고루틴은 stringStream에 들어올 값을 기다리지만, 조건문 때문에 그런 일은 발생하지 않는다. 익명 고루틴이 종료되면 Go는 모든 고루틴이 대기 중임을 제대로 감지하고 데드락을 보고한다. 이 절의 뒷부분에서 이와 같은 데드락을 방지하기 위한 첫 번째 단계인 프로그램의 구성 방법에 대해 설명한다. 그리고 4장에서 데드락을 방지하는 방법 전체를 설명할 것이다. 그 사이에 채널에서 값을 읽는 방법에 대해 다시 살펴보자.

<- 연산자의 수신 형식은 다음과 같이 선택적으로 두 개의 값을 반환할 수도 있다.

```
stringStream := make(chan string)
go func() {
  stringStream <- "Hello channels!"
}()
salutation, ok := <-stringStream ❶
fmt.Printf("(%v): %v", ok, salutation)
```

❶ 여기서는 문자열인 salutation과 부울^boolean 값인 ok를 받는다.

이는 다음과 같이 출력된다.

```
(true): Hello channels!
```

매우 흥미롭다! 이 부울 값은 무엇을 의미하는가? 읽기 연산은 이 두 번째 리턴 값을, 채널의 첫 번째 값이 프로세스 어딘가에서의 쓰기 연산을 통해 생성된 값인지 아니면 닫힌 채널에서 생성되는 기본값인지 나타내기 위해 사용한다. 그런데 닫힌 채널은 무엇일까?

닫힌 채널은 프로그램에서 더 이상 값이 채널을 통해 전송되지 않는다는 것을 나타낼 수 있기 때문에 매우 유용하다. 이렇게 하면 값을 수신하는 프로세스가 언제쯤 종료해야 할지, 혹은 언제쯤 새로운 채널이나 다른 채널에서 통신을 열어야 할지 등을 알 수 있다. 각각의 타입을 나타내는 특별한 부호를 사용할 수도 있지만, 이렇게 하면 모든 개발자가 개별 타입을 처리하기 위한 수고를 반복하게 될 수 있다. 그리고 사실 이것은 채널의 함수이지 데이터 타입의 함수가 아니므로 채널을 닫는다는 것은 "송신 측에서는 더 이상 값을 쓰지 않을 것이니 하고 싶은 작업을 하시오"라는 하나의 범용적인 신호라고 할 수 있다. 채널을 닫으려면 다음과 같이 close 키워드를 사용한다.

```
valueStream := make(chan interface{})
close(valueStream)
```

흥미롭게도 닫힌 채널에서도 값을 읽을 수 있다. 다음 예제를 살펴보자.

```
intStream := make(chan int)
close(intStream)
integer, ok := <- intStream    ❶
fmt.Printf("(%v): %v", ok, integer)
```

❶ 여기서 닫힌 스트림으로부터 데이터를 읽는다.

다음과 같이 출력될 것이다.

```
(false): 0
```

106

이 채널에 아무런 데이터도 넣지 않았다는 사실에 주목하라. 예제에서는 이 채널을 바로 닫았다. 여전히 읽기 작업을 수행할 수 있었으며, 실제로 채널이 닫힌 상태에서도 계속해서 이 채널에 대한 읽기 연산을 수행할 수 있었다. 이는 해당 채널에 데이터를 쓰는 상류의 고루틴이 하나뿐이더라도 여러 개의 하류 고루틴이 데이터를 읽을 수 있도록 지원하기 위한 것이다(4장을 보면 이것이 일반적인 상황임을 알 수 있다). 이 예제에서 ok 변수에 저장된 두 번째 리턴 값은 false이다. 이는 수신한 값이 정수형(int) 0이거나 스트림에 값이 없다는 것을 나타낸다.

이는 몇 가지 새로운 패턴을 열어준다. 첫 번째는 한 채널에 range를 사용하는 것이다. for 구문과 함께 사용되는 range 키워드는 채널을 인수로 받을 수 있으며, 채널이 닫힐 때 루프를 자동으로 중단한다. 이를 통해 간결하게 채널의 값을 반복할 수 있다. 예제를 살펴보자.

```
intStream := make(chan int)
go func() {
  defer close(intStream) ❶
  for i := 1; i <= 5; i++ {
    intStream <- i
  }
}()

for integer := range intStream { ❷
  fmt.Printf("%v ", integer)
}
```

❶ 여기서 고루틴을 종료하기 전에 채널이 닫혀 있는지 확인한다. 이는 매우 일반적인 패턴이다.

❷ 여기서 range를 통해 intStream 범위를 순회한다.

이 모든 값이 출력되고 프로그램이 종료되는 것을 볼 수 있을 것이다.

```
1 2 3 4 5
```

루프에 종료 조건이 필요하지 않으며, range가 두 번째 부울 값을 리턴하지 않는다는 점에 주목하자. 루프를 간결하게 유지하기 위해 닫힌 채널에 대한 세부적인 처리를 관리해준다.

채널을 닫는 것은 여러 개의 고루틴에 동시에 신호를 보낼 수 있는 방법 중 하나이기도 하다. 하나의 채널을 기다리고 있는 n개의 고루틴이 있다면, 각 고루틴의 대기를 해제하기 위해 n번씩 채널에 쓰는 대신 간단히 채널을 닫아버려도 된다. 닫힌 채널은 무한히 읽혀질 수 있으므로, 얼마나 많은 고루틴이 기다리고 있느냐는 중요하지 않으며, 채널을 닫는 것은 n번의 쓰기를 수행하는 것보다 빠르고 부하가 적다. 다음은 여러 개의 고루틴으로 한 번에 대기 해제하는 예제이다.

```go
begin := make(chan interface{})
var wg sync.WaitGroup
for i := 0; i < 5; i++ {
  wg.Add(1)
  go func(i int) {
    defer wg.Done()
    <-begin ❶
    fmt.Printf("%v has begun\n", i)
  }(i)
}

fmt.Println("Unblocking goroutines...")
close(begin) ❷
wg.Wait()
```

❶ 계속 진행해도 된다고 할 때까지 고루틴은 여기서 대기한다.

❷ 여기서 채널을 닫으면 모든 고루틴이 동시에 대기 상태에서 벗어난다.

begin 채널을 닫기 전까지 어떠한 고루틴도 시작되지 않는 것을 볼 수 있다.

```
Unblocking goroutines...
4 has begun
2 has begun
3 has begun
```

```
0 has begun
1 has begun
```

78페이지의 "sync 패키지"에서 이와 동일한 동작을 수행하기 위해 sync.Cond 타입을 사용하는 방법에 대해 설명했던 것을 떠올려보자. 확실하게 sync.Cond를 사용할 수도 있지만, 앞서 설명한 것처럼 채널들은 구성 가능하기 때문에 개인적으로는 동시에 여러 고루틴을 대기 해제하기 위해 채널을 닫는 방법을 더 선호한다.

인스턴스화될 때 기본 용량을 제공하는 채널인 **버퍼링된 채널**buffered channel을 생성할 수도 있다. 버퍼링된 채널에서는 채널에서 읽기가 전혀 수행되지 않더라도 고루틴이 n번의 쓰기를 수행할 수 있다. 여기서 n은 버퍼링된 채널의 용량이다. 다음은 버퍼링된 채널을 선언하고 인스턴스화하는 방법이다.

```
var dataStream chan interface{}
dataStream = make(chan interface{}, 4) ❶
```

❶ 여기서 4개의 용량을 가지는 버퍼링된 채널을 생성한다. 즉, 채널을 읽는 중인지 여부에 관계없이 채널에 4개를 배치할 수 있다.

다시 인스턴스를 생성하는 코드를 두 줄로 나누었는데, 버퍼링된 채널의 선언이 버퍼링되지 않은 채널의 선언과 다르지 않음을 보여준다. 이것이 흥미로운 이유는 채널을 인스턴스화하는 고루틴이 버퍼링 여부를 결정한다는 것을 의미하기 때문이다. 이는 채널의 행동과 성능을 보다 쉽게 추론할 수 있도록, 채널의 생성이 채널에 데이터를 쓰는 고루틴과 밀접하게 결합돼야 한다는 의미이다. 여기에 대해서는 이 절의 뒷부분에서 다시 살펴본다.

버퍼링되지 않은 채널 역시 버퍼링된 채널의 관점에서 정의된다. 버퍼링되지 않은 채널은 단순히 0의 용량으로 생성된 버퍼링된 채널이다. 다음은 동일한 기능을 가지는 두 채널을 생성하는 예제이다.

```
a := make(chan int)
b := make(chan int, 0)
```

두 채널은 모두 0의 용량을 가지는 정수^{int} 채널이다. 대기^{blocking}에 대해 이야기하면서 채널에 쓰려고 할 때 채널이 가득 찼다면 빈 공간이 생길 때까지 대기해야 하고, 읽으려고 할 때 채널이 비어 있으면 데이터가 써질 때까지 대기해야 한다고 했던 것을 기억하는가? "가득 차"거나 "비어 있음"은 용량 또는 버퍼 크기에 대한 함수이다. 버퍼링되지 않은 채널의 용량은 0이기 때문에 쓰기 전에 이미 가득 차 있다. 수신자가 없고 버퍼 용량이 4인 버퍼링 된 채널은 4회 쓰기 후에 가득 차고, 다섯 번째 쓰기가 발생하면 다섯 번째 항목을 둘 곳이 없기 때문에 대기시킨다. 버퍼링되지 않은 채널과 마찬가지로 버퍼링된 채널도 마찬가지로 대기해야 한다. 채널이 비어 있거나 가득 차 있어야 한다는 전제 조건이 다를 뿐이다. 이처럼 버퍼링된 채널은 동시에 실행되는 프로세스가 통신할 수 있는 메모리 내의 FIFO 대기열이다.

이를 이해하기 위해 용량이 4인 버퍼링된 채널의 예에서 어떤 일이 일어나는지 살펴보자. 먼저 채널을 초기화하자.

```
c := make(chan rune, 4)
```

논리적으로 이것은 다음과 같은 4개의 슬롯을 가지는 버퍼로 채널을 만든다.

이제 채널에 써보자.

```
c <- 'A'
```

이 채널을 읽는 프로세스가 없다면, A 문자는 다음과 같이 채널 버퍼의 첫 번째 슬롯에 위치하게 된다.

여전히 읽기 프로세스가 없다면, 버퍼링된 채널에서 이루어지는 후속 쓰기 연산들도 다음과 같이 이 채널의 남아 있는 빈 공간을 채울 것이다.

```
c <- 'B'
```

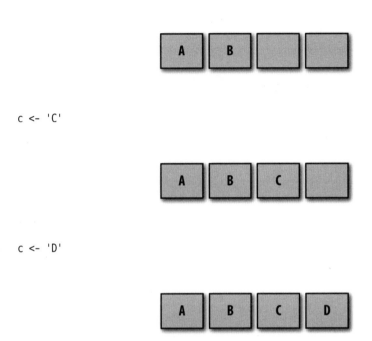

```
c <- 'C'
```

```
c <- 'D'
```

4번의 쓰기 이후에는 버퍼링된 채널의 용량인 4는 가득 차게 된다. 이 때 채널에 데이터를 쓰려고 하면 어떤 일이 일어날까?

```
c <- 'E'
```

이 쓰기 연산을 수행한 고루틴은 대기하게 될 것이다! 이 고루틴은 다른 고루틴이 읽기를 수행하여 버퍼에 공간이 만들어 질 때까지 대기 상태로 유지된다. 이것이 어떤 식으로 이루어지는지 살펴보자.

```
<-c
```

보다시피 읽기 연산은 채널의 위치한 첫 번째 문자인 'A'를 받게 되고, 쓰기 연산은 대기 상채에서 벗어나 버퍼의 마지막에는 'E'가 위치하게 된다.

또한 버퍼링된 채널이 비어 있는데 수신자가 있는 경우에는 버퍼가 무시되고 값이 송신자에서 수신자로 직접 전달된다는 사실은 굳이 이야기할 필요도 없을 것이다. 실제로 이것은 사용자가 알아채지 못하게 이루어지지만, 버퍼링된 채널의 성능 프로파일을 이해할 필요가 있다.

버퍼링된 채널은 특정 상황에서 유용할 수 있지만 주의해서 만들어야 한다. 4장에서 보게 되겠지만, 버퍼링된 채널은 성급한 최적화가 되는 경우가 많으며, 데드락이 발생하기 어렵게 만들어 데드락을 숨길 수 있다. 이는 좋은 생각처럼 보이지만, 실제로는 한밤중에 생산 시스템이 다운돼 문제가 있다는 것을 알게 되는 것보다는 코드를 작성하는 동안 데드락을 발견하는 것이 더 낫다고 생각한다.

실제로 작업할 때 더 좋은 아이디어를 얻을 수 있도록 버퍼링된 채널을 사용하는 조금 더 복잡한 다른 코드 예제를 살펴보자.

```
var stdoutBuff bytes.Buffer ❶
defer stdoutBuff.WriteTo(os.Stdout) ❷

intStream := make(chan int, 4) ❸
go func() {
  defer close(intStream)
  defer fmt.Fprintln(&stdoutBuff, "Producer Done.")
  for i := 0; i < 4; i++ { ❶
    fmt.Fprintf(&stdoutBuff, "Sending: %d\n", i)
    intStream <- i
  }
}()
```

```
for integer := range intStream {
  fmt.Fprintf(&stdoutBuff, "Received %v.\n", integer)
}
```

❶ 출력이 얼마나 발생할지 모르기 때문에 여기서 메모리 내부에 버퍼를 생성한다. 언제나 그런 것은 아니지만, stdout에 직접 쓰는 것보다 조금 빠르다.

❷ 프로세스가 종료되기 전에 버퍼가 stdout에 쓰여지도록 한다.

❸ 용량이 4인 버퍼링된 채널을 생성한다.

이 예제에서 stdout으로 출력되는 순서는 비결정적이지만, 익명 고루틴이 어떻게 작동하는지에 대한 대략적인 아이디어를 얻을 수 있다. 결과를 보면 익명의 고루틴이 intStream에 5개의 결과를 모두 넣을 수 있고, main 고루틴이 그 결과를 읽어가기 전에 종료할 수 있다는 것을 알 수 있다.

```
Sending: 0    // 송신: 0
Sending: 1
Sending: 2
Sending: 3
Producer Done. // Producer 완료
Received 0.  // 수신: 0
Received 1.
Received 2.
Received 3.
```

이 예시는 정상적인 상황에서 유용할 수 있는 최적화의 예이다. 채널에 쓰는 고루틴이 얼마나 쓸지 알고 있는 경우, 쓸 만큼의 용량을 가지고 있는 버퍼링된 채널을 만드는 것이 도움이 될 수 있다. 그러고 나서 가능한 한 빠르게 써야 한다. 물론 여기에는 문제점도 있는데, 이에 대해서는 4장에서 다룬다.

지금까지 버퍼링되지 않은 채널, 버퍼링된 채널, 양방향 채널 및 단방향 채널을 살펴봤다. 유일하게 다루지 않은 내용이 채널의 기본값인 nil이다. 프로그램은 nil 채널과 어떤 식으로 상호작용할까? 먼저, nil 채널에서 읽기를 시도해보자.

```
var dataStream chan interface{}
<-dataStream
```

이는 다음과 같이 패닉을 일으킨다.

```
fatal error: all goroutines are asleep - deadlock!
 goroutine 1 [chan receive (nil chan)]:
 main.main( )
    /tmp/babel-23079IVB/go-src-2307904q.go:9 +0x3f
 exit status 2
```

데드락! 이것은 nil 채널에서의 읽기가 프로그램을 반드시 데드락에 빠뜨리는 것은 아니더라도 대기하게 만든다는 것을 의미한다. 쓰기는 어떨까?

```
var dataStream chan interface{}
dataStream <- struct{}{}
```

이는 다음과 같이 출력된다.

```
fatal error: all goroutines are asleep - deadlock!
 goroutine 1 [chan send (nil chan)]:
 main.main( )
    /tmp/babel-23079IVB/go-src-23079dnD.go:9 +0x77
 exit status 2
```

nil 채널에 쓰는 것도 역시 대기 상태에 빠지는 것으로 보인다. 이제 남은 하나의 연산은 close이다. nil 채널을 닫으려고 하면 어떤 일이 발생할까?

```
var dataStream chan interface{}
close(dataStream)
```

이는 다음과 같이 출력된다.

```
panic: close of nil channel
 goroutine 1 [running]:
```

```
panic(0x45b0c0, 0xc42000a160)
  /usr/local/lib/go/src/runtime/panic.go:500 +0x1a1
main.main()
  /tmp/babel-23079IVB/go-src-230794uu.go:9 +0x2a
exit status 2
```

아마도 nil 채널에 대해 수행되는 모든 연산 중 최악의 결과라고 할 수 있는 패닉이 발생했다. 항상 현재 작업 중인 채널이 초기화돼 있는지 확인하라.

지금까지 채널과 상호작용하는 방법에 대한 많은 규칙을 살펴봤다. 채널에서 연산을 수행하는 방법과 그 이유를 이해했으므로, 이번에는 채널을 사용해 작업할 때 정의돼 있는 동작에 대한 참고 자료를 작성해보자. 표 3-2는 채널에 대한 연산 및 채널 상태에 따른 연산 결과를 나열한다.

표 3-2 채널의 상태에 따른 연산 결과

연산	채널 상태	결과
읽기	nil	대기
	열려 있고 비어 있지 않음	값
	열려 있고 비어 있음	대기
	닫혀 있음	〈기본값〉, false
	쓰기 전용	컴파일 에러
쓰기	nil	대기
	열려 있고 가득 참	대기
	열려 있고 가득 차지 않음	쓰기 값
	닫혀 있음	패닉
	읽기 전용	컴파일 에러
close	nil	패닉
	열려 있고 비어 있지 않음	채널 닫힘. 채널의 모든 값이 빠져나가기 전까지 읽기 성공 그 이후에는 기본 값을 읽어온다.
	열려 있고 비어 있음	채널 닫힘. 읽기 연산은 기본값을 가져온다.
	닫혀 있음	패닉
	읽기 전용	컴파일 에러

이 표를 살펴보면 문제가 될 만한 몇몇 항목을 발견할 수 있다. 표에는 고루틴을 대기 상태에 빠뜨리는 세 가지 연산 및 프로그램을 패닉에 이르게 하는 세 가지 연산이 있다. 언뜻 보기에 채널 사용은 위험해 보이지만, 이러한 결과가 나타나는 이유를 검토하고 채널의 사용을 구성하면 무서워할 필요가 없으며, 상황이 이해되기 시작한다. 견고하고 안정적인 무언가를 만들기 위해 다양한 유형의 채널을 구성하는 방법에 대해 살펴보자.

채널을 올바른 상황에 배치하기 위해 가장 먼저해야 할 일은 채널의 **소유권**을 할당하는 것이다. 채널을 인스턴스화하고, 쓰고, 닫는 고루틴이 소유권을 가지고 있다고 정의할 것이다. 가비지 컬렉션이 없는 언어의 메모리와 마찬가지로, 프로그램을 논리적으로 추론하기 위해 어떤 고루틴이 채널을 소유하는지를 명확히 하는 것이 중요하다. 단방향 채널 선언은 채널을 소유한 고루틴과 단지 채널을 사용하기만 하는 고루틴을 구분할 수 있는 도구이다. 채널 소유자는 채널에 대한 쓰기 접근 권한 측면(chan 또는 chan<-)을 가지고 있으며, 채널의 활용자는 읽기 전용 측면(<-chan)을 가지고 있다. 채널 소유자와 채널 소유자가 아닌 자를 구분하면 위 표의 결과는 당연한 것으로, 채널을 소유한 고루틴과 그렇지 않은 고루틴에 책임을 할당할 수 있다.

채널의 소유자부터 시작해보자. 채널을 소유한 고루틴은 반드시 다음을 수행해야 한다.

1. 채널을 인스턴스화한다.

2. 쓰기를 수행하거나 다른 고루틴으로 소유권을 넘긴다.

3. 채널을 닫는다.

4. 이 목록에 있는 앞의 세 가지를 캡슐화하고 이를 읽기 채널을 통해 노출한다.

이러한 책임을 채널 소유자에게 부여하면 몇 가지 일이 일어난다.

- 우리가 채널을 초기화하기 때문에 nil 채널에 쓰는 것으로 인한 데드락의 위험을 제거할 수 있다.

- 우리가 채널을 초기화하기 때문에 nil 채널을 닫을 위험이 없다.

- 우리가 채널이 닫히는 시기를 결정하기 때문에 닫힌 채널에 쓰는 것으로 인한 패닉의 위험을 없앨 수 있다.

- 우리가 채널이 닫히는 시점을 결정하기 때문에 채널을 두 번 이상 닫는 것으로 인한 패닉의 위험을 제거할 수 있다.

- 우리 채널에 부적절한 쓰기가 일어나는 것을 방지하기 위해 컴파일 시점에 타입 검사기를 사용한다.

이제 읽을 때 발생할 수 있는 대기 연산을 살펴보자. 채널의 소비자로서 두 가지 사항만 신경 쓰면 된다.

- 언제 채널이 닫히는지 아는 것

- 어떤 이유로든 대기가 발생하면 책임있게 처리하는 것

첫 번째 사항을 처리하기 위해 앞에서 설명한 것처럼 읽기 연산의 두 번째 리턴 값을 간단히 검사한다. 두 번째 사항은 알고리즘에 달려 있기 때문에 정의하기가 훨씬 더 어렵다. 시간 제한을 원할 수도 있고, 누군가가 당신에게 이야기하면 읽기를 멈추고 싶을 수도 있고, 프로세스의 실행 시간동안 멈춰두는 데 만족할 수도 있다. 중요한 점은 채널의 소비자로서 읽기가 중단될 수 있고, 중단될 것이라는 사실을 처리해야 한다는 점이다. 4장에서 채널을 읽는 고루틴의 목표를 달성하는 방법을 검토한다.

지금은 이 개념을 정확히 이해하기 위해 예제를 살펴보겠다. 채널을 명확하게 소유하는 고루틴과 채널의 대기 및 종료를 명확하게 처리하는 소비자를 만들어보자.

```go
chanOwner := func() <-chan int {
  resultStream := make(chan int, 5) ❶
  go func() { ❷
    defer close(resultStream) ❸
    for i := 0; i <= 5; i++ {
      resultStream <- i
    }
  }()
  return resultStream ❹
}

resultStream := chanOwner()
for result := range resultStream { ❺
```

```
    fmt.Printf("Received: %d\n", result)
}
fmt.Println("Done receiving!")
```

❶ 여기서는 버퍼링된 채널을 인스턴스화한다. 6개의 결과를 생산할 것이므로, 고루틴 을 가능한 빠르게 완료할 수 있도록 크기가 5인 버퍼링된 채널을 생성한다.

❷ 여기서는 resultStream에 쓰기를 수행하는 익명의 고루틴을 시작한다.
고루틴을 만드는 방법을 반대로 한 것에 주목하라. 이는 감싸고 있는 함수로 캡슐화 된다.

❸ 여기서는 일단 resultStream이 끝나면 닫히도록 보장한다. 이는 채널 소유자라면 당 연한 의무이다.

❹ 여기서는 채널을 리턴한다. 리턴 값은 읽기 전용 채널로 선언되므로, resultStream은 소비자를 위해 읽기 전용으로 암시적으로 변환된다.

❺ 여기서는 range를 통해 resultStream의 범위를 순회한다. 소비자로서 우리는 대기하 고 채널을 닫는 것만 신경 쓰면 된다. 이를 수행한 결과는 다음과 같다.

```
Received: 0    // 수신: 0
Received: 1
Received: 2
Received: 3
Received: 4
Received: 5
Done receiving! // 수신 완료
```

resultStream 채널의 수명주기가 chanOwner 함수 내에서 캡슐화되는 방식에 주목하자. nil 채널이나 닫힌 채널에 대한 쓰기는 발생하지 않으며, 닫기가 언제나 한 번만 발생한 다는 사실은 매우 분명하다. 이를 통해 프로그램에서 높은 리스크를 제거할 수 있다. 이 를 보장하려면 채널 소유의 범위를 좁게 유지할 수 있도록 프로그램상에서 할 수 있는 일은 하는 것이 좋다. 수많은 메소드가 있는 구조체의 멤버 변수인 채널이 있다면, 이 채 널의 동작 방식은 금세 불분명해진다.

소비자 함수는 읽기 채널에만 접근할 수 있으므로, 읽기가 차단됐을 때의 처리 방법 및 채널을 닫는 방법만 알면 된다. 이 작은 예제에서는 채널이 닫힐 때까지 프로그램의 수명을 완전히 중단시켜도 안전하다는 입장을 취했다.

이 원칙을 따라 코드를 작성하면 시스템에 대해 추론하기가 훨씬 쉬울 것이며, 예상할 수 있겠지만 성능 역시 향상될 것이다. 데드락이나 패닉이 발생하지 않을 것이라고 장담할 수는 없지만, 만약 발생했다면 채널 소유의 범위가 너무 크거나 소유권이 명확하지 않은 것을 발견할 수 있을 것이다.

채널은 내가 Go 언어에 매력을 느끼게 한 요소 중 하나다. 채널을 고루틴과 클로저의 단순성과 결합하면, 깨끗하고 정확한 동시성 코드를 작성하는 일이 매우 쉬우리라 확신했다. 많은 면에서 채널은 고루틴들을 묶는 접착제이다. 3장에서는 채널이 무엇인지, 채널을 어떻게 사용해야 하는지에 대한 개요를 제공했다. 진정한 재미는 고차원의 동시성 디자인 패턴을 만들기 위해 채널을 구성할 때 시작된다. 4장에서 이에 대해 알아본다.

select 구문

select문은 채널을 하나로 묶는 접착제이다. 이 구문은 더 큰 추상화를 형성하기 위해 프로그램에서 여러 채널을 함께 구성할 수 있는 방법이다. 채널이 고루틴들을 묶는 접착제라면 select문은 무엇을 말하는 걸까? select문은 동시성을 사용한 Go 프로그램에서 가장 중요한 요소 중 하나라고 해도 과장이 아니다. 하나의 함수 또는 타입 내에서 지역적으로 채널들을 바인딩하는 select문을 찾아볼 수 있으며, 시스템상 두 개 이상의 구성 요소가 교차하는 곳에서도 전역으로 바인딩하는 것을 볼 수 있다. 구성 요소들을 합치는 것 외에도, 프로그램상의 중요한 특정 시점에 select문을 사용해 취소, 시간 초과, 대기 및 기본값과 같은 개념을 안전하게 채널에 도입할 수 있다.

반대로 프로그램에서 select 구문이 통용되지 않으면서 채널을 독점적으로 다루는 경우에, 이 프로그램의 구성 요소들을 어떤 식으로 상호 조정해야 할까? 이 문제는 5장에서 자세히 다룰 것이며, 힌트를 주자면 채널을 사용하는 것을 선호한다는 것이다.

그렇다면 이 강력한 select 구문은 과연 무엇일까? 어떻게 사용하며, 어떻게 작동할까? 그저 밖으로 꺼내 놓기만 하면 된다. 여기 간단한 예제가 있다.

```
var c1, c2 <-chan interface{}
var c3 chan<- interface{}
select {
case <- c1:
  // 작업 수행
case <- c2:
  // 작업 수행
case c3<- struct{}{}:
  // 작업 수행
}
```

얼핏 switch 블록처럼 보인다. select 블록은 switch 블록과 마찬가지로 일련의 명령문을 보호하는 case문을 포함한다. 그러나 비슷한 점은 이것이 전부다. switch 블록과 달리 select 블록의 case문은 순차적으로 테스트되지 않으며, 조건이 하나도 충족되지 않는다고 다음 조건으로 넘어가지도 않는다.

대신, select 블록은 채널 중 하나가 준비(읽기의 경우 채워지거나 닫힌 채널, 쓰기의 경우 쓸 수 있는 채널)됐는지 확인하기 위해 모든 채널 읽기와 쓰기를 동시에 고려한다.[3] 준비된 채널이 없는 경우 select문 전체가 중단돼 대기한다. 그런 다음 채널들 중 하나가 준비되면 해당 연산이 진행되고 관련 구문들이 실행된다.

다음 예제를 살펴보자.

```
start := time.Now()
c := make(chan interface{})
go func() {
  time.Sleep(5*time.Second)
  close(c)  ❶
}()
fmt.Println("Blocking on read...")
select {
```

---

3   내부적으로 이루어지는 작업은 조금 복잡하며, 6장에서 살펴볼 것이다.

```
case <-c:   ❷
  fmt.Printf("Unblocked %v later.\n", time.Since(start))
}
```

❶ 여기서는 5초 동안 대기한 후에 채널을 닫는다.

❷ 여기서는 채널을 읽으려고 시도한다. 이 코드가 작성되었으므로 select 구문은 필요
   하지 않다. 간단하게 <-c를 쓸 수도 있지만, 이 예제를 확장할 것이다.

이 코드는 다음과 같이 출력된다.

```
// 읽기에서 대기
Blocking on read...

// 5.00017004초 후에 재개
Unblocked 5.000170047s later.
```

보다시피 select 블록에 진입하고 약 5초 후에 차단을 해제한다.

이것은 무언가 일어나기를 기다리는 동안 대기하는 간단하고 효율적인 방법이다. 그러
나 잠시 되돌아보면 몇 가지 의문이 생길 수 있다.

- 여러 채널에 읽을 내용이 있을 때는 어떻게 될까?

- 어떠한 채널도 준비되지 않는다면 어떻게 될까?

- 무언가 하고 싶지만 현재 준비된 채널이 없다면 어떻게 될까?

여러 채널이 동시에 준비되는 경우에 대한 첫 번째 질문은 흥미로워 보인다.

무슨 일이 일어나는지 한번 시도해보자!

```
c1 := make(chan interface{}); close(c1)
c2 := make(chan interface{}); close(c2)
var c1Count, c2Count int
for i := 1000; i >= 0; i-- {
  select {
  case <-c1:
```

```
    c1Count++
  case <-c2:
    c2Count++
  }
}
fmt.Printf("c1Count: %d\nc2Count: %d\n", c1Count, c2Count)
```

실행 결과는 다음과 같다.

```
c1Count: 505
c2Count: 496
```

보다시피 1000번을 반복하면 select문의 절반은 c1에서 읽고, 절반은 c2에서 읽는다. 이는 매우 흥미로운 결과로, 어쩌면 지나친 우연인 것처럼 보인다. 사실 그렇다! Go의 런타임은 case 구문의 집합에 대해 균일한 의사 무작위pseudo-random uniform 선택을 수행한다. 이것은 하나의 집합 내에 있는 case 구문들은 각각 다른 모든 구문과 동일한 확률로 선택될 수 있다는 의미이다.

일견 이것은 중요해 보이지 않을 수도 있지만, 여기서 추론할 수 있는 내용은 엄청나게 흥미롭다. 처음에는 꽤 명확한 진술부터 만들어보자. Go의 런타임은 select문의 의도에 대해 아무것도 알 수 없다. 즉, 문제 공간을 추론하거나 채널 그룹을 select 구문에 넣은 이유를 추론할 수 없다. 이 때문에 Go 런타임이 할 수 있는 최선은 평균적인 경우에 잘 작동하는 것이다. 이를 수행하는 좋은 방법은 랜덤의 변수를 방정식에 도입하는 것이며, 이 경우에는 선택할 채널이 그 변수이다. 각 채널이 활용될 수 있는 기회를 균등하게 가중하면 select문을 사용하는 모든 Go 프로그램은 일반적으로 잘 수행된다.

두 번째 질문은 어떤가? 준비가 된 채널이 없으면 어떻게 될까? 모든 채널이 대기 중이지만 영원히 대기하는 것도 도움이 되지 않는다면, 시간 초과가 필요할 수 있다. Go의 time 패키지는, select문 패러다임에 잘 맞는 채널을 사용해 이를 수행할 수 있는 우아한 방법을 제공한다. 다음은 이를 사용한 예제이다.

```
var c <-chan int
select {
```

```
case <-c:      ❶
case <-time.After(1 * time.Second):
  fmt.Println("Timed out.")
}
```

❶ 이 case문은 nil 채널을 읽고 있기 때문에 대기 상태를 벗어날 수 없다.

이는 다음과 같이 출력된다.

```
Timed out.
```

time.After 함수는 time.Duration 인수를 받아서, 사용자가 넘겨준 기간이 지난 후에 현재 시간을 보낼 채널을 리턴한다. 이것은 select문에서 시간 초과를 구현하는 간결한 방법을 제공한다. 4장에서 이 패턴을 다시 살펴보고, 이 문제에 대한 보다 강력한 해결책을 논의할 것이다.

그렇다면 질문 하나가 떠오른다. 어떠한 채널도 준비가 되지 않았을 때 어떤 일이 일어나며, 그동안 무엇을 해야 하는가? select문은 case문과 마찬가지로 선택하는 모든 채널이 차단되어 대기하는 경우에 대비해 default 절을 허용한다. 예제를 살펴보자.

```
start := time.Now()
var c1, c2 <-chan int
select {
case <-c1:
case <-c2:
default:
  fmt.Printf("In default after %v\n\n", time.Since(start))
}
```

다음과 같이 출력될 것이다.

```
In default after 1.421?s    // 1.421?s 후에 default에 있음
```

거의 즉시 default 명령문이 실행됐음을 알 수 있다. 이렇게 하면 기다리지 않고 select 블록을 빠져나올 수 있다. 일반적으로 default 절이 for-select 루프와 함께 사용되는

것을 볼 수 있다. 이렇게 하면 고루틴은 다른 고루틴이 결과를 보고하기를 기다리는 동안 작업을 진행할 수 있다. 예를 들면 다음과 같다.

```
done := make(chan interface{})
go func() {
  time.Sleep(5*time.Second)
  close(done)
}()

workCounter := 0
loop:
for {
  select {
  case <-done:
    break loop
  default:
  }

  // 작업을 시뮬레이션한다.
  workCounter++
  time.Sleep(1*time.Second)
}

fmt.Printf("Achieved %v cycles of work before signalled to stop.\n", workCounter)
```

이는 다음과 같이 출력된다.

```
// 멈추라는 신호가 오기 전에 5회의 작업이 이루어졌다.
Achieved 5 cycles of work before signalled to stop.
```

이 경우, 어떤 종류의 작업을 수행하면서 때로는 멈춰야 하는지를 점검하는 루프를 가지고 있다.

마지막으로, 빈 select문에는 case 절이 없는 select문이 있다. select문의 형태는 다음과 같다.

```
select {}
```

이 구문은 단순하게 영원히 대기한다.

6장에서는 select문이 어떻게 작동하는지 자세히 살펴보겠다. 보다 높은 수준의 관점에서 볼 때, select문이 다양한 개념과 하위 시스템을 함께 안전하고 효율적으로 구성하는데 어떤 식으로 도움이 되는지는 분명하다.

GOMAXPROCS 레버

runtime 패키지에는 GOMAXPROCS라는 함수가 있다. 내 생각에 이 이름은 오해의 소지가 있다. 사람들은 종종 이 함수가 호스트 시스템의 논리적인 프로세서의 수와 관련돼 있다고 생각한다. 하지만 실제로 이 함수는 소위 "작업 대기열"이라고 불리는 OS 스레드의 수를 제어한다. 이 함수의 작동 방식 및 이에 대한 자세한 내용은 6장을 참조하자.

Go 1.5 이전 버전에서는 GOMAXPROCS가 항상 1로 설정돼 있었으며, 일반적으로 대부분의 Go 프로그램에서 다음과 같은 코드 조각을 찾을 수 있었다.

```
runtime.GOMAXPROCS (runtime.NumCPU ())
```

개발자 대부분은 자신의 프로세스가 실행 중인 시스템의 코어를 모두 활용하고자 한다. 이 때문에 이후의 Go 버전에서는 호스트 시스템의 논리적인 CPU 수로 자동 설정된다.

그렇다면 왜 이 값을 조정하려고 하는 걸까? 대부분의 경우 그렇게 하는 것을 원치 않을 것이다. Go의 스케줄링 알고리즘은 대부분의 상황에서 충분히 훌륭하기 때문에 작업자 대기열 및 스레드의 수를 늘리거나 줄인다고 해도 득보다 실이 더 클 수 있지만, 여전히 이 값을 변경하는 것이 유용한 상황도 있다.

예를 들어, 레이스 컨디션에 시달리는 테스트 모음test suite이 있는 프로젝트에 참여했던 적이 있다. 이 팀에는 어찌된 일인지 가끔씩 테스트에 실패하는 패키지가 몇 개 있었다. 테스트를 실행한 인프라에는 논리적인 CPU가 4개 밖에 없었으므로, 어느 시점이든 동시에 4개의 고루틴들을 실행했다. GOMAXPROCS를 우리가 보유한 논리적 CPU의 수 이상으로 늘림으로써 훨씬 더 자주 레이스 컨디션을 유발할 수 있었으며, 따라서 이 문제를 신속하게 수정할 수 있었다.

누군가는 실험을 통해 자신의 프로그램이 특정 수의 작업자 대기열과 스레드에서 더 잘 실행된다는 사실을 발견할 수도 있지만, 주의해야 한다. 이 함수를 사용해 성능을 조정하는 경우에는, 모든 커밋이 이루어질 때마다 사용하는 하드웨어나 Go의 버전에 맞춰 조정을 수행해야만 한다. 이 값을 조정하면 프로그램을 최대한의 속도로 몰아부칠 수 있지만, 추상화와 장기적인 성능 안정성을 희생해야 한다.

요약

3장에서는 Go가 제공하는 기초적인 동시성 기본 요소를 모두 설명했다. 3장의 내용을 이해했다면, 성능이 뛰어나며, 가독성이 높고, 논리적으로 올바른 프로그램을 작성하는 방법을 자세히 배운 셈이다. sync 패키지의 메모리 접근 동기화 기본 요소를 사용하는 것이 적절한 경우는 언제이고, 또 채널과 select문을 사용해 "통신으로 메모리를 공유" 하는 것이 더 적절한 경우는 언제인지 깨달았을 것이다. 동시에 실행되는 Go 코드를 작성하기 위해 알아야 할 내용이 아직 남아 있다. 바로 확장하기 쉽고, 이해하기 쉬운 구조화된 방식으로 기본 요소를 결합하는 방법이다. 이 책의 나머지 부분에서 이 방법을 알아볼 것이다. 4장에서는 개발자 커뮤니티가 발견한 패턴을 사용해 기본 요소들을 결합하는 방법을 배운다.

4장

Go의 동시성 패턴

지금까지 Go의 동시성 기본 요소concurrency primitive의 기반을 탐구하고, 이들 요소를 올바르게 사용하는 방법을 논의했다. 4장에서는 이 기본 요소를 패턴으로 작성해 시스템을 확장 가능하고 유지보수가 용이하도록 유지하는 방법에 대해 심도 깊게 다룰 것이다.

시작하기 전에 4장에 포함된 일부 패턴의 형식을 알아야 한다. 많은 예제에서 빈 인터페이스 (interface {})를 전달하는 채널을 사용할 것이다. Go에서 빈 인터페이스를 사용하는 것은 논란의 여지가 있다. 그러나 이렇게 해온 이유가 있다. 첫 번째 이유는, 이 책의 뒷부분에 나오는 간결한 예제들을 더 쉽게 작성할 수 있다는 점이다. 두 번째 이유는, 경우에 따라서 패턴을 통해 얻고자 하는 것을 더 잘 표현한다고 믿기 때문이다. 이 점에 관해서는 147페이지의 "파이프라인"에서 자세히 논의할 것이다.

빈 인터페이스를 사용하는 것이 문제가 된다고 생각한다면, 빈 인터페이스 대신 Go 생성자generator를 통해 필요로 하는 타입을 생성하고 활용하는 패턴을 사용할 수 있다는 점을 기억하자.

이제 앞서 이야기한 대로 Go에서 동시성에 대한 몇 가지 패턴을 배워보자!

제한

동시성 코드로 작 할 때, 안전한 작동을 위한 몇 가지 옵션이 있다. 이 중에 둘은 벌써 다루었다.

- 메모리 공유를 위한 동기화 기본 요소(예: sync.Mutex)

- 통신을 통한 동기화(예: 채널)

이 밖에도 여러 개의 동시 프로세스에서 암시적으로 안전한 몇 가지 옵션이 있다.

- 변경 불가능한 데이터

- 제한[confinement]에 의해 보호되는 데이터

어떤 의미에서, 변경 불가능한 데이터는 암시적으로 동시에 실행해도 안전하기 때문에 이상적이다. 동시에 실행되는 각 프로세스는 동일한 데이터에서 동작할 수 있지만 이를 수정할 수는 없다. 새 데이터를 만들려면 원하는 대로 수정할 수 있는 새로운 복사본을 만들어야 한다. 이를 통해 개발자가 알아야만 하는 사항을 줄여줄 뿐만 아니라, 임계 영역의 크기를 줄여 프로그램을 더 빠르게 만들어주기도 한다. Go에서는 메모리의 값을 가리키는 포인터 대신 값의 복사본을 사용하는 코드를 작성해 이 효과를 얻을 수 있다. 일부 언어는 명시적으로 변경할 수 없는 값에 대한 포인터의 활용을 지원한다. 그러나 Go는 이러한 언어에 속하지 않는다.

제한은 또한 개발자의 인지 부하를 줄여주고, 임계 영역의 크기도 줄여줄 수 있다. 동시성 값을 제한하는 기법은 단순히 값의 복사본을 전달하는 것보다는 조금 복잡하므로 4장에서 이러한 제한 기법을 자세히 살펴보겠다.

제한은 하나의 동시 프로세스에서만 정보를 사용할 수 있도록 하는 간단하면서도 강력한 아이디어다. 이를 달성하면 동시 프로그램은 암묵적으로 안전하며, 동기화도 필요하지 않다. 제한은 애드 혹[ad hoc]과 어휘적[lexical]이라는 두 가지 방식으로 가능하다.

애드 혹 제한이란, 언어의 커뮤니티나 근무하는 그룹 또는 작업하는 코드베이스에서 설정된 관례에 의해 제한이 이루어지는 경우다. 개인적인 생각으로는 누군가 코드를 작

성할 때마다 정적 분석을 수행해주는 도구가 없다면 이러한 규약을 고수하기가 어렵다. 다음은 그 이유를 보여주는 애드 혹 제한의 예제다.

```go
data := make([]int, 4)

loopData := func(handleData chan<- int) {
  defer close(handleData)
  for i := range data {
    handleData <- data[i]
  }
}

handleData := make(chan int)
go loopData(handleData)

for num := range handleData {
  fmt.Println (num)
}
```

정수 데이터 슬라이스는 handleData 채널을 통해 loopData 함수와 루프 모두에서 사용할 수 있지만, 관례적으로 loopData 함수에서만 접근한다. 그러나 많은 사람이 코드를 건드리는 경우도 있고, 마감 시간이 닥쳐오면 실수가 일어나 제한이 깨지면서 문제가 발생할 수 있다. 앞서 언급했듯이 정적 분석 도구는 이러한 종류의 문제를 파악할 수 있지만, Go 코드 베이스에 대한 정적 분석은 대다수 팀이 도달하지 못한 성숙도 수준을 요구한다. 이것이 내가 어휘적인 제한을 선호하는 이유이다. 어휘적인 제한은 컴파일러가 제한을 시행하도록 한다.

어휘적 제한은 올바른 데이터만 노출하기 위한 어휘 범위 및 이를 사용하는 여러 동시 프로세스를 위한 동시성 기본 요소와 관련이 있다. 어휘적 제한이 있다면 잘못된 작업을 일어날 수 없다. 사실 3장에서 이 주제를 이미 다루었다. "채널"을 떠올려보자. "채널"에서는 채널의 읽기 또는 쓰기 측면만을 필요로 하는 동시 프로세스에게 노출하는 것에 대해 설명했다. 다시 예제를 살펴보자.

```go
chanOwner := func() <-chan int {
  results := make(chan int, 5)  ❶
```

```go
  go func() {
    defer close(results)
    for i := 0; i <= 5; i++ {
      results <- i
    }
  }()
  return results
}

consumer := func(results <-chan int) { ❷
  for result := range results {
    fmt.Printf("Received: %d\n", result)
  }
  fmt.Println("Done receiving!")
}

results := chanOwner()  ❸
consumer(results)
```

❶ 여기서는 chanOwner의 어휘 범위 내부에서 채널을 인스턴스화한다. 이는 results 채널의 쓰기 측면의 범위를 그 아래에 정의된 클로저closure로 제한한다. 다시 말해, 이 채널의 쓰기 측면을 제한해 다른 고루틴들이 채널에 쓰는 것을 방지한다.

❷ 여기서는 채널의 읽기 측면을 받는데, 이를 consumer 내부로 전달해 consumer가 읽기 외에는 다른 작업을 하지 못하도록 할 수 있다. 이런 제한으로 인해 main 고루틴은 이 채널의 읽기 전용 뷰로 또 다시 제한된다.

❸ 여기서는 int 채널의 읽기 전용 복사본을 받는다. 읽기 접근으로만 사용하겠다고 선언해, 채널이 consume 함수 내에서 읽기용으로만 사용될 수 있도록 제한한다.

이런 식으로 설정하면 이 작은 예제에서 채널을 활용하는 것은 불가능하다. 이 예제는 제한을 소개하는 괜찮은 방법이긴 하지만, 채널들은 동시에 실행해도 안전하기 때문에 크게 흥미로운 예제는 아니다. 동시 실행에 안전하지 않은 bytes.Buffer 데이터 구조체의 인스턴스를 사용한 제한의 예를 살펴보자.

```
printData : = func (wg * sync.WaitGroup, data [] byte) {
  defer wg.Done( )

  var buff bytes.Buffer
  for _, b := range data {
    fmt.Fprintf(&buff, "%c", b)
  }
  fmt.Println(buff.String( ))
}

var wg sync.WaitGroup
wg.Add(2)
data := []byte("golang")
go printData(&wg, data[:3])    ❶
go printData(&wg, data[3:])    ❷
wg.Wait( )
```

❶ 여기서는 data 구조체의 첫 3바이트를 포함하는 슬라이스를 전달한다.

❷ 여기서는 data 구조체의 마지막 3바이트를 포함하는 슬라이스를 전달한다.

이 예제에서 printData는 data 슬라이스와 같은 클로저 내에 있지 않기 때문에 data 슬라이스에 접근할 수 없으며, 작업을 수행하기 위해 byte의 슬라이스를 인자로 받아야 함을 알 수 있다. 여기서는 슬라이스의 서로 다른 부분을 전달해, 시작하는 고루틴들을 우리가 전달하는 각 슬라이스의 부분들로 제한한다. 어휘 범위로 인해 잘못된 일을 할 수 없게 됐으며[1], 따라서 메모리 접근을 동기화하거나 통신을 통해 데이터를 공유할 필요가 없다.

그래서 요점이 뭘까? 동기화를 사용할 수 있다면 왜 제한을 추구해야 하는가? 그 이유는 성능을 향상시키고 개발자의 인지 부하를 줄이기 위해서다. 동기화에는 비용이 들며, 이를 피할 수 있으면 임계 영역이 없기 때문에 동기화 비용을 지불할 필요가 없다. 또한 동기화로 인해 발생 가능한 모든 문제도 막을 수 있으므로, 개발자는 이러한 문제들에 대해 전혀 걱정할 필요가 없다.

---

1   unsafe 패키지를 통해 메모리를 수동으로 조작할 가능성에 대해서는 무시한다. 안전하지 않은(unsafe) 것에는 다 이유가 있다.

또한 어휘적 제한을 사용하는 동시성 코드는 어휘적으로 제한된 변수를 사용하지 않는 동시성 코드보다 더 이해하기 쉽다는 이점이 있다. 이는 어휘 범위의 컨텍스트 내에서 동기식 코드를 작성할 수 있기 때문이다.

그렇기는 해도, 제한을 설정하는 것은 어려울 수 있으며, 때로는 멋진 Go 동시성 기본 요소로 돌아가야 한다.

for-select 루프

for-select 루프는 Go 프로그램에서 반복적으로 나타난다. 다음을 살펴보자.

```
for { // 무한 반복 또는 특정 범위에 대한 루프
  select {
  // 채널에 대한 작업
  }
}
```

이 패턴이 나타날 수 있는 몇 가지 시나리오가 있다.

채널에서 반복 변수 보내기

순회^{iterate}할 수 있는 것을 채널의 값으로 변환하려고 하는 경우가 종종 있다. 이것은 그다지 복잡하지 않으며, 대개 다음과 같은 모양이다.

```
for _, s : = range [] string { "a", "b", "c"} {
  select {
  case <-done:
    return
  case stringStream <- s:
  }
}
```

멈추기를 기다리면서 무한히 대기

멈출 때까지 무한 루프에 빠져 있는 고루틴을 생성하는 경우는 흔하게 발생한다.

이 작업은 여러 유형으로 수행할 수 있다. 어느 것을 선택하든 이는 순전히 선호하는 스타일의 차이일 뿐이다.

첫 번째 변형은 select 구문을 가능한 짧게 유지한다.

```
for {
  select {
  case <-done:
    return
  default:
  }

  // 선점 불가능한(non-preemptable) 작업 수행
}
```

done 채널이 닫히지 않는다면, select 구문을 빠져나갈 것이고 루프 본문의 나머지 부분을 진행할 것이다.

두 번째 변형은 select 구문의 default 절에 작업을 포함시킨다.

```
for {
  select {
  case <-done:
    return
  default:
    // 선점 불가능한 작업 수행
  }
}
```

select 구문에 들어갔을 때 done 채널이 닫히지 않았다면, default 구문을 대신 실행할 것이다.

이 패턴은 이게 전부지만 많은 곳에서 나타나기 때문에 언급할 가치가 있다.

고루틴 누수 방지

65페이지의 "고루틴"에서 배웠듯이, 고루틴은 저렴하며, 손쉽게 만들 수 있다. 이런 이유로 Go는 생산적인 언어라 할 수 있다.

런타임은 고루틴을 임의의 수의 운영체제 스레드로 다중화하며, 많은 경우에 해당 추상화 수준에 대해 염려할 필요가 없도록 처리한다. 그러나 고루틴들은 자원을 필요로 하며, 런타임에 의해 가비지 컬렉션되지 않으므로, 그들이 남기는 메모리 흔적이 얼마나 작든 그 흔적들을 우리의 프로세스에 남겨두고 싶지는 않다. 그렇다면 메모리상의 흔적들이 정리됐는지 확인하려면 어떻게 해야 할까?

처음부터 단계별로 생각해보자. 고루틴은 왜 존재하는가? 2장에서는 고루틴이 서로 병렬로 실행될 수도 있고, 그렇지 않을 수도 있는 작업의 단위를 나타낸다고 했다. 고루틴이 종료되는 데는 몇 가지 경로가 있다.

- 작업이 완료됐을 때

- 복구할 수 없는 에러로 인해 더 이상 작업을 계속할 수 없을 때

- 작업을 중단하라는 요청을 받았을 때

처음 두 경로는 사용자의 알고리즘이므로 별다른 노력 없이 도달할 수 있다. 그러나 작업 취소는 어떻게 해야 하는가? 작업 취소에는 네트워크 효과가 있기 때문에, 이 세 가지 경로 중에는 작업 취소가 가장 중요한 것으로 밝혀졌다. 고루틴을 시작했다면, 고루틴은 일련의 조직화된 방식으로 다른 몇몇 고루틴들과 협력할 가능성이 크다. 심지어 이러한 상호 연관성을 그래프로 나타낼 수도 있다. 자식 고루틴이 계속 실행돼야 하는지 여부는 많은 다른 고루틴들의 상태에 대한 지식에 근거해 정할 수 있다. 이러한 전체 문맥에 대한 지식을 가진 부모 고루틴(많은 경우 main 고루틴)은 그 자식 고루틴에게 종료하라고 말할 수 있어야 한다. 5장에서 대규모의 고루틴 상호 의존성을 계속 살펴보겠지만, 지금은 하나의 자식 고루틴이 정리되도록 보장하는 방법을 고려해보겠다. 고루틴 누수의 간단한 예부터 시작해보자.

```go
doWork : = func (strings <-chan string) <-chan interface {} {
  completed := make(chan interface{})
  go func() {
    defer fmt.Println("doWork exited.")
    defer close(completed)
    for s := range strings {
      // 원하는 작업을 수행
      fmt.Println(s)
    }
  }()
  return completed
}

doWork(nil)
// 여기서 추가적인 작업이 이루어질 수 있다.
fmt.Println("Done.")
```

여기서는 main 고루틴이 nil 채널을 doWork로 전달하는 것을 볼 수 있다. 따라서 strings 채널은 실제로 어떠한 문자열도 쓰지 않으며, doWork를 포함하는 고루틴은 이 프로세스가 지속되는 동안 메모리에 남아 있다(심지어 doWork 및 main 고루틴 내에서 고루틴을 조인^{join}하면 데드락 상태가 발생한다).

이 예제에서 프로세스의 수명은 매우 짧지만, 실제 프로그램에서는 수명이 긴 프로그램이 시작되는 부분에서 고루틴을 손쉽게 시작할 수 있다. 최악의 경우, main 고루틴이 평생 동안 고루틴들을 계속 돌려 메모리 사용량에 영향을 미칠 것이다.

이를 성공적으로 완화하는 방법은, 부모 고루틴이 자식 고루틴에게 취소^{cancellation} 신호를 보낼 수 있도록 부모와 자식 고루틴들 사이에 신호를 설정하는 것이다. 일반적으로 이 신호는 일반적으로 done이라는 읽기 전용 채널이다. 부모 고루틴은 이 채널을 자식 고루틴으로 전달한 다음, 자식 고루틴을 취소하려고 할 때 이 채널을 닫는다. 예제를 살펴보자.

```go
doWork := func(
 done <-chan interface{},
 strings <-chan string,
) <-chan interface{} {     ❶
```

```go
  terminated := make(chan interface{})
  go func() {
    defer fmt.Println("doWork exited.")
    defer close(terminated)
    for {
      select {
      case s := <-strings:
                        // 원하는 작업을 수행
        fmt.Println(s)
      case <-done:       ❷
        return
      }
    }
  }()
  return terminated
}

done := make(chan interface{})
terminated := doWork(done, nil)

go func() {         ❸
  // 1초 후에 작업을 취소한다.
  time.Sleep(1 * time.Second)
  fmt.Println("Canceling doWork goroutine...")
  close(done)
}()

<-terminated        ❹
fmt.Println("Done.")
```

❶ 여기서 doWork 함수로 done 채널을 전달한다. 일반적으로 이 채널이 첫 번째 매개 변수이다.

❷ 여기서는 어디서든 쓰이는 for-select 패턴을 사용하고 있음을 볼 수 있다. case 구문 중 하나는 done 채널이 신호를 받았는지 여부를 확인하는 것이다. 신호를 받았다면 이 고루틴에서 리턴한다.

❸ 여기서는 1초 이상 지나면 doWork에서 생성된 고루틴을 취소할 또 다른 고루틴을 생성한다.

❹ 여기서는 doWork에서 생성된 고루틴과 main 고루틴을 조인한다.

출력 결과는 다음과 같다.

```
Canceling doWork goroutine... // doWork 고루틴을 취소한다...
doWork exited.    // doWork 종료
Done.             // 완료
```

strings 채널에 nil을 전달했음에도 불구하고, 고루틴은 여전히 성공적으로 종료됨을 알 수 있다. 앞의 예제와 달리 이 예제에서는 두 개의 고루틴을 조인하지만 데드락 상태는 일어나지 않는다. 그 이유는 두 개의 고루틴을 조인하기 전에, 세 번째 고루틴을 생성해 1초 후에 doWork 내에서 고루틴을 취소하기 때문이다. 성공적으로 고루틴 누수를 제거했다!

앞의 예제는 채널을 잘 수신하는 고루틴의 경우를 다루지만 그렇지 않은 경우, 즉 채널에 값을 쓰려는 시도를 차단하는 고루틴의 경우는 어떨까? 다음은 이 문제를 보여주는 간단한 예제다.

```
newRandStream := func() <-chan int {
  randStream := make(chan int)
  go func() {
    defer fmt.Println("newRandStream closure exited.") ❶
    defer close(randStream)
    for {
      randStream <- rand.Int()
    }
  }()
  return randStream
}

randStream := newRandStream()
fmt.Println("3 random ints:")
for i := 1; i <= 3; i++ {
```

```
  fmt.Printf("%d: %d\n", i, <-randStream)
}
```

❶ 고루틴이 성공적으로 끝난 경우에 여기서 메시지를 출력한다.

이 코드의 실행 결과는 다음과 같다.

```
3 random ints:
1: 5577006791947779410
2: 8674665223082153551
3: 6129484611666145821
```

출력 결과로부터 지연된^{defer} fmt.Println 구문이 절대 실행되지 않는다는 것을 알 수 있다.

루프의 세 번째 반복 이후에, 고루틴 블록은 더 이상 읽을 수 없는 채널에 다음번 랜덤 정수를 보내려고 시도한다. 예제에서는 생산자에게 멈춰도 된다고 말할 방법이 없다. 수신의 경우와 마찬가지로, 해결책은 생산자 고루틴에게 종료를 알리는 채널을 제공하는 것이다.

```
newRandStream := func(done <-chan interface{}) <-chan int {
  randStream := make(chan int)
  go func() {
    defer fmt.Println("newRandStream closure exited.")
    defer close(randStream)
    for {
      select {
      case randStream <- rand.Int():
      case <-done:
        return
      }
    }
  }()  return randStream
}

done := make(chan interface{})
randStream := newRandStream(done)
fmt.Println("3 random ints:")
for i := 1; i <= 3; i++ {
```

138

```
    fmt.Printf("%d: %d\n", i, <-randStream)
}
close(done)

// 진행 중인 작업을 시뮬레이션한다.
time.Sleep(1 * time.Second)
```

이 코드는 다음과 같이 출력된다.

```
3 random ints:
1: 5577006791947779410
2: 8674665223082153551
3: 6129484611666145821
newRandStream closure exited. // newRandStream 클로저가 종료됐다.
```

이번에는 고루틴이 제대로 정리됐음을 볼 수 있다.

고루틴이 누수되지 않도록 하는 방법을 알았으므로 규약을 명시할 수 있다. 다른 고루틴을 생성한 책임이 있는 고루틴은 해당 고루틴을 중지시킬 책임도 진다.

이 규약은 프로그램이 성장함에 따라 구성 가능하고 확장 가능하도록 도와준다. 147페이지의 "파이프라인" 및 187페이지의 "context 패키지"에서 이 기법을 다시 살펴본다. 고루틴의 중지를 보장하는 방법은 고루틴의 타입과 목적에 따라 다를 수 있지만, 모두 done 채널을 전달하는 것을 바탕으로 구축된다.

or 채널

때로는 하나 이상의 done 채널을 하나의 done 채널로 결합해, 그 구성 요소 중 하나의 채널이 닫힐 때 결합된 채널이 닫히도록 해야 할 경우도 있을 것이다. 이 경우에는 이러한 결합을 수행하는 select문을 작성하는 것이 좋다. 그러나 때때로 런타임에는 작업중인 done 채널의 수를 알 수 없다. 이러한 경우나 혹은 간단한 한 줄의 코드를 선호한다면 or 채널 패턴을 사용해 이들 채널을 결합할 수 있다.

이 패턴은 재귀 및 고루틴들을 통해 복합 done 채널을 만든다.

다음 코드를 살펴보자.

```
var or func(channels ...<-chan interface{}) <-chan interface{}
or = func(channels ...<-chan interface{}) <-chan interface{} { ❶
  switch len(channels) {
  case 0: ❷
    return nil
  case 1: ❸
    return channels[0]
  }

  orDone := make(chan interface{})
  go func() { ❹
    defer close(orDone)

    switch len(channels) {
    case 2: ❺
      select {
      case <-channels[0]:
      case <-channels[1]:
      }
    default: ❻
      select {
      case <-channels[0]:
      case <-channels[1]:
      case <-channels[2]:
      case <-or(append(channels[3:], orDone)...): ❻
      }
    }
  }()
  return orDone
}
```

❶ 여기에 가변^{variadic} 채널 슬라이스를 받아 하나의 채널을 리턴하는 or 함수가 있다.

❷ 이것은 재귀 함수이므로 종료 기준을 설정해야 한다. 첫 번째 종료 기준은 가변 슬라이스가 비어 있으면 단순히 nil 채널을 리턴한다는 것이다. 이것은 채널을 전달하지 않는 것과 관련이 있다. 예제에서는 복합 채널이 무엇이든 할 것이라고 기대하지 않는다.

❸ 두 번째 종료 기준은 가변 슬라이스에 하나의 요소만 있으면 해당 요소를 리턴하는 것이다.

❹ 다음은 함수의 핵심 부분이며 재귀가 발생하는 곳이다. 채널들에서 차단 없이 메시지를 기다릴 수 있도록 고루틴을 생성한다.

❺ 재귀 방식을 사용하고 있기 때문에, or에 대한 모든 재귀 호출은 적어도 두 개의 채널을 가지고 있다. 고루틴의 수를 제한하는 최적화를 위해, 두 개의 채널에 대한 호출 또는 두 개의 채널을 가지고 있는 특별한 case를 배치한다.

❻ 여기서는 슬라이스의 세 번째 인덱스 이후에 위치한 모든 채널에서 재귀적으로 or 채널을 만든 다음, 이 중에서 select를 수행한다. 이 반복 관계는 첫 번째 신호가 리턴되는 것으로부터 트리를 형성하기 위해 나머지 슬라이스를 or 채널들로 분해한다. 또한 고루틴들이 트리를 위쪽과 아래쪽 모두로 빠져나올 수 있도록 orDone 채널을 전달한다.

이는 여러 개의 채널을 한 개의 채널로 결합해, 여러 채널 중에 하나라도 닫히거나 채널에 데이터가 쓰여지면 모든 채널이 닫히도록 할 수 있는 매우 간결한 함수다. 이 함수를 어떻게 사용할 수 있는지 살펴보자. 다음은 설정된 지속 시간 후에 닫히는 여러 채널들을 받아서, 이들을 or 함수를 사용해 단일 채널로 결합하고 이를 닫는 간단한 예제다.

```
sig := func(after time.Duration) <-chan interface{}{   ❶

  c := make(chan interface{})
  go func() {
    defer close(c)
    time.Sleep(after)
  }()
  return c
}
start := time.Now()   ❷
<-or(
  sig(2*time.Hour),
  sig(5*time.Minute),
  sig(1*time.Second),
```

```
    sig(1*time.Hour),
    sig(1*time.Minute),
)
fmt.Printf("done after %v", time.Since(start))  ❸
```

❶ 이 함수는 단순히 after에 명시된 시간이 지나면 닫히는 채널을 생성한다.

❷ 여기서는 or 함수로부터의 채널이 차단되는 시점을 대략적으로 추적한다.

❸ 그리고 여기서 읽기가 발생하기까지 걸린 시간을 출력한다.

이 프로그램을 실행하면 다음과 같이 출력된다.

```
done after 1.000216772s
```

호출이 닫히기까지 서로 다른 시간이 소요되는 여러 개의 채널을 배치함에도 불구하고, 1초 후에 닫히는 채널로 인해 or 호출에 의해 생성된 전체 채널이 닫힌다는 점에 주목하라. 이는 or 함수가 구성한 트리 상의 위치에도 불구하고 항상 이 채널이 처음으로 닫히기 때문에, 이것의 클로저에 의존하는 채널도 역시 닫히기 때문이다.

추가적인 고루틴들의 비용인 $f(x)=\lfloor x/2 \rfloor$의 비용으로 이 간결함을 얻을 수 있다. 여기서 x는 고루틴들의 수이다. 그러나 Go의 강점 중 하나는 고루틴을 신속하게 생성하고 스케줄링 및 실행할 수 있다는 것이다. Go 언어는 고루틴을 사용해 문제를 올바르게 모델링하도록 적극 권장한다. 여기에서 생성되는 고루틴의 수에 대해 걱정하는 것은 성급한 최적화일 것이다. 또한 컴파일하는 시점에 작업에 필요한 채널의 수를 모를 경우에는 done 채널을 결합할 수 있는 다른 방법이 없다.

이 패턴은 시스템의 모듈들이 교차하는 지점에서 사용할 때 유용하다. 이런 교차점에서는 콜 스택을 통해 고루틴 트리를 취소할 수 있는 여러 개의 조건이 존재하곤 한다. or 함수를 사용해 간단히 이 조건들을 결합하고 스택 아래쪽으로 전달할 수 있다. 131페이지의 "context 패키지"에서 이 작업을 수행하는 다른 방법도 살펴볼 것이다. context 패키지는 매우 훌륭하며, 조금 더 자세한 설명을 제공한다.

또한 242페이지의 "복제된 요청"에서는 이 패턴의 변형을 사용해 보다 복잡한 패턴을 형성하는 방법을 살펴보겠다.

에러 처리

동시성 프로그램에서 에러 처리를 올바르게 진행하는 일은 어려울 수 있다. 때로는 다양한 프로세스가 정보를 공유하고 조정하는 방법을 생각하는 데 많은 시간을 할애하느라 에러가 발생한 상태를 우아하게 처리하는 것을 잊어버리기도 한다. Go는 널리 알려진 에러의 예외 모델을 피하면서 에러 처리가 중요하다는 사실을 천명했고, 프로그램을 개발할 때 알고리즘에 주의를 기울이는 것과 동일한 수준으로 에러 경로^{error path}에 주의해야 한다고 말했다. 이 개념을 바탕으로 동시에 실행되는 여러 개의 프로세스로 작업할 때 어떤 식으로 에러를 처리해야 하는지 살펴보겠다.

에러 처리에 관해 생각할 때 가장 근본적인 질문은 "에러 처리의 책임자는 누구인가?"이다. 어떤 시점에서는 스택을 따라 에러를 전달하는 것을 멈추고 실제로 뭔가를 수행해야 한다. 누가 이를 책임지는가?

동시에 실행되는 프로세스라면 이 질문은 좀 더 복잡해진다. 동시에 실행되는 프로세스들은 부모 또는 형제 프로세스와 독립적으로 작동하기 때문에 에러와 관련해 제대로 된 일이 무엇인지 추론하기가 어려울 수 있다. 이 문제에 대한 예제로 다음 코드를 살펴보자.

```go
checkStatus := func(
  done <-chan interface{},
  urls ...string,
) <-chan *http.Response {
    responses := make(chan *http.Response)
    go func() {
      defer close(responses)
      for _, url := range urls {
        resp, err := http.Get(url)
        if err != nil {
          fmt.Println(err)  ❶
          continue
```

```
        }
        select {
        case <-done:
            return
        case responses <- resp:
        }
    }
    }()
    return responses
}

done := make(chan interface{})
defer close(done)

urls := []string{"https://www.google.com", "https://badhost"}
for response := range checkStatus(done, urls...) {
    fmt.Printf("Response: %v\n", response.Status)
}
```

❶ 여기서는 고루틴이 에러가 발생했음을 알리기 위해 최선을 다하고 있음을 볼 수 있다. 달리 뭘 할 수 있겠는가? 에러를 다시 돌려줄 수는 없다! 에러가 얼마나 많아야 지나치게 많은 것일까? 계속해서 요청을 하는가?

이 코드를 실행하면 다음과 같은 결과를 얻는다.

```
Response: 200 OK
Get https://badhost: dial tcp: lookup badhost on 127.0.1.1:53: no such host
```

여기서는 고루틴이 이 문제에 대해 선택의 여지가 없다는 것을 알 수 있다. 단순히 에러를 삼켜버릴 수는 없으므로 그저 합리적으로 행동한다. 에러를 출력하고 누군가 주목해 주기를 바랄 뿐이다. 고루틴들을 이 어색한 상황에 빠뜨리지 말라. 관심 사항을 분리할 것을 권한다. 일반적으로 동시에 실행되는 프로세스들은 프로그램의 상태에 대해 완전한 정보를 가지고 있는 프로그램의 다른 부분으로 에러를 보내야 하며, 그래야 보다 많은 정보를 바탕으로 무엇을 해야 할지 결정할 수 있다. 다음 예제는 이 문제에 대한 정확한 해결책을 보여준다.

```
type Result struct { ❶
  Error error
  Response *http.Response
}
checkStatus := func(done <-chan interface{}, urls ...string) <-chan Result { ❷
  results := make(chan Result)
  go func() {
    defer close(results)

    for _, url := range urls {
      var result Result
      resp, err := http.Get(url)
      result = Result{Error: err, Response: resp} ❸
      select {|
      case <-done:
        return
      case results <- result: ❹
      }
    }
  }()
  return results
}

done := make(chan interface{})
defer close(done)

urls := []string{"https://www.google.com", "https://badhost"}
for result := range checkStatus(done, urls...) {
  if result.Error != nil { ❺
    fmt.Printf("error: %v", result.Error)
    continue
  }
  fmt.Printf("Response: %v\n", result.Response.Status)
}
```

❶ 여기서는 *http.Response와 고루틴 내의 루프 반복 시에 발생할 수 있는 error 모두
를 포함하는 타입을 생성한다.

❷ 이 행은 루프 반복의 결과를 조회하기 위해 읽어올 수 있는 채널을 리턴한다.

❸ 여기서는 Error 및 Response 필드가 설정된 Result 인스턴스를 만든다.

❹ 여기가 채널에 Result를 쓰는 곳이다.

❺ 프로그램의 main 고루틴 내부인 바로 이곳에서, checkStatus에 의해 영리하게 시작된 고루틴에서 발생한 에러를 더 큰 프로그램의 전체 컨텍스트 내에서 처리할 수 있다.

이 코드의 출력은 다음과 같다.

```
Response: 200 OK
error: Get https://badhost: dial tcp: lookup badhost on 127.0.1.1:53:
no such host      // 존재하지 않는 호스트
```

여기서는 잠재적인 출력을 잠재적인 에러와 연결한 방법이 핵심이다. 이는 checkStatus 고루틴에서 생성 가능한 결과의 전체 집합을 나타내며, 에러가 발생했을 때 main 고루틴이 수행할 작업을 결정할 수 있게 해준다. 넓은 의미에서 에러 처리의 문제를 생산자 고루틴과 성공적으로 분리했다. 이를 통해 생산자 고루틴을 생성한 고루틴(이 경우 main 고루틴)이 실행 중인 프로그램에 대해 더 많은 컨텍스트를 가지고 있으며 에러와 관련해 더 현명한 결정을 내릴 수 있게 됐다.

이전 예제에서는 단순히 에러를 표준 출력에 썼지만, 다른 작업을 할 수도 있다. 프로그램을 조금 변경해 세 가지 이상의 에러가 발생하면 상태를 확인하는 것을 멈추게 하자.

```go
done := make(chan interface{})
defer close(done)

errCount := 0
urls := []string{"a", "https://www.google.com", "b", "c", "d"}
for result := range checkStatus(done, urls...) {
  if result.Error != nil {
    fmt.Printf("error: %v\n", result.Error)
    errCount++
    if errCount >= 3 {
      fmt.Println("Too many errors, breaking!")
      break
    }
```

```
        continue
    }
    fmt.Printf("Response: %v\n", result.Response.Status)제한
```

이 코드는 다음과 같이 출력된다.

```
error: Get a: unsupported protocol scheme "" // 지원하지 않는 프로토콜 구조
Response: 200 OK
error: Get b: unsupported protocol scheme ""
error: Get c: unsupported protocol scheme ""
Too many errors, breaking!
```

에러가 checkStatus에서 리턴되고 해당 고루틴에서 내부적으로 처리되지 않기 때문에, 에러 처리가 익숙한 Go 패턴을 따른다는 것을 알 수 있다. 이 간단한 예제를 통해 main 고루틴이 여러 고루틴들의 결과를 조정하고 자식 고루틴을 계속하거나 취소하기 위한 보다 복잡한 규칙을 작성하는 상황을 쉽게 상상해볼 수 있다. 여기서 다시 주목할 점은 고루틴들에서 리턴될 값을 구성할 때 에러가 일급 객체로 간주돼야 한다는 것이다. 고루틴이 에러를 발생시킬 수 있는 경우, 이러한 에러는 결과 타입과 밀접하게 결합돼야 하며, 일반적인 동기 함수처럼 동일한 통신 회선을 통해 전달돼야 한다.

파이프라인

프로그램을 작성할 때, 무작정 앉아서 하나의 긴 함수를 작성하지는 않을 것이다. 부디 그러지 않기를 바란다. 당신은 함수, 구조체, 메서드 등의 형태로 추상화를 구성할 것이다. 왜 그렇게 할까? 더 큰 흐름에는 중요하지 않은 세부 정보를 추상화하기 위한 목적도 일부 있을 것이고, 다른 영역에 영향을 주지 않고 코드의 한 영역에서 작업하기 위한 목적도 있을 것이다. 어떤 시스템을 변경하고 하나의 논리적인 변화를 반영하기 위해 여러 영역을 건드려야 했던 적이 있는가? 그렇다면 그 시스템은 불완전한 추상화로 인한 어려움을 겪고 있는 것일 수 있다.

파이프라인은 시스템에서 추상화를 구성하는 데 사용할 수 있는 또 다른 도구다. 특히 프로그램이 스트림이나 데이터에 대한 일괄 처리[batch] 작업들을 처리해야 할 때 사용하는 매우 강력한 도구이다. 파이프라인이라는 용어는 1856년에 처음으로 사용됐다고 알려져 있으며, 한 곳에서 다른 곳으로 액체를 운반하는 일련의 파이프들을 의미했을 가능성이 크다. 컴퓨터 과학에서는 이 용어를 빌려 쓰는데, 역시 한 곳에서 다른 곳으로 뭔가를 운반하기기 때문이다. 파이프라인은 데이터를 가져와서, 그 데이터를 대상으로 작업을 수행하고, 결과 데이터를 다시 전달하는 일련의 작업에 불과하다. 이러한 각각의 작업을 파이프라인상의 **단계**[stage]라고 부른다.

파이프라인을 사용하면 각 단계의 관심사를 분리할 수 있어 많은 이점을 얻을 수 있다. 상호 독립적으로 각 단계를 수정할 수 있으며, 각 단계의 수정과 무관하게 단계들의 결합 방식을 짜맞출 수 있다. 또한 데이터 흐름상의 이전 단계 또는 다음 단계의 작업을 동시에 처리할 수도 있고, 일부분을 팬 아웃하거나 속도를 제한할 수도 있다. 팬 아웃은 165페이지의 "팬 아웃, 팬 인"에서 다루고, 속도 제한에 대해서는 5장에서 다룬다. 지금은 이 용어들이 의미하는 바를 걱정하지 않아도 된다. 우선은 간단하게 시작하여 파이프라인의 단계를 생성해보자.

이전에 언급했듯이 하나의 단계는 데이터를 가져와서 변환을 수행하고 데이터를 다시 전송하는 것이다. 다음은 파이프라인상의 단계로 간주될 수 있는 함수이다.

```
multiply := func(values []int, multiplier int) []int {
  multipliedValues := make([]int, len(values))
  for i, v := range values {
    multipliedValues[i] = v * multiplier
  }
  return multipliedValues
}
```

이 함수는 정수의 슬라이스와 승수를 인자로 받아서 반복문을 통해 이들을 곱하고, 변환된 새 슬라이스를 리턴한다. 지루한 함수처럼 보인다. 또 다른 단계를 만들어보자.

```
add := func(values []int, additive int) []int {
  addedValues := make([]int, len(values))
```

```
  for i, v := range values {
    addedValues[i] = v + additive
  }
  return addedValues
}
```

또 하나의 지루한 함수다! 이번 함수는 그저 새로운 슬라이스를 만들고, 각 요소에 값을 더해준다. 이 시점에서 무엇이 이 두 함수를 단순한 함수가 아닌 파이프라인의 단계로 만드는 것인지 궁금할 것이다. 이 둘을 조합해보자.

```
ints := []int{1, 2, 3, 4}
for _, v := range add(multiply(ints, 2), 1) {
  fmt.Println(v)
}
```

이 코드는 다음과 같이 출력된다.

```
3
5
7
9
```

Range 절 내에서 add와 multiply를 조합하는 방식을 살펴보자. 이들은 일상에서 매일 접할 만한 함수지만, 파이프라인 단계의 속성을 갖도록 구성했기 때문에 이를 결합해 파이프라인을 구성할 수 있다.

정말 흥미롭다. 파이프라인 단계의 특성은 무엇일까?

- 각 단계는 동일한 타입을 소비하고 리턴한다.

- 각 단계는 전달될 수 있도록 언어에 의해 구체화[2]돼야 한다. Go의 함수들은 구체화돼 있으며, 이러한 목적에 잘 맞는다.

---

2 언어의 관점에서 구체화란, 개발자가 어떤 개념을 대상으로 직접 작업할 수 있도록 언어에서 해당 개념을 노출시켜주는 것을 의미한다. Go는 함수 시그니처(function signature) 타입을 가지는 변수를 정의할 수 있기 때문에, Go의 함수는 구체화돼 있다고 한다. 이는 또한 프로그램에서 함수를 전달할 수 있음을 의미한다.

함수형 프로그래밍에 익숙한 사람이라면 머리를 끄덕이면서 **고차 함수**와 **모나드**^{monad} 같은 용어에 대해 생각할 것이다. 실제로 파이프라인의 단계는 함수형 프로그래밍과 매우 밀접하게 관련돼 있으며, 모나드의 부분 집합으로 간주될 수 있다. 여기에서 명시적으로 모나드나 함수형 프로그래밍을 깊이 다루지는 않는다. 모나드와 함수형 프로그래밍이 그 자체로 흥미로운 주제이기는 하지만, 두 주제에 대한 실무적인 지식들은 파이프라인을 이해하는 데 유용할 수는 있어도 꼭 필요한 것은 아니다.

여기에서 add와 multiply 단계는 파이프라인 단계의 모든 속성을 만족시킨다. 둘 다 int의 슬라이스를 소비하고 int의 슬라이스를 리턴한다. Go는 함수들을 구체화했으므로 add와 multiply를 전달할 수 있다. 이런 특성들로 인해 파이프라인의 단계가 가지는 흥미로운 특성, 즉, 각 단계 자체를 수정하지 않고도 높은 수준에서 단계들을 쉽게 결합할 수 있다는 특성이 나타난다.

예를 들어 파이프라인에 2를 곱하는 새로운 스테이지를 추가하고자 한다면, 앞의 파이프라인을 다음과 같이 새로운 multiply 단계로 감싸면 된다.

```
ints := []int{1, 2, 3, 4}
for _, v := range multiply(add(multiply(ints, 2), 1), 2) {
  fmt.Println(v)
}
```

이 코드를 실행하면 다음과 같이 출력된다.

```
6
10
14
18
```

새로운 함수를 작성하거나, 기존의 함수를 수정하거나, 파이프라인 상의 결과를 수정하지 않고 어떻게 이 작업을 수행할 수 있었는지 확인해보자. 어쩌면 파이프라인 패턴을 사용할 때의 이점을 알 수 있을 것이다. 물론 이 코드를 절차적으로도 작성할 수 있다.

```
ints := []int{1, 2, 3, 4}
for _, v := range ints {
  fmt.Println(2*(v*2+1))
}
```

처음에는 이 방법이 훨씬 간단해 보이지만, 진행 과정에서 볼 수 있듯이 절차적인 코드
는 스트림을 처리할 때 파이프라인과 같은 이점을 제공하지 못한다.

각 단계에서 데이터 슬라이스를 가져와서 데이터 슬라이스를 리턴하는 방법을 살펴보
자. 이러한 단계들은 **일괄 처리**라고 하는 것을 수행한다. 여기서 일괄 처리란, 단지 한 번
에 하나씩 이산^{discrete} 값을 처리하는 대신에 모든 데이터 덩어리를 한 번에 처리한다는
것을 의미한다. **스트림 처리**를 수행하는 타입의 파이프라인 단계가 하나 더 있다. 이는 각
단계가 한 번에 하나의 요소를 수신하고 방출한다는 것을 의미한다.

일괄 처리와 스트림 처리에는 장단점이 있다. 하지만 지금은 원본 데이터가 변경되지
않은 상태로 남아 있기 때문에, 각 단계에서 계산 결과를 저장하기 위해 동일한 길이의
새 슬라이스를 만들어야 한다는 것만 유의하자. 즉, 어떤 경우에도 프로그램의 메모리
사용량은 파이프라인을 시작할 때 사용하는 슬라이스의 크기보다 크다는 의미이다. 작
업 단계를 스트림 지향으로 변환하면 어떤 모습일지 살펴보자.

```
multiply := func(value, multiplier int) int {
  return value * multiplier
}

add := func(value, additive int) int {
  return value + additive
}

ints := []int{1, 2, 3, 4}
for _, v := range ints {
  fmt.Println(multiply(add(multiply(v, 2), 1), 2))
}
```

이 코드는 다음과 같이 출력된다.

```
6
10
14
18
```

각 단계가 이산 값을 수신해 방출하고, 프로그램의 메모리 사용량은 파이프라인의 입력 크기만큼으로 다시 줄어든다. 그러나 파이프라인을 for 루프의 내부로 넣고 range가 파이프라인에 데이터를 공급하는 무거운 작업을 수행하도록 만들어야 했다. 이것은 파이프라인에 데이터를 공급하는 방식의 재사용을 제한할 뿐만 아니라, 뒷부분에서 살펴보겠지만 확장성 역시 제한한다. 또 다른 문제도 있다. 실질적으로 루프가 반복될 때마다 파이프라인을 인스턴스화한다. 함수를 호출하는 것에서 큰 비용이 발생하지는 않지만, 어쨌든 루프의 반복마다 세 가지 함수 호출을 수행한다. 그리고 동시성 측면에서는 어떨까? 앞서 파이프라인 활용의 이점 중 하나가 개별 단계를 동시에 처리할 수 있는 능력이었고, 팬 아웃에 대해서도 언급했다. 이것은 어디에서 비롯되는 것일까?

이러한 개념을 소개하기 위해 multiply 및 add 함수를 조금 더 확장할 수도 있었지만, 이 함수들은 파이프라인의 개념을 소개하는 역할을 수행했다. 이제는 Go에서 파이프라인을 구성하기 위한 최상의 방법이 무엇인지 배우고, Go의 채널 기본 요소를 시작할 시간이다.

파이프라인 구축의 모범 사례

채널은 Go의 모든 기본 요구 사항을 충족하기 때문에, Go에서 파이프라인을 구성하는 데 적합하다. 채널은 값을 받고 방출할 수 있고, 동시에 실행해도 안전하며, 여러 가지를 아우르고, 언어에 의해 구체화된다. 잠깐 시간을 내서 채널을 이용하도록 앞의 예제를 변경해보자.

```
generator := func(done <-chan interface{}, integers ...int) <-chan int {
  intStream := make(chan int, len(integers))
  go func() {
    defer close(intStream)
    for _, i := range integers {
      select {
```

```
        case <-done:
          return
        case intStream <- i:
        }
      }
  }()
  return intStream
}

multiply := func(
 done <-chan interface{},
 intStream <-chan int,
 multiplier int,
) <-chan int {
  multipliedStream := make(chan int)
  go func() {
    defer close(multipliedStream)
    for i := range intStream {
      select {
      case <-done:
        return
      case multipliedStream <- i*multiplier:
      }
    }
  }()
  return multipliedStream
}

add := func(
 done <-chan interface{},
 intStream <-chan int,
 additive int,
) <-chan int {
  addedStream := make(chan int)
  go func() {
    defer close(addedStream)
    for i := range intStream {
      select {
      case <-done:
        return
```

```
            case addedStream <- i+additive:
            }
        }
    }()
    return addedStream
}

done := make(chan interface{})
defer close(done)

intStream := generator(done, 1, 2, 3, 4)
pipeline := multiply(done, add(done, multiply(done, intStream, 2), 1), 2)

for v := range pipeline {
    fmt.Println(v)
}
```

이 코드는 다음과 같이 출력된다.

```
6
10
14
18
```

원하던 출력 값을 그대로 복사한 것처럼 보이겠지만, 코드가 훨씬 더 많이 필요하다. 우리가 얻은 것은 정확히 무엇인가? 먼저 작성한 것을 살펴보자. 우선 이제는 두 개가 아닌 세 개 함수를 가진다. 이들 함수는 몸체 안에서 하나의 고루틴을 시작하는 것처럼 보인다. 134페이지의 "고루틴 누수 방지"에서 확인했듯이, 채널에서 고루틴이 종료돼야 한다는 신호를 구독하는 패턴을 사용한다. 함수들은 모두 채널을 리턴하는 것처럼 보이며, 일부는 추가 채널을 사용하는 것처럼 보인다. 흥미롭다! 더 자세히 살펴보자.

```
done := make(chan interface{})
defer close(done)
```

프로그램이 수행하는 첫 번째 작업은, done 채널을 만들고 defer문에서 close를 호출하는 것이다. 이전에 논의했듯이, 이 작업을 통해 프로그램이 깨끗하게 종료되고 결코 고루틴이 누수되지 않도록 예방한다. 새로울 것이 없다. 다음으로 generator 함수를 살펴보자.

```
generator := func(done <-chan interface{}, integers ...int) <-chan int {
  intStream := make(chan int, len(integers))
  go func() {
    defer close(intStream)
    for _, i := range integers {
      select {
      case <-done:
        return
      case intStream <- i:
      }
    }
  }()
  return intStream
}
// ...
intStream := generator(done, 1, 2, 3, 4)
```

generator 함수는 가변 정수 슬라이스를 인자로 받아 입력된 정수 슬라이스와 동일한 길이를 가지는 버퍼링된 정수 채널을 생성하고, 고루틴을 시작하고 생성된 채널을 리턴한다. 그런 다음 생성된 고루틴에서, generator는 전달된 가변 슬라이스를 순회하면서 자신이 생성한 채널로 슬라이스의 값들을 보낸다.

이 채널로 데이터를 전송하는 부분은 done 채널에 대한 case와 동일한 select문 안에 있다. 다시 말하지만, 이 패턴은 고루틴의 누수을 막기 위해 134페이지의 "고루틴 누수 방지"에서 배웠다.

그러니까 간단히 말해서 generator 함수는 이산 값들의 집합을 채널의 데이터 스트림으로 변환한다. 이런 유형의 함수를 **생성기**generator라고 부른다. 파이프라인을 시작할 때는 항상 채널로 변환해야 하는 데이터 뭉치가 있기 때문에, 파이프라인을 사용해 작업할 때 이 생성기를 자주 볼 수 있다. 뒤에서 재미있는 생성기 몇 가지를 살펴보겠지만, 먼저 이 프로그램에 대한 분석을 마치도록 하자. 다음으로 파이프라인을 생성한다.

```
pipeline := multiply(done, add(done, multiply(done, intStream, 2), 1), 2)
```

이 코드는 이전에 작업한 파이프라인과 동일하다. 숫자들의 스트림에 2를 곱하고 1을 더하고 그 결과에 2를 곱한다. 이 파이프라인은 이전 예제의 함수들을 활용한 파이프라인과 유사하지만 결정적인 차이점이 있다.

먼저 채널들을 사용하고 있다. 뻔한 차이점이지만 다음과 같은 두 가지 이유로 결정적인 차이점이라고 할 수 있다. 첫째, 파이프라인의 끝에서 range 구문을 사용해 값을 추출할 수 있으며, 입력 및 출력이 동시에 실행되는 컨텍스트에서 안전하기 때문에 각 단계에서 안전하게 동시에 실행할 수 있다는 점이다.

둘째, 파이프라인의 각 단계가 동시에 실행된다는 점이다. 즉, 모든 단계는 입력만을 기다리며, 출력을 보낼 수 있어야 한다. 이 차이는 165페이지의 "팬 아웃, 팬 인"에서 배우겠지만, 중대한 파급 효과가 있는 것으로 밝혀졌다. 그러나 지금은 이것이 각 단계들로 하여금 특정 타임 슬라이스에서 상호 독립적으로 실행될 수 있도록 허용한다는 점에만 주목하자.

이 예에서는 range를 통해 파이프라인의 범위를 순회하면서 시스템을 통해 값을 가져온다.

```
for v := range pipeline {
  fmt.Println(v)
}
```

다음은 시스템의 각 값이 각 채널에 입력되는 방식과 채널이 닫히는 시점을 보여주는 표다. 반복 횟수는 수행 중인 for 루프의 반복 횟수를 0부터 카운트한 값이고, 각 열의 값은 파이프라인 단계에서의 값이다.

반복 횟수	Generator	Multiply	Add	Multiply	값
0	1				
0		1			
0	2		2		
0		2		3	

반복 횟수	Generator	Multiply	Add	Multiply	값
0	3		4		6
1		3		5	
1	4		6		10
2	(닫힘)	4		7	
2		(닫힘)	8		14
3			(닫힘)	9	
3				(닫힘)	18

고루틴들을 종료하기 위해 신호를 보내는 패턴을 사용하는 것에 대해서도 더 자세히 살펴보자. 여러 상호 의존적인 고루틴을 다룰 때 이 패턴은 어떻게 작동할까? 프로그램 실행이 끝나기 전에 done 채널에 대한 close를 호출하면 어떻게 될까?

이 질문들에 대답하기 위해서는 파이프라인의 구성을 다시 살펴봐야 한다.

```
pipeline := multiply(done, add(done, multiply(done, intStream, 2), 1), 2)
```

각 단계는 공통의 done 채널 및 파이프라인의 후속 단계로 전달되는 채널이라는 두 가지 방식으로 상호 연결된다 즉, multiply 함수에 의해 생성된 채널은 add 함수에 전달되는 식이다. 앞의 표를 다시 살펴보고, 완료되기 전에 done 채널에 대해 closs를 호출한 닮은 다음 무슨 일이 일어나는지 살펴보자.

반복 횟수	Generator	Multiply	Add	Multiply	값
0	1				
0		1			
0	2		2		
0		2		3	
1	3		4		6
close(done)	(닫힘)	3		5	
		(닫힘)	6		
			(닫힘)	7	

반복 횟수	Generator	Multiply	Add	Multiply	값
				(닫힘)	
					(range탈출)

done 채널을 닫는 것이 파이프라인을 통해 어떻게 연결되는지 보이는가? 이를 통해 파이프라인의 각 단계에서 다음 두 가지가 가능해진다.

- 입력^{incoming} 채널에 대한 순회. 입력 채널이 닫히면 range가 종료된다.

- done채널과 select 문을 공유하는 전송.

파이프라인 단계의 상태에 상관없이, 입력 채널에서 대기 중이거나, 전송 대기 중이거나, done 채널을 닫으면 파이프라인 단계는 강제로 종료될 것이다.

여기에서 재귀 관계가 발생한다. 파이프라인의 시작 부분에서 이산 값을 채널로 변환해야 한다는 사실을 확고히 했다. 이 프로세스에서는 반드시 선점 가능해야 하는 두 가지 지점이 있다.

- 즉각적으로 이루어지지 않는 이산 값의 생성

- 해당 채널로의 이산 값 전송

첫 번째는 당신에게 달렸다. 예제의 generater 함수에서 이산 값들은 가변 슬라이스를 아우르는 범위에서 생성된다. 즉, 선점할 필요가 없을 만큼 즉각적이다. 두 번째는 select문과 done 채널을 통해 처리되며, 이로 인해 intStream에 쓰기를 시도하는 것이 차단 된경우에도 generator가 선점 가능하도록 한다.

파이프라인의 다른 쪽 끝에서는, 마지막 단계에서 선점 가능성이 보장된다는 사실을 추론을 통해 알 수 있다. 선점 당하게 되면 range문으로 읽고 있는 채널이 닫힐 것이고, 그 결과 range를 빠져나오게 되기 때문에 선점 가능하다. 필요한 스트림이 선점 가능하기 때문에 마지막 단계 역시 선점 가능하다.

파이프라인의 시작과 끝 사이에서 코드는 항상 for-range 루프로 한 채널의 내용을 순회하며, done 채널을 포함하는 select 구문 내에서 다른 채널로 전송된다.

입력 채널에서 값을 가져오기 위해 어떤 단계가 대기 상태가 되면, 해당 채널이 닫힐 때 그 단계가 대기 해제된다. 이때 우리가 속한 단계처럼 작성되거나, 우리가 세운 파이프 라인의 시작이 선점 가능하기 때문에 채널이 닫힐 것이라는 점을 추론할 수 있다. 값을 전송하다가 단계가 대기 상태가 되는 경우, select문을 사용한다면 선점 가능하다.

따라서 전체 파이프라인은 done 채널을 닫음으로써 항상 선점 가능하다. 멋지지 않은가?

유용한 생성기들

이전에 인기 있는 생성기에 대해 설명할 예정이라고 언급했다. 한 번 더 이야기하자면, 파이프라인의 생성기는 이산 값의 집합을 채널의 값 스트림으로 변환하는 함수이다. repeat라고 하는 생성기를 살펴보자.

```
repeat := func(
  done <-chan interface{},
  values ...interface{},
) <-chan interface{} {
  valueStream := make(chan interface{})
  go func() {
    defer close(valueStream)
    for {
      for _, v := range values {
        select {
        case <-done:
          return
        case valueStream <- v:
        }
      }
    }
  }()
  return valueStream
}
```

이 함수는 사용자가 멈추라고 말할 때까지 사용자가 전달한 값을 무한 반복한다.

repeat와 함께 사용할 때 도움이 되는 take라는 또 다른 범용 파이프라인 단계를 살펴 보자.

```
take := func(
  done <-chan interface{},
  valueStream <-chan interface{},
  num int,
) <-chan interface{} {
  takeStream := make(chan interface{})
  go func() {
    defer close(takeStream)
    for i := 0; i < num; i++ {
      select {
      case <-done:
        return
      case takeStream <- <- valueStream:
      }
    }
  }()
  return takeStream
}
```

이 파이프라인 단계는 입력 valueStream에서 첫 번째 항목을 취한 다음 종료한다. 이 둘을 조합하면 매우 강력해질 수 있다.

```
done := make(chan interface{})
defer close(done)

for num := range take(done, repeat(done, 1), 10) {
  fmt.Printf("%v ", num)
}
```

이 코드는 다음과 같이 출력된다.

```
1 1 1 1 1 1 1 1 1 1
```

매우 기본적인 이 예제에서, 1을 무한히 반복해서 생성하기 위해 repeat 생성기를 만들었고, 그 중에 처음 10개만을 가져왔다. repeat 생성기의 송신 블록이 take 단계에서 수신되므로 repeat 생성기는 매우 효율적이다. 1의 무한 스트림을 생성할 수 있지만, take 단계로 숫자 N을 전달하면 N+1개의 인스턴스만 생성한다.

이것을 확장할 수도 있다. 이번에는 또 다른 반복 생성기이지만, 반복적으로 함수를 호출하는 생성기를 만들어보자. 바로 repeatFn이라는 생성기다.

```
repeatFn := func(
  done <-chan interface{},
  fn func() interface{},
) <-chan interface{} {
  valueStream := make(chan interface{})
  go func() {
    defer close(valueStream)
    for {
      select {
      case <-done:

          return
      case valueStream <- fn():
      }
    }
  }()
  return valueStream
}
```

이를 사용해 10개의 랜덤한 숫자를 만들어보자.

```
done := make(chan interface{})
defer close(done)

rand := func() interface{} { return rand.Int()}

for num := range take(done, repeatFn(done, rand), 10) {
  fmt.Println(num)
}
```

이 코드의 실행 결과는 다음과 같다.

```
5577006791947779410
8674665223082153551
6129484611666145821
```

```
4037200794235010051
3916589616287113937
6334824724549167320
605394647632969758
1443635317331776148
894385949183117216
2775422040480279449
```

멋지다. 필요한 만큼 랜덤한 정수가 생성되는 무한한 채널이다.

이 생성기와 단계 모두가 interface{} 채널을 수신하고 보내는 이유가 궁금할 수 있다. 특정 타입에 맞춰 이런 함수들을 직접 작성하거나 Go 생성자를 작성할 수 있었다.

빈 인터페이스는 Go에서 다소 금기시되지만 개인적으로 파이프라인의 단계에서는 파이프라인 패턴의 표준 라이브러리를 사용하기 위해 interface{}의 채널을 처리해도 좋다고 생각한다. 앞에서 설명한 것처럼, 파이프라인의 유용성은 재사용 가능한 단계에서 비롯된다. 이것은 각 단계가 그 자체에 알맞은 특수성 수준에서 작동할 때 가장 잘 이루어진다. repeat 및 repeatFn 생성기는 목록 또는 연산자를 반복해 데이터 스트림을 생성하는 것이 주된 관심사다. take 단계는 파이프라인을 제한하는 것이 주된 관심사다. 이러한 연산들은 작업 중인 타입에 대한 정보가 필요하지 않으며, 대신 매개 변수에 대한 지식만 필요하다.

특정 타입을 처리해야 할 경우, 타입 단정문^assertion를 수행하는 단계를 배치할 수 있다. 추가적인 파이프라인 단계(그리고 고루틴)와 타입 단정문을 더하는 것으로 인한 성능상의 부담은 무시할 만하다. toString 파이프라인 단계를 추가하는 간단한 예제를 살펴보자.

```
toString := func(
    done <-chan interface{},
    valueStream <-chan interface{},
) <-chan string {
    stringStream := make(chan string)
    go func() {
        defer close(stringStream)
        for v := range valueStream {
```

```
    select {
    case <-done:
      return
    case stringStream <- v.(string):
    }
  }
}()
  return stringStream
}
```

그리고 이를 사용하는 예제를 살펴보자.

```
done := make(chan interface{})
defer close(done)

var message string
for token := range toString(done, take(done, repeat(done, "I", "am."), 5)) {
  message += token
}
fmt.Printf("message: %s...", message)
```

실행 결과는 다음과 같다.

```
message: Iam.Iam.I...
```

파이프라인을 일반화하는 부분의 성능상 비용은 무시할 수 있음을 증명해보겠다. 두 가지 성능 측정 함수, 즉 일반적인 단계를 테스트하는 함수와 타입에 특화된 단계를 테스트하는 함수를 작성한다.

```
func BenchmarkGeneric(b *testing.B) {
  done := make(chan interface{})
  defer close(done)

  b.ResetTimer()
  for range toString(done, take(done, repeat(done, "a"), b.N)) {
  }
}
```

```go
func BenchmarkTyped(b *testing.B) {
  repeat := func(done <-chan interface{}, values ...string) <-chan string {
    valueStream := make(chan string)
    go func() {
      defer close(valueStream)
      for {
        for _, v := range values {
          select {
          case <-done:
            return
          case valueStream <- v:
          }
        }
      }
    }()
    return valueStream
  }

  take := func(
    done <-chan interface{},
    valueStream <-chan string,
    num int,
  ) <-chan string {
    takeStream := make(chan string)
    go func() {
      defer close(takeStream)
      for i := num; i > 0 || i == -1; {
        if i != -1 {
          i--
        }
        select {
        case <-done:
          return
        case takeStream <- <-valueStream:
        }
      }
    }()
    return takeStream
  }
  done := make(chan interface{})
```

164

```
    defer close(done)
    b.ResetTimer()

    for range take(done, repeat(done, "a"), b.N) {
    }
}
```

이 코드의 실행 결과는 다음과 같다.

```
BenchmarkGeneric-4      1000000                 2266        ns/op
BenchmarkTyped-4        1000000                 1181        ns/op
PASS
ok                      command-line-arguments  3.486s
```

특정 타입에 특화된 단계가 2배 정도 빠르지만, 크게 의미 있는 정도는 아니다. 일반적으로 파이프라인의 성능상 제한 요소는 생성기 또는 계산 집약적인 단계 중 하나이다. 만약 생성기가 repeat나 repeatFn 생성기처럼 메모리에서 스트림을 생성하지 않으면, 아마도 입출력이 성능에 가장 큰 영향을 미칠 것이다. 디스크나 네트워크에서 읽어오는 경우 여기서 보여지는 성능상의 부하가 큰 의미가 없어질 것이다.

작업 단계 중 하나에 계산량이 많이 필요하다면, 이것 역시 이러한 성능상 부하를 퇴색시킬 것이다. 이 기법을 쓰는 것이 여전히 마음에 걸린다면, 생성기 단계를 생성하기 위한 Go 생성자를 작성할 수 있다. 계산적으로 비용이 많이 드는 단계를 어떻게 줄일 수 있을까? 이것이 전체 파이프라인의 속도를 제한하지는 않을까?

이를 완화하는 방법을 알아보기 위해 팬 아웃fan-out, 팬 인fan-in 기법에 대해 알아보겠다.

팬 아웃, 팬 인

이제 파이프라인을 설치했다. 데이터는 시스템을 통해 아름답게 흘러 들어가며, 함께 연결된 단계를 거치면서 변형된다. 이는 아름다운 흐름stream 같다. 아름답고 느린 흐름. 그런데 왜 그렇게 오래 걸리는 거야?

때로는 파이프라인의 단계에서 특별하게 많은 계산을 필요할 수 있다. 이 경우, 많은 계산을 필요로 하는 단계가 완료되기를 기다리는 동안 파이프라인상의 앞쪽 단계들이 대기 상태가 될 수 있다. 또한 파이프라인 자체가 전체적으로 실행하는 데 오랜 시간이 걸릴 수도 있다. 이 문제를 어떻게 해결할 수 있을까?

파이프라인에는 흥미로운 능력이 있다. 바로 개별 단계를 조합해 데이터 스트림에서 연산할 수 있다는 점이다. 파이프라인의 단계들을 여러 번 재사용할 수도 있다. 여러 개의 고루틴을 통해 파이프라인의 상류 단계로부터 데이터를 가져오는 것을 병렬화하면서, 파이프라인상의 한 단계를 재사용한다면 흥미롭지 않겠는가? 이는 파이프라인의 성능을 향상시키는 데 도움이 될 수 있다.

사실, 이 패턴은 **팬 아웃**, **팬 인**이라는 이름이 있다.

팬 아웃은 파이프라인의 입력을 처리하기 위해 여러 개의 고루틴들을 시작하는 프로세스를 나타내는 용어이고, 팬 인은 여러 결과를 하나의 채널로 결합하는 프로세스를 설명하는 용어이다.

그렇다면 이 패턴을 활용하기에 적합한 파이프라인의 단계는 무엇일까? 다음 두 가지 사항이 모두 적용되는 경우, 해당 단계에 팬 아웃을 수행하는 것을 생각해볼 수 있다.

- 단계가 이전에 계산한 값에 의존하지 않는다.

- 단계를 실행하는 데 시간이 오래 걸린다.

순서 독립성$^{order\text{-}independence}$은 중요하다. 왜냐하면 동시에 실행되는 해당 단계의 복사본이 어떤 순서로 실행되는지, 어떤 순서로 리턴할지에 대한 보장이 없기 때문이다.

예제를 살펴보자. 다음 예제에서는 소수를 찾는 매우 비효율적인 방법을 구현했다. 147페이지의 "파이프라인"에서 작성한 많은 단계를 사용한다.

```
rand := func() interface{} { return rand.Intn(50000000) }

done := make(chan interface{})
defer close(done)
```

```
start := time.Now()

randIntStream := toInt(done, repeatFn(done, rand))
fmt.Println("Primes:")
for prime := range take(done, primeFinder(done, randIntStream), 10) {

  fmt.Printf("\t%d\n", prime)
}

fmt.Printf("Search took: %v", time.Since(start))
```

이 코드의 실행 결과는 다음과 같다.

```
Primes:
    24941317
    36122539
    6410693
    10128161
    25511527
    2107939
    14004383
    7190363
    45931967
    2393161
Search took: 23.437511647s
```

스트림을 50,000,000보다 작은 난수의 스트림을 생성하고, 이를 정수 스트림으로 변환한 다음 primeFinder 단계로 전달한다. primeFinder는 단순히 입력 스트림에 제공된 숫자를 그보다 작은 모든 숫자로 나누기 시작한다. 성공하지 못하면 그 값을 다음 단계로 전달한다. 이는 소수를 찾으려고 시도하는 끔찍한 방법이지만 오랜 시간이 걸려야 한다는 요구를 확실히 충족한다.

for 루프에서는 발견된 소수들을 range로 순회하면서 들어오는 대로 출력하며, take 단계에 의해 10개의 소수가 발견된 후에는 파이프라인을 닫는다. 그런 다음 검색이 얼마나 오래 걸렸는지를 출력한다. done 채널은 defer 구문으로 인해 닫히고 파이프라인은 해체된다. 결과에서 중복을 피하기 위해, 파이프라인에 또 다른 단계를 도입해 이미 발견된 소수를 집합에 저장해둘 수도 있지만, 간단한 구현을 위해 이 부분은 무시한다.

10개의 소수를 찾는 데 대략 23초가 걸렸다. 이는 좋지 않다. 일반적으로는 알고리즘 자체를 먼저 살펴보고, 알고리즘 참고서를 들고 각 단계에서 개선할 수 있는 부분이 있는지 확인한다. 그러나 여기서 이 단계의 목적이 느린 연산이므로, 이 느린 연산을 보다 빠르게 소화할 수 있도록 단계 중 하나 이상을 팬 아웃할 방법이 있는지 살펴보겠다.

이 예제는 비교적 간단하다. 예제에는 난수를 생성하는 단계와 소수를 걸러내는 단계만 있다. 더 큰 프로그램에서는 파이프라인이 더 많은 단계로 구성될 수 있다. 어떤 단계를 팬 아웃 해야 할지 어떻게 알 수 있을까? 앞에서 언급한 순서 독립성과 지속 시간이라는 기준을 기억하라. 난수 생성기는 순서에 독립적이지만, 실행하는 데 특별히 시간이 필요하지 않다. primeFinder 단계도 역시 순서에 상관없으며, 숫자는 소수이거나 소수가 아니다. 그리고 단순한 알고리즘으로 인해 실행하는 데 오랜 시간이 걸린다. 이것은 팬 아웃하기 좋은 후보인 것 같다.

다행히도 파이프라인에서 단계를 펼치는 절차는 매우 쉽다. 이제 해야 할 일은 그 단계의 여러 버전을 시작하는 것뿐이다. 따라서 다음과 같이 코드를 그 다음 코드로 바꿔주면 된다.

```
primeStream := primeFinder(done, randIntStream)
```

이 코드를 이렇게 수정한다.

```
numFinders := runtime.NumCPU()
finders := make([]<-chan int, numFinders)
for i := 0; i < numFinders; i++ {
  finders[i] = primeFinder(done, randIntStream)
}
```

여기서는 이 단계의 복사본을 가지고 있는 CPU만큼 실행한다. 내 컴퓨터 중 하나에서는 runtime.NumCPU()이 8을 리턴하므로 이 숫자를 계속 사용하겠다. 실제 운영 환경에서는 최적의 CPU수를 결정하기 위해 약간의 경험적인 테스트를 수행할 것이다. 그러나 여기에서는 예제를 간단하게 유지하고 CPU가 findPrimes 단계의 복사본 하나만 실행 중이라고 가정하자.

이게 전부다! 이제 8개의 고루틴이 난수 생성기에서 데이터를 끌어와서, 그 수가 소수인지 판단하려고 시도한다. 난수를 생성하는 데 시간이 많이 걸리지 않아야 findPrimes 단계의 각 고루틴이 해당 숫자가 소수인지 여부를 판단하고 바로 또 다른 가용 숫자를 사용할 수 있다.

그렇지만 여전히 문제가 있다. 8개의 고루틴을 가지고 있고 8개의 채널을 가지고 있지만, range에서 소수를 가져올 때는 하나의 채널만을 기대한다. 이 때문에 이 패턴의 팬인 부분을 사용한다.

앞에서 설명했듯이, 팬 인은 여러 개의 데이터 스트림을 하나의 스트림으로 **다중화**하거나 결합하는 것을 의미한다. 이렇게 하는 알고리즘은 비교적 간단하다.

```go
fanIn := func(
  done <-chan interface{},
  channels ...<-chan interface{},
) <-chan interface{} {   ❶
  var wg sync.WaitGroup  ❷
  multiplexedStream := make(chan interface{})

  multiplex := func(c <-chan interface{}) {  ❸
    defer wg.Done()
    for i := range c {
      select {
      case <-done:
        return
      case multiplexedStream <- i:
      }
    }
  }

  // 모든 채널들로부터 select
  wg.Add(len(channels))  ❹
```

```
  for _, c := range channels {
    go multiplex(c)
  }

  // 모든 읽기가 완료될 때까지 대기
  go func() {  ❺
    wg.Wait()
    close(multiplexedStream)
  }()

  return multiplexedStream
}
```

❶ 여기서는 고루틴들을 종료시키기 위해 표준 done 채널을 사용하며, interface{} 채널들의 가변 슬라이스를 사용한다.

❷ 이 줄에서는 sync.WaitGroup을 생성하여 모든 채널의 데이터가 소진될 때까지 기다릴 수 있다.

❸ 여기서는 채널을 전달하면 채널에서 읽은 값을 multiplexedStream 채널로 전달하는 multiplex 함수를 만든다.

❹ 이 줄은 다중화하는 채널 수에 따라 sync.WaitGroup을 증가시킨다.

❺ 여기서는 다중화하고 있는 모든 채널이 비워질 때까지 기다리는 고루틴을 만들어 multiplexedStream 채널을 닫을 수 있도록 해준다.

간단히 말해서, 팬 인은 여러 소비자가 읽어 들이는 하나의 다중화된 채널을 생성하는 것, 그리고 하나의 입력 채널마다 하나의 고루틴을 동작시키는 것, 입력 채널이 모두 닫혔을 때 다중화된 채널을 닫는 하나의 고루틴과 관련돼 있다. N개의 다른 고루틴들이 완료되기를 기다리고 있는 고루틴을 만들 예정이므로, 조정을 위해 sync.WaitGroup을 만드는 것이 합리적이다. multiplex 함수는 WaitGroup에 작업이 완료됐음을 알린다.

이 모든 것들을 하나로 합친 후, 실행 시간이 얼마나 감소하는지 살펴보자.

```
done := make(chan interface{})
defer close(done)

start := time.Now()

rand := func() interface{} { return rand.Intn(50000000) }

randIntStream := toInt(done, repeatFn(done, rand))

numFinders := runtime.NumCPU()
fmt.Printf("Spinning up %d prime finders.\n", numFinders)
finders := make([]<-chan interface{}, numFinders)
fmt.Println("Primes:")
for i := 0; i < numFinders; i++ {
  finders[i] = primeFinder(done, randIntStream)
}

for prime := range take(done, fanIn(done, finders...), 10) {
  fmt.Printf("\t%d\n", prime)
}

fmt.Printf("Search took: %v", time.Since(start))
```

결과는 다음과 같다.

```
Spinning up 8 prime finders. // 8개의 소수 탐색기 동작
Primes:
    6410693
    24941317
    10128161
```

```
36122539
25511527
2107939
14004383
7190363
2393161
45931967
```

```
Search took: 5.438491216s   // 탐색 소요시간: 5.438491216s
```

대략 23초 정도에서 5초 정도로 줄어들었으니 나쁘지 않다! 이것은 팬 아웃, 팬 인 패턴의 이점을 분명히 보여주며, 파이프라인의 유용성을 반복해서 보여준다. 우리는 프로그램의 구조를 크게 바꾸지 않고 실행 시간을 78% 가량 단축했다.

or-done 채널

때로는 시스템에서 서로 다른 부분의 채널들로 작업하게 되는 경우가 있다. 파이프라인과 달리 작업 중인 코드가 done 채널을 통해 취소될 때 채널이 어떻게 동작할지 단언할 수 없다. 즉, 고루틴이 취소됐다는 것이 읽어오는 채널 역시 취소됐음을 의미하는지는 알 수 없다. 이러한 이유 때문에 134페이지의 "고루틴 누수 방지"에서 설명했듯이, 채널에서 읽어오는 부분을 done 채널에서 select하는 select 구문으로 감싸야 한다. 이 방식은 완벽하지만, 다음과 같이 채널에서 쉽게 읽어올 수 있는 코드가 필요하다.

```
for val := range myChan {
  // val로 무언가 작업을 한다.
}
```

그리고 이 코드는 다음과 같이 확장된다.

```
loop:
for {
  select {
  case <-done:
    break loop
```

```
  case maybeVal, ok := <-myChan:
    if ok == false {
      return // 혹은 break로 for문을 벗어난다.
    }
    // val로 무언가 작업을 한다.
  }
}
```

이 코드는 순식간에 바빠질 수 있다. 특히나 중첩된 루프문을 사용하는 경우는 더욱 그러하다. 보다 명확한 동시성 코드를 작성하기 위해 고루틴을 사용하고, 성급한 최적화를 수행하지 않는다는 주제를 계속하면서, 하나의 고루틴으로 이 문제를 해결할 수 있다. 불필요하게 장황한 부분을 캡슐화한다.

```
orDone := func(done, c <-chan interface{}) <-chan interface{} {
  valStream := make(chan interface{})
  go func() {
    defer close(valStream)
    for {
      select {
      case <-done:
        return
      case v, ok := <-c:
        if ok == false {
          return
        }
        select {
        case valStream <- v:
        case <-done:
        }
      }
    }
  }()
  return valStream
}
```

이렇게 하면 다시 다음과 같은 단순한 반복문으로 돌아갈 수 있다.

```
for val := range orDone(done, myChan) {
  // val로 무언가 작업한다.
}
```

운영상의 몇몇 특정한 경우에서는 일련의 select 구문을 활용한 딱 맞는 반복문이 필요하다고 생각할 수 있다.

tee 채널

때로는 채널에서 들어오는 값을 분리해 코드베이스의 별개의 두 영역으로 보내고자 할 수도 있다. 사용자 명령 채널을 생각해보자. 채널에서 사용자 명령 스트림을 가져와서 이를 실행해줄 누군가에게 이 명령을 보내고, 또 나중에 감사를 위해 명령을 기록할 누군가에게 보낼 수 있다.

유닉스 계열 시스템의 tee 명령에서 그 이름을 따온 tee 채널이 바로 이 역할을 한다. 읽어들일 채널을 전달할 수 있으며, 동일한 값을 얻어오는 별개의 채널 두 개를 리턴한다.

```
tee := func (
  done <-chan interface{},
  in <-chan interface{},
) (_, _ <-chan interface{}) {
  out1 := make(chan interface{})
  out2 := make(chan interface{})
  go func() {
    defer close(out1)
    defer close(out2)
    for val := range orDone(done, in) {
      var out1, out2 = out1, out2    ❶
      for i := 0; i < 2; i++ {        ❷
        select {
        case <-done:
        case out1<-val:
          out1 = nil    ❸
        case out2<-val:
          out2 = nil    ❸
```

174

```
        }
      }
    }
  }()
  return out1, out2
}
```

❶ 로컬 버전의 out1과 out2를 사용하고자 하므로, 지역 변수를 선언해 이들을 가릴 것이다.

❷ 하나의 select문을 사용해 out1과 out2에 대한 쓰기가 서로를 차단하지 않도록 할 것이다. 두 채널 모두에 쓸 수 있도록 하기 위해 select문의 루프를 두 번, 아웃바운드 채널마다 한 번씩 반복한다.

❸ 한 채널에 쓴 이후에는 로컬 복사본을 nil로 설정해, 그 채널에 대한 추가적인 기록이 차단되도록 하고, 다른 채널에서는 계속 쓸 수 있도록 한다.

out1과 out2에 대한 쓰기는 강하게 결합돼 있다. out1과 out2가 모두 쓰여진 다음에 in 채널에서 다음 항목을 가져온다. 어쨌거나 일반적으로 각 채널에서 읽어가는 프로세스의 처리 속도는 tee 커맨드의 관심사가 아니기 때문에 문제가 되지는 않지만, 주목할 만한 가치가 있다.

다음은 간단한 예시다.

```
done := make(chan interface{})
defer close(done)

out1, out2 := tee(done, take(done, repeat(done, 1, 2), 4))

for val1 := range out1 {
  fmt.Printf("out1: %v, out2: %v\n", val1, <-out2)
}
```

이 패턴을 활용하면 채널을 시스템의 합류 지점으로 계속 사용할 수 있다.

bridge 채널

연속된 채널로부터 값을 사용하고 싶을 때도 있다.

```
<-chan <-chan interface{}
```

139페이지의 "or 채널"이나 165페이지의 "팬 아웃, 팬 인"에서 배웠듯이, 채널들의 슬라이스를 하나의 채널로 병합하는 것과는 약간 다르다. 연속된 채널은 서로 다른 출처에서부터 순서대로 쓴다는 점을 시사한다. 간헐적으로 발생하는 파이프라인 단계가 하나의 예일 수 있다. 128페이지의 "제한"에서 만든 패턴을 따르고, 채널에 대한 소유권을 해당 채널에 쓰는 고루틴이 가진다면, 새로운 고루틴에서 파이프라인 단계가 재시작될 때마다 새로운 채널이 생성될 것이다. 이 점은 실질적으로 연속된 채널을 가진다는 것을 의미한다. 이 시나리오는 263페이지의 "비정상 고루틴의 치료"에서 더 자세히 살펴본다.

소비자라면 코드가 그 값이 연속된 채널로부터 온다는 사실에 신경을 쓰지 않을 수도 있다. 이 경우 채널들의 채널을 처리하는 것이 어려울 수 있다. 채널들의 채널을 채널 브리징^{bridging}이라고하는 기법을 통해 단순한 채널로 변형시킬 수 있는 함수를 정의한다면, 소비자는 훨씬 더 쉽게 당면한 문제에 집중할 수 있다. 이를 위해 다음과 같은 코드를 사용할 수 있다.

```
bridge := func(
  done <-chan interface{},
  chanStream <-chan <-chan interface{},
) <-chan interface{} {
  valStream := make(chan interface{})   ❶
  go func() {
    defer close(valStream)
    for {   ❷
      var stream <-chan interface{}
      select {
      case maybeStream, ok := <-chanStream:
        if ok == false {
          return
        }
```

```
        stream = maybeStream
      case <-done:
        return
      }
      for val := range orDone(done, stream) { ❸
        select {
        case valStream <- val:
        case <-done:
        }
      }
    }
  }

  }()
  return valStream
}
```

❶ 이것은 bridge로부터의 모든 값을 리턴하는 채널이다.

❷ 이 루프는 chanStream에서 채널들을 가지고 오며, 채널을 사용할 수 있도록 내부의 루프문에 제공한다.

❸ 이 루프는 주어진 채널의 값을 읽고, 해당 값을 valStream에 반복한다. 현재 반복하고 있는 스트림이 닫히면 이 채널에서 읽기를 수행하는 루프에서 빠져나가고, 루프의 다음 반복이 이어지며, 다음으로 읽을 채널을 선택한다. 이를 통해 끊임없는 값의 스트림을 얻을 수 있다.

앞의 코드는 매우 직관적이다. 이제는 채널들의 채널을 하나의 채널 같은 외관facade으로 나타내기 위해 bridge를 사용할 수 있다. 다음은 하나의 요소가 쓰여진 연속된 10개의 채널을 생성하고, 이 채널들을 brudge 함수로 전달하는 예제이다.

```
genVals := func() <-chan <-chan interface{} {
  chanStream := make(chan (<-chan interface{}))
  go func() {
    defer close(chanStream)
    for i := 0; i < 10; i++ {
      stream := make(chan interface{}, 1)
      stream <- i
      close(stream)
```

```
        chanStream <- stream
    }
  }()
  return chanStream
}

for v := range bridge(nil, genVals()) {
  fmt.Printf("%v ", v)
}
```

이 코드의 실행 결과는 다음과 같다.

```
0 1 2 3 4 5 6 7 8 9
```

bridge 덕분에 하나의 range 구문에서 채널들의 채널을 사용할 수 있게 됐으며, 반복문의 로직에 집중할 수 있게 됐다. 채널들의 채널을 파괴하는 것은 이 문제와 관련된 코드에서 처리해야 한다.

대기열 사용

파이프라인이 아직 준비되지 않았더라도, 파이프라인에 대한 작업을 받아들이는 것이 유용할 때가 있다. 이 절차를 **대기열 사용**queuing이라고 한다.

대기열 사용이란, 어떤 단계가 일부 작업을 완료하면 이를 메모리의 임시 위치에 저장해 다른 단계에서 나중에 조회할 수 있으며, 작업을 완료한 단계는 작업 결과에 대한 참조를 저장할 필요가 없다는 의미이다. 101페이지의 "채널"에서 대기열의 일종인 **버퍼링된 채널**에 대해 이야기했지만, 그 이후로 그다지 많이 사용하지는 않았다. 여기에는 정당한 이유가 있다.

시스템에 대기열을 도입하는 것은 매우 유용하지만, 일반적으로 프로그램을 최적화할 때 사용하려는 마지막 기술 중 하나이다. 대기열을 성급하게 도입하면 데드락이나 라이브락과 같은 동기화 문제가 드러나지 않을 수 있으며, 프로그램이 정확해짐에 따라 대기열이 얼마나 필요한지 알게 될 수도 있다.

그래서 대기열을 사용하면 어떤 점이 좋을까? 시스템 성능을 조정하려고 할 때 사람들이 범하는 일반적인 실수 중 하나로, 성능 문제를 해결하려고 대기열의 도입을 고민하는 것에 대해 이야기하면서 이 질문에 대한 답을 시작해보자. 대기열 사용은 프로그램의 총 실행 속도를 거의 높여주지 않는다. 단지 프로그램이 다른 방식으로 동작하도록 허용할 뿐이다.

그 이유를 이해하기 위해 간단한 파이프라인을 살펴보자.

```
done := make(chan interface{})
defer close(done)

zeros := take(done, 3, repeat(done, 0))
short := sleep(done, 1*time.Second, zeros)
long := sleep(done, 4*time.Second, short)
pipeline := long
```

이 파이프라인은 4개의 단계를 하나로 연결한다.

1. 끊임없이 0의 스트림을 생성하는 반복repeat 단계

2. 3개의 아이템을 받으면 그 이전 단계를 취소하는 단계

3. 1초간 슬립하는 "짧은short" 단계

4. 4초간 슬립하는 "긴long" 단계

이 예제의 목적상 1단계와 2단계는 즉각적인 것으로 가정하고, 슬립 단계들이 파이프라인의 실행 시간에 어떻게 영향을 미치는지에 초점을 맞춰보자.

다음은 시간 t, 반복 횟수 i, long 및 short 단계가 다음 값으로 넘어가는 데 걸린 시간을 측정한 표이다.

시간(t)	i	Long 단계	Short 단계
0	0		1초
1	0	4초	1초

시간(t)	i	Long 단계	Short 단계
2	0	3초	(대기)
3	0	2초	(대기)
4	0	1초	(대기)
5	1	4초	1초
6	1	3초	(대기)
7	1	2초	(대기)
8	1	1초	(대기)
9	2	4초	(닫힘)
10	2	3초	
11	2	2초	
12	2	1초	
13	3	(닫힘)	

이 파이프라인을 실행하는 데 대략 13초 정도 걸린다는 것을 알 수 있다. short 단계는 완료하는 데 9초 정도 걸린다. 버퍼를 포함하도록 파이프라인을 수정하면 어떻게 될까? 동일한 파이프라인에서 long 단계와 short 단계 사이에 크기가 2인 버퍼를 도입한 후 측정해보자.

```
done := make(chan interface{})
defer close(done)

zeros := take(done, 3, repeat(done, 0))
short := sleep(done, 1*time.Second, zeros)
buffer := buffer(done, 2, short)  // short로부터 최대 2개까지 받는다.
long := sleep(done, 4*time.Second, buffer)
pipeline := long
```

실행 시간은 다음과 같다.

Time(t)	i	Long 단계	버퍼	Short 단계
0	0		0/2	1초
1	0	4초	0/2	1초

Time(t)	i	Long 단계	버퍼	Short 단계
2	0	3초	1/2	1초
3	0	2초	2/2	(닫힘)
4	0	1초	2/2	
5	1	4초	1/2	
6	1	3초	1/2	
7	1	2초	1/2	
8	1	1초	1/2	
9	2	4초	0/2	
10	2	3초	0/2	
11	2	2초	0/2	
12	2	1초	0/2	
13	3	(닫힘)		

전체 파이프라인은 여전히 13초가 걸린다! 하지만 short 단계의 실행 시간을 확인해보자. 이전에는 9초가 걸렸지만 이번에는 3초 만에 완료됐다. 이 단계의 실행 시간을 2/3로 줄였다! 그러나 전체 파이프라인에 여전히 13초의 실행 시간이 필요하다면, 이게 어떤 식으로 도움이 될까?

다음과 같은 파이프라인을 생각해보자.

```
p := processRequest(done, acceptConnection(done, httpHandler))
```

여기서 파이프라인은 취소될 때까지 종료되지 않으며, 연결을 수락하는 단계는 파이프라인이 취소될 때까지 계속해서 연결을 수락한다. 이 시나리오에서 processRequest 단계가 acceptConnection 단계를 차단하는 것으로 인해, 프로그램에 대한 연결이 시간 초과되는 것을 원하지는 않을 것이다. 또한 acceptConnection 단계가 차단되는 상황을 가능한 한 피하고 싶을 것이다. 그렇지 않으면 프로그램 사용자는 자신의 요청이 모두 거부된 것을 보게 된다.

그러니까 대기열 도입의 유용성에 대한 질문의 답은, 단계 중 하나의 실행 시간이 줄어드는 것이 아니라 그 단계가 차단 상태에 있는 시간이 줄어든다는 것이다. 이렇게 하면 해당 단계에서 작업을 계속할 수 있다. 이 예에서 사용자의 요청이 지연될 가능성은 있지만, 서비스를 완전히 거부하지는 않는다.

대기열은 이러한 식으로 단계를 분리해 한 단계의 실행 시간이 다른 단계의 실행 시간에 영향을 미치지 않도록 한다는 점에서 유용하다. 이 방식으로 단계를 분리하면 전체 시스템의 런타임 동작이 단계적으로 변경되는데, 이는 시스템에 따라 좋거나 나쁠 수 있다.

그 다음으로는 대기열을 조정하는 문제가 발생한다. 대기열을 어디에 배치해야 할까? 버퍼 크기는 얼마로 해야 할까? 이러한 질문에 대한 답은 파이프라인의 특성에 따라 다르다.

대기열의 사용이 시스템의 전반적인 성능을 향상시킬 수 있는 상황을 분석해보자. 가능한 상황은 다음과 같다.

- 특정 단계에서 일괄 처리 요청이 시간을 절약하는 경우
- 특정 단계의 지연으로 인해 시스템에 피드백 루프가 생성되는 경우

첫 번째 상황의 한 예로 입력을 전송하기로 설계돼 있는 것(예: 디스크)보다 상대적으로 빠른 곳(예: 메모리)으로 버퍼링하는 단계가 있다. 물론 이 자체가 Go의 bufio 패키지의 목적이다. 다음은 대기열에 버퍼링된 쓰기와 버퍼링되지 않은 쓰기를 간단히 비교하는 예제이다.

```go
func BenchmarkUnbufferedWrite(b *testing.B) {
  performWrite(b, tmpFileOrFatal())
}

func BenchmarkBufferedWrite(b *testing.B) {
  bufferredFile := bufio.NewWriter(tmpFileOrFatal())
  performWrite(b, bufio.NewWriter(bufferredFile))
}

func tmpFileOrFatal() *os.File {
  file, err := ioutil.TempFile("", "tmp")
  if err != nil {
    log.Fatal("error: %v", err)
```

```
  }
  return file
}

func performWrite(b *testing.B, writer io.Writer) {
  done := make(chan interface{})
  defer close(done)
  b.ResetTimer()
  for bt := range take(done, repeat(done, byte(0)), b.N) {
    writer.Write([]byte{bt.(byte)})
  }
}
go test -bench=. src/concurrency-patterns-in-go/queuing/buffering_test.go
```

그리고 다음은 이 성능 측정의 결과이다.

```
BenchmarkUnbufferedWrite-8      500000                    3969      ns/op
BenchmarkBufferedWrite-8        1000000                   1356      ns/op
PASS
ok                              command-line-arguments    3.398s
```

예상했겠지만, 버퍼링된 쓰기가 버퍼링되지 않은 쓰기보다 빠르다. 그 이유는 bufio. Writer에서는 충분한 데이터 덩어리(청크, chunk)가 버퍼에 누적될 때까지 내부적으로 대기열에 대기한 다음, 그 덩어리를 쓰기 때문이다. 이 과정을 종종 **청킹**이라고 부르는 데는 분명한 이유가 있다.

bytes.Buffer는 자신이 저장해야 하는 바이트를 수용하기 위해 할당된 메모리를 증가시켜야 하기 때문에 청킹을 사용하는 것이 더 빠르다. 여러 가지 이유로 할당된 메모리를 늘리는 데는 비용이 많이 든다. 따라서 메모리를 늘리는 횟수가 적을수록 전체 시스템이 더 효율적으로 수행된다. 따라서 대기열을 사용하면 시스템 전체의 성능이 향상된다. 이는 메모리 내에서 이루어지는 청킹의 간단한 예시일 뿐이지만, 현장에서는 청킹을 자주 경험할 수 있다. 일반적으로 하나의 연산을 수행하는 데는 오버헤드가 요구되므로, 청킹을 통해 시스템 성능을 향상시킬 수 있다. 데이터베이스 트랜잭션을 열고, 메시지 체크섬을 계산하고, 연속적인 공간을 할당하는 것이 그 예이다.

청킹뿐만 아니라 후방 참조^{lookbehind}를 지원하거나, 순서를 정렬함으로써 알고리즘을 최적화하는 경우에도 대기열의 사용은 도움이 될 수 있다.

두 번째 시나리오에서는 한 단계에서의 지연이 파이프라인 전체에 더 많은 입력을 유발시킨다. 이것은 좀 더 알아차리기 어렵지만, 파이프라인의 상류upstream 단계로부터의 데이터 공급 시스템이 체계적으로 붕괴될 수도 있기 때문에 더 중요하다.

이 아이디어는 흔히 **부정적인 피드백 루프**, 하향 나선형, 심지어 죽음의 나선형이라고도 한다. 그 이유는 파이프라인과 그 상류 단계의 시스템 사이에 순환 관계가 존재하기 때문이다. 상류 단계 또는 시스템이 새로운 요청을 제출하는 비율은 파이프라인이 얼마나 효율적인지와 관련돼 있다.

파이프라인의 효율성이 특정 임계 값 아래로 떨어지면 파이프라인 상류 단계의 시스템이 파이프라인으로의 입력을 늘리기 시작하고, 이에 따라 파이프라인의 효율이 저하되면서 죽음의 나선이 시작된다. 실패에 대한 일종의 안전장치^{fail-safe}가 없으면 파이프라인을 이용하는 시스템이 결코 회복되지 않는다.

파이프라인의 입구에 대기열을 도입하면, 요청에 대한 지연 시간을 비용으로 피드백 루프를 멈출 수 있다. 파이프라인에 대한 호출자의 관점에서 요청은 처리 중인 것처럼 보이지만 시간이 매우 오래 걸린다. 호출자가 시간을 초과하지 않는 이상 파이프라인은 안정적으로 유지된다. 호출자가 시간을 초과하면, 대기열에서 꺼내올 때 준비가 됐는지 확인할 수 있도록 지원하는지 확실하게 할 필요가 있다. 그렇게 하지 않으면 무심코 죽은 요청을 처리하다가 피드백 루프를 생성해 파이프라인의 효율성을 떨어뜨릴 수 있다.

죽음의 나선을 본 적이 있는가?

새롭게 온라인에 등장한 인기 있는 시스템(새로운 게임 서버, 제품 출시용 웹 사이트 등)에 처음 접속하려고 했을 때, 개발자가 최선을 다했음에도 불구하고 사이트가 계속 오락가락 한다면, 축하한다! 당신은 부정적인 피드백 루프의 목격자다.

누군가 개발팀에게 대기열이 필요하다는 사실을 알아차릴 때까지, 개발팀은 언제나 다른 작업을 시도하다가 결국은 급하게 대기열을 구현한다.

그러면 고객들이 대기열의 대기 시간에 대해 불평하기 시작한다!

이 책의 예제들에서 패턴이 드러난다는 점을 눈치챘을 수도 있다. 대기열은 다음 중 하나에서 구현돼야 한다.

- 파이프라인의 입구

- 일괄 작업으로 효율이 높아지는 단계

계산적으로 비싼 단계 이후나, 또 다른 곳에 대기열을 추가하고 싶은 유혹을 느낄 수도 있지만, 유혹을 이겨내도록 하자. 앞서 배웠듯이 대기열의 사용은 겨우 몇몇 상황에서만 파이프라인의 실행 시간을 단축시킨다. 이를 피하기 위한 시도로 여기저기에 대기열을 첨가하는 것은 비참한 결과를 초래할 수 있다.

이것은 처음에는 직관적이지 않다. 그 이유를 이해하려면 파이프라인의 처리량을 논의해야 한다. 하지만 걱정할 필요는 없다. 그렇게 어려운 문제는 아니며, 대기열의 크기를 결정하는 방법에 대한 질문에 대답하는 데도 도움이 될 것이다.

대기열 사용 이론에서는 충분한 샘플링을 통해 파이프라인의 처리량을 예측하는 법칙이 있다. 이를 **리틀의 법칙**^{Little's Law}이라고 부른다. 리틀의 법칙을 이해하고 사용하려면 몇 가지 사항만 알면 된다.

먼저 리틀의 법칙을 대수적으로 정의해보자. 이 법칙은 일반적으로 $L=\lambda W$ 같이 표현된다.

- L = 시스템에서 구성 단위의 평균적인 수

- λ = 구성 단위의 평균 도착률

- W = 구성 단위가 시스템에서 보내는 평균 시간

이 방정식은 소위 안정적인 시스템에만 적용된다. 파이프라인에서 안정적인 시스템이란, 작업이 파이프라인에 들어오는, 즉 진입 속도가 시스템에서 나가는, 즉 탈출 속도와 같다. 진입 속도이 탈출 속도를 초과하면 시스템이 불안정해지고 죽음의 나선 상태로 들어선다. 진입 속도가 탈출 속도보다 작은 경우에도 여전히 불안정한 시스템이지만, 자원을 완전하게 활용하지 못하는 상황이 발생할 뿐이다. 가장 최악의 상황은 아니지만, 클러스터나 데이터 센터와 같은 거대한 규모에서 이러한 과소 사용이 발견되면 이 문제에 관심을 가질 수 있다.

그러면 우리 파이프라인을 안정적이라고 가정하자. 구성 단위가 시스템에서 n의 배수인 W만큼의 시간을 보낼 때 W를 줄이고 싶다면, 주어진 선택 사항은 시스템에서 구성 단위의 평균 수(L)를 줄이는 방법(L/n = λ * W/n)뿐이다. 그리고 탈출 속도를 높이면 시스템상 구성 단위의 평균 수를 줄일 수 있다. 또한 각 단계에 대기열을 추가하면 L이 증가하는데, 이는 곧 구성 단위의 도착률 증가(nL = nλ * W) 또는 구성 단위가 시스템에서 소비하는 평균 시간의 증가(nL = λ * nW)로 이어진다. 리틀의 법칙을 통해 대기열의 사용이 시스템에서 소비되는 시간을 줄이는 데 도움이 되지 않음을 입증했다. 또한 파이프라인을 하나의 큰 덩어리로 관찰하고 있기 때문에, W를 n배만큼 줄이는 것이 파이프라인 상의 모든 단계에 걸쳐 분산된다. 이 경우 리틀의 법칙은 실제로 다음과 같이 정의돼야 한다.

$$L = \lambda \Sigma_i W_i$$

즉, 전체 파이프라인의 속도는 가장 느린 단계에 의해 결정된다. 이것저것 가리지 말고 최적화하라!

리틀의 법칙은 깔끔하다! 이 간단한 방정식을 통해 파이프라인을 분석하는 방법을 모두 얻을 수 있다. 흥미로운 예시를 위해 이 방정식을 사용해보자. 분석을 진행하는 동안 파이프라인에는 3단계가 있다고 가정한다.

파이프라인이 초당 처리할 수 있는 요청의 수를 결정해보자. 파이프라인에서 표본을 추출sampling할 수 있으며, 하나의 요청(r)이 파이프라인을 통과하는 데는 약 1초(s)가 걸린다고 가정한다. 이 숫자들을 서로 연결해보자!

```
3r = λr/s * 1s
3r/s = λr/s
λr/s = 3r/s
```

이 파이프라인의 각 단계가 요청을 처리하기 때문에 L을 3으로 설정한다. 그런 다음 W를 1초로 설정하고, 약간의 대수학을 수행하면 보일 것이다! 이 파이프라인은 초당 3개의 요청을 처리할 수 있다.

원하는 수만큼의 요청을 처리하기 위해 대기열이 얼마나 커야 할지 정하는 것은 어떨까? 리틀의 법칙이 이 질문에 답하는 데도 도움이 될까?

표본 추출 결과, 하나의 요청을 처리하는 데 1ms가 걸린다는 것이 드러났다고 가정해 보자. 초당 100,000건의 요청을 처리하려면 대기열이 얼마나 커야 할까? 다시 한번 숫자들을 연결해보자.

```
Lr-3r = 100,000r/s * 0.0001s
Lr-3r = 10r
Lr = 7r
```

마찬가지로 파이프라인은 3개의 단계로 이루어져 있으므로, L을 3만큼 줄일 수 있다. λ를 100,000r/s로 설정하면, 그 정도 양의 요청을 처리하려면 대기열의 용량이 7이어야 한다는 사실을 알 수 있다. 대기열 크기를 늘리면 시스템을 통해 작업하는 데 시간이 오래 걸린다! 실질적으로 시스템의 활용성과 지연을 맞바꾸는 것이다.

리틀의 법칙이 통찰력을 제공할 수 없는 분야는 실패에 대한 처리 분야다. 어떤 이유로든 파이프라인에 패닉이 발생하면 대기열에 있는 모든 요청을 잃게 된다는 사실을 염두에 두어야 한다.

이는 요청을 다시 생성하는 것이 어렵거나 혹은 이루어지지 않을 경우를 방지하기 위한 것일 수 있다. 이러한 상황을 줄이기 위해 대기열 크기를 0으로 유지하거나, 필요에 따라 나중에 읽을 수 있도록 어딘가에 보존되는 대기열인 영구 대기열로 옮길 수 있다.

대기열 사용은 시스템에서 유용할 수 있지만, 그 복잡성 때문에 개인적인 생각으로는 보통 마지막에 구현할 것을 권한다.

context 패키지

지금까지 살펴봤듯이, 동시성 프로그램에서 시간 초과, 취소 또는 시스템의 다른 부분의 에러로 인해 작업을 선점해야 하는 경우가 있다. 이전에 done 채널을 만드는 관용적인 구문을 살펴봤다. done 채널은 프로그램을 관통해 흐르면서 동시에 수행되는 연산들을 차단하는 모든 것을 취소한다. 이것은 잘 작동하지만 어떤 면에서는 제한적이다.

취소됐다는 단순한 알림 대신, 취소 이유가 무엇인지, 또는 함수에 완료돼야만 하는 마감 시한이 있는지 등의 추가적인 정보를 전달할 수 있다면 도움이 될 것이다.

시스템의 크기에 상관없이 일반적으로 이들 정보로 done 채널을 감쌀 필요가 있다는 점이 밝혀졌고, Go 언어의 작성자들은 이를 위한 표준 패턴을 만들기로 결정했다. context 패키지는 표준 라이브러리 밖의 실험에서 비롯됐지만, Go 1.7에서는 표준 라이브러리로 옮겨져, 동시에 실행되는 코드로 작업할 때 고려해야 할 표준 Go 구문이 됐다.

context 패키지를 들여다보면 패키지가 매우 간단하다는 것을 알 수 있다.

```
var Canceled = errors.New("context canceled")
var DeadlineExceeded error = deadlineExceededError{}

type CancelFunc
type Context

func Background() Context
func TODO() Context
func WithCancel(parent Context) (ctx Context, cancel CancelFunc)
func WithDeadline(parent Context, deadline time.Time) (Context, CancelFunc)
func WithTimeout(parent Context, timeout time.Duration) (Context, CancelFunc)
func WithValue(parent Context, key, val interface{}) Context
```

이 타입과 함수들은 뒤에서 다시 살펴볼 것이다. 하지만 지금은 Context 타입에 초점을 맞추자. 이것은 done 채널처럼 시스템 전체를 흐르는 타입이다. context 패키지를 사용하는 경우, 최상위 단계 동시성 호출에서부터 다음 단계로 흘러내려가는 각 함수는 첫 번째 인수로 Context를 받는다. 이 타입은 다음과 같은 모양이다.

```
type Context interface {

    // Deadline은 이 컨텍스트가 취소되는 대신 수행된 작업이 완료됐을 때
    // 그 시간을 리턴한다. Deadline은 deadline이 설정되지 않은 경우
    // ok==false을 리턴한다. Deadline에 대한 연속적인 호출은 동일한 결과를
    // 리턴한다.
```

```
Deadline() (deadline time.Time, ok bool)

// Done은 이 컨텍스트가 취소되는 대신 수행된 작업이 완료됐을 때
// 닫힌 채널을 리턴한다. Done은 이 컨텍스트가 절대로 취소되지 않을 수 있다면
// nil을 리턴할 수도 있다. Done에 대한 반복적인 호출은
// 동일한 값을 리턴한다.
Done() <-chan struct{}

// Err은 Done이 닫힌 후에 nil이 아닌 에러 값을 리턴한다.
// Err은 컨텍스트가 취소되면 Canceled를 리턴하고 그렇지 않고
// 시간 제한을 초과하면 DeadlineExceeded를 리턴한다. Err을 위한
// 다른 값들은 정의돼 있지 않다. Done이 닫힌 이후에 Err에 대한
// 반복적인 호출은 동일한 값을 리턴한다.
Err() error

// Vlaue는 주어진 key에 대해 이 컨텍스트와 연관된 값을 리턴한다.
// key에 연관된 값이 존재하지 않으면 nil을 리턴한다.
// 동일한 키에 대한 반복적인 Value 호출은 동일한 결과를 리턴한다.
Value(key interface{}) interface{}
}
```

이것 역시 굉장히 간단해 보인다. 함수가 선점당했을 때 닫힌 채널을 리턴하는 Done 메서드도 있다. 또한 새롭지만 이해하기 쉬운 메서드도 있다. 바로 얼마만큼의 시간이 지난 후에 고루틴이 취소될지를 나타내는 Deadline 함수와, 고루틴이 취소된 경우 nil이 아닌 값을 반환하는 Err 메서드다. 그러나 Value 메서드는 다소 어색해 보인다. 이 메서드의 용도는 무엇일까?

Go 언어의 작성자들은 고루틴의 주된 용도 중 하나가 요청을 처리하는 프로그램이라는 것에 주목했다. 일반적으로 이러한 프로그램들에서는 선점에 대한 정보 이외에 요청에 특화된 정보도 함께 전달해야 한다. 이것이 Value 함수의 목적이다. 이 부분에 대해서는 조금 더 이야기하겠지만, 여기서는 context 패키지가 두 가지 주요 목적으로 사용된다는 것을 알아야 한다.

- 호출 그래프상의 분기를 취소하기 위한 API 제공

- 호출 그래프를 따라 요청 범위^{request-scope} 데이터를 전송하기 위한 데이터 저장소

data-bag의 제공

첫 번째 목적인 취소에 초점을 맞춰보자.

134페이지의 "고루틴 누수 방지"에서 배웠던 것처럼 함수에서의 취소는 세 가지 측면이 있다.

- 고루틴의 부모가 해당 고루틴을 취소하고자 할 수 있다.

- 고루틴이 자신의 자식을 취소하고자 할 수 있다.

- 고루틴 내의 모든 대기 중인 작업은 취소될 수 있도록 선점 가능할 필요가 있다.

context 패키지를 사용하면 이 세 가지를 모두 관리할 수 있다.

앞서 언급했듯이, Context 타입이 함수의 첫 번째 인수가 된다. Context 인터페이스의 메서드를 살펴보면, 하부의 구조체 상태를 변경할 수 있는 것이 없다는 것을 알 수 있다. 게다가 Context를 받아들이는 함수에 그것을 취소할 수 있도록 해주는 것은 없다. 이 때문에 컨텍스트를 취소하는 자식으로부터 호출 스택 위쪽의 함수가 보호된다. done 채널을 제공하는 Done 메서드와 이것을 함께 사용하면, 부모들로부터의 취소를 Context 타입에서 안전하게 관리할 수 있다.

여기서 한 가지 궁금증이 생길 수 있다. Context가 불변^{immutable}이라면, 어떻게 호출 스택에서 현재 함수 아래에 있는 함수들의 취소 동작에 영향을 미칠까?

여기서 context 패키지의 함수들이 중요해진다. 기억을 되살리기 위해 그 함수들 중 몇 가지를 다시 한번 살펴보자.

```
func WithCancel(parent Context) (ctx Context, cancel CancelFunc)
func WithDeadline(parent Context, deadline time.Time) (Context, CancelFunc)
func WithTimeout(parent Context, timeout time.Duration) (Context, CancelFunc)
```

이 함수들은 모두 Context를 인자로 받고 Context를 리턴한다는 점에 유의하자. 이들 중 일부는 데드라인 및 시간 초과와 같은 다른 인수도 받는다. 이 함수들은 모두 각 함수와 관련된 옵션들로 Context의 새 인스턴스를 생성한다.

WithCancel은 리턴된 cancel 함수가 호출될 때 done 채널을 닫는 새 Context를 리턴한다. WithDeadline은, 기기의 시계가 주어진 deadline을 넘었을 때 done 채널을 닫는 새로운 Context를 리턴한다. WithTimeout은 주어진 timeout 지속 시간 후, done 채널을 닫는 새로운 Context를 리턴한다.

함수가 호출 그래프에서 아래쪽에 있는 함수들을 모종의 방법으로 취소해야 하는 경우, 함수는 이러한 함수들 중 하나를 호출해 주어진 Context를 전달하고, 리턴된 Context를 자식들에게 전달한다. 함수가 취소 동작을 수정하지 않아도 되는 경우, 함수는 단순히 주어진 Context를 전달만 한다.

이런 방식으로 호출 그래프의 연속적인 레이어는 부모에게 영향을 주지 않으면서 자신의 요구사항에 부합하는 Context를 생성할 수 있다. 이것은 호출 그래프의 분기를 관리하는 방법에 대한 구성 가능하고 우아한 해결책을 제공한다.

이러한 의미에서, Context의 인스턴스는 프로그램의 호출을 통해 전달된다. 객체 지향 패러다임에서는 자주 사용되는 데이터에 대한 참조를 멤버 변수로 저장하는 것이 일반적이지만, context.Context의 인스턴스에서는 이렇게 하지 않는 것이 중요하다. context.Context의 인스턴스는 겉에서 보기에는 똑같아 보일 수 있지만, 내부적으로는 모든 스택 프레임에서 변경될 수 있다. 이러한 이유로 Context의 인스턴스를 항상 함수들로 전달하는 것이 중요하다. 이런 식으로 함수들은 스택에 N 레벨만큼 쌓아올린 스택 프레임을 위한 컨텍스트가 아닌, 자신들을 위한 컨텍스트를 가지게 된다.

비동기 호출 그래프의 맨 위에서는 코드가 컨텍스트를 전달받지 못했을 것이다. 체인을 시작하기 위해 context 패키지는 Context의 빈 인스턴스를 만드는 함수를 두 가지 제공한다.

```
func Background() Context
func TODO() Context
```

Background는 단순히 빈 Context를 리턴한다. TODO는 운영 환경에서 사용하기 위한 것은 아니지만 마찬가지로 빈 Context를 리턴한다. TODO의 의도된 목적은 활용할 Context를 알지 못하거나, Context를 제공받기를 기대하지만 상류 코드가 아직 코드를 제공하지 않았을 때 이러한 자리를 표시하는 역할placeholder을 하는 것이다.

그럼 이 모든 것을 사용해보자. done 채널 패턴을 사용하는 예를 살펴보고, context 패키지를 사용하도록 전환했을 때 얻을 수 있는 이점을 살펴보겠다.

다음은 동시에 안부 인사greeting와 작별 인사farewell를 출력하는 코드다.

```
func main() {
  var wg sync.WaitGroup
  done := make(chan interface{})
  defer close(done)

  wg.Add(1)
  go func() {
    defer wg.Done()
    if err := printGreeting(done); err != nil {
      fmt.Printf("%v", err)
      return
    }
  }()

  wg.Add(1)
  go func() {
    defer wg.Done()
    if err := printFarewell(done); err != nil {
      fmt.Printf("%v", err)
      return
    }
  }()

  wg.Wait()
}

func printGreeting(done <-chan interface{}) error {
  greeting, err := genGreeting(done)
  if err != nil {
    return err
  }
```

```go
    fmt.Printf("%s world!\n", greeting)
|
    return nil
}

func printFarewell(done <-chan interface{}) error {
    farewell, err := genFarewell(done)
    if err != nil {
        return err
    }
    fmt.Printf("%s world!\n", farewell)
    return nil
}

func genGreeting(done <-chan interface{}) (string, error) {
    switch locale, err := locale(done); {
    case err != nil:
        return "", err
    case locale == "EN/US":
        return "hello", nil
    }
    return "", fmt.Errorf("unsupported locale")
}

func genFarewell(done <-chan interface{}) (string, error) {
    switch locale, err := locale(done); {
    case err != nil:
        return "", err
    case locale == "EN/US":
        return "goodbye", nil
    }
    return "", fmt.Errorf("unsupported locale")
}
func locale(done <-chan interface{}) (string, error) {
    select {
    case <-done:
        return "", fmt.Errorf("canceled")
    case <-time.After(1*time.Minute):
    }
    return "EN/US", nil
```

```
}
```

이 코드를 실행한 결과는 다음과 같다.

```
goodbye world!
hello world!
```

레이스 컨디션은 무시하고(안부 인사를 하기 전에 작별 인사를 받을 수도 있다!), 이 프로그램에 동시에 실행되는 두 개의 분기가 있다는 사실을 알 수 있다. done 채널을 만들고 이를 호출 그래프를 통해 전달함으로써 표준 선점 방법을 설정했다. main의 어느 지점에서든 done 채널을 닫으면 두 채널이 취소된다. main에 고루틴을 도입함으로써, 이 프로그램을 몇 가지 흥미롭고 색다른 방식으로 제어할 수 있는 가능성을 열었다. genGreeting이 너무 오래 걸리는 경우 시간 초과되기를 원할 수도 있다. 부모가 곧 취소될 것이라는 것을 알고 있다면, 아마도 genFarewell이 locale을 호출하지 않기를 바랄 수도 있다. 각 스택 프레임에서 함수는 그 아래에 있는 호출 스택 전체에 영향을 줄 수 있다.

done 채널 패턴을 사용하는 경우, 전달받은 done 채널을 다른 done 채널로 감싼 다음, 그 중 하나가 실행되면 리턴하는 식으로 동일하게 이를 구현할 수 있다. 하지만 이 경우에는 Context에서 제공하는 마감 시한이나 에러에 대한 추가 정보는 얻을 수 없다.

done 채널 패턴을 사용하는 것과 context 패키지를 사용하는 것을 보다 쉽게 비교해 보기 위해 이 프로그램을 트리로 나타내보자. 트리의 각 노드는 함수의 호출을 나타낸다.

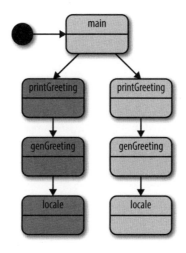

이 프로그램을 done 채널 대신 context 패키지를 사용하도록 수정해보자.

이제 context.Context의 유연성을 가지고 있기 때문에 재미있는 시나리오를 도입할 수 있다.

genGreeting이 locale에 대한 호출을 포기하기 전에 1초만 기다리고 싶다고 가정해 보자. 즉, 1초의 타임 아웃이다. 또한 main에 스마트한 로직을 구축하려고 한다. 만약 printGreeting이 성공적이지 못하다면, printFarewell에 대한 호출도 취소하려는 것이다. 어쨌거나 안부 인사를 건내지도 않았는데 작별 인사를 하는 것은 말이 안 된다!

context 패키지를 사용해 이를 구현하는 것은 간단하다.

```go
func main() {
  var wg sync.WaitGroup
  ctx, cancel := context.WithCancel(context.Background())  ❶
  defer cancel()

  wg.Add(1)
  go func() {
    defer wg.Done()

    if err := printGreeting(ctx); err != nil {
      fmt.Printf("cannot print greeting: %v\n", err)
```

```
      cancel() ❷
    }
  }()

  wg.Add(1)
  go func() {
    defer wg.Done()
    if err := printFarewell(ctx); err != nil {
      fmt.Printf("cannot print farewell: %v\n", err)
    }
  }()
  wg.Wait()
}

func printGreeting(ctx context.Context) error {
  greeting, err := genGreeting(ctx)
  if err != nil {
    return err
  }
  fmt.Printf("%s world!\n", greeting)
  return nil
}

func printFarewell(ctx context.Context) error {
  farewell, err := genFarewell(ctx)
  if err != nil {
    return err
  }
  fmt.Printf("%s world!\n", farewell)
  return nil
}

func genGreeting(ctx context.Context) (string, error) {
  ctx, cancel := context.WithTimeout(ctx, 1*time.Second)  ❸
  defer cancel()

  switch locale, err := locale(ctx); {
  case err != nil:
    return "", err
```

```
  case locale == "EN/US":
    return "hello", nil
  }
  return "", fmt.Errorf("unsupported locale")
}
 func genFarewell(ctx context.Context) (string, error) {
  switch locale, err := locale(ctx); {
  case err != nil:
    return "", err
  case locale == "EN/US":
    return "goodbye", nil
  }
  return "", fmt.Errorf("unsupported locale")
}

func locale(ctx context.Context) (string, error) {
  select {
  case <-ctx.Done():
    return "", ctx.Err()  ❹
  case <-time.After(1 * time.Minute):
  }
  return "EN/US", nil
}
```

❶ 여기서 main은 context.Background()로 새로운 Context를 만들고 취소를 허용하기 위해 이를 context.WithCancel로 감싼다.

❷ printGreeting에서 리턴된 에러가 있는 경우에 main은 이 줄에서 Context를 취소한다.

❸ 여기서 genGreeting은 자신의 Context를 context.WithTimeout으로 감싼다. 이렇게 하면 리턴된 Context가 1초 후에 자동적으로 취소될 것이고, 이에 따라 이 함수가 Context를 전달한 모든 함수, 다시 말해 locale 함수 역시 취소된다.

❹ 여기서는 Context가 취소된 이유를 리턴한다. 이 에러는 위쪽으로 전달되어 ❷의 취소를 발생시킨 main까지 올라갈 것이다.

다음은 이 코드의 실행 결과이다.

```
cannot print greeting: context deadline exceeded  // 컨텍스트 제한 시간 초과
cannot print farewell: context canceled  // 컨텍스트 취소
```

무슨 일이 일어난 것인지 보기 위해 호출 그래프를 그려보자. 여기의 숫자는 앞의 예제에서 코드를 설명 줄에 해당한다.

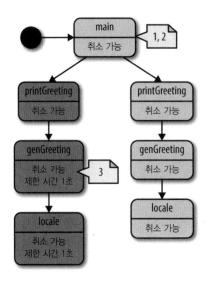

출력을 통해 시스템이 완벽하게 작동한다는 것을 알 수 있다. locale이 실행하는 데 최소 1분이 걸리기 때문에, genGreeting의 호출은 항상 제한 시간이 초과될 것이고, 이것은 main이 항상 printFarewell 아래의 호출 그래프를 취소한다는 것을 의미한다.

genGreeting이 부모의 Context에 아무런 영향을 미치지 않고 자신만의 필요에 맞는 context.Contex를 구축할 수 있었던 방법에 주목하자. 만약 genGreeting이 성공적으로 리턴됐고, printGreeting이 한 번 더 genGreeting을 호출해야 했다면, genGreeting이 어떻게 동작했는지에 대한 정보를 유출하지 않고도 그렇게 할 수 있었을 것이다. 이러한 구성 가능성으로 인해 호출 그래프상에서 관심사가 뒤섞이지 않으면서도 커다란 시스템을 작성할 수 있다.

이 프로그램을 더 개선할 수도 있다. locale이 실행되는 데 약 1분이 걸린다는 점을 알고 있으므로 locale 내부에서 마감 시한이 주어졌는지를 확인할 수 있고, 마감 시한에

걸릴지도 확인할 수 있다. 이 예제에서는 context.Context의 Deadline 메서드를 사용해서 그 작업을 수행하는 것을 보여준다.

```go
func main() {
  var wg sync.WaitGroup
  ctx, cancel := context.WithCancel(context.Background())
  defer cancel()

  wg.Add(1)
  go func() {
    defer wg.Done()

    if err := printGreeting(ctx); err != nil {
      fmt.Printf("cannot print greeting: %v\n", err)
      cancel()
    }
  }()

  wg.Add(1)
  go func() {
    defer wg.Done()
    if err := printFarewell(ctx); err != nil {
      fmt.Printf("cannot print farewell: %v\n", err)
    }
  }()

  wg.Wait()
}

func printGreeting(ctx context.Context) error {
  greeting, err := genGreeting(ctx)
  if err != nil {
    return err
  }
  fmt.Printf("%s world!\n", greeting)
  return nil
}

func printFarewell(ctx context.Context) error {
  farewell, err := genFarewell(ctx)
```

```
    if err != nil {
      return err
    }
    fmt.Printf("%s world!\n", farewell)
    return nil
}

func genGreeting(ctx context.Context) (string, error) {
    ctx, cancel := context.WithTimeout(ctx, 1*time.Second)
    defer cancel()
    switch locale, err := locale(ctx); {
    case err != nil:
      return "", err
    case locale == "EN/US":
      return "hello", nil
    }
    return "", fmt.Errorf("unsupported locale")
}

func genFarewell(ctx context.Context) (string, error) {
    switch locale, err := locale(ctx); {
    case err != nil:
      return "", err
    case locale == "EN/US":
      return "goodbye", nil
    }
    return "", fmt.Errorf("unsupported locale")
}

func locale(ctx context.Context) (string, error) {
    if deadline, ok := ctx.Deadline(); ok {  ❶
      if deadline.Sub(time.Now().Add(1*time.Minute)) <= 0 {
        return "", context.DeadlineExceeded
      }
    }

    select {
```

```
  case <-ctx.Done():
    return "", ctx.Err()
  case <-time.After(1 * time.Minute):
  }
  return "EN/US", nil
}
```

❶ 여기서는 Context에 마감 시한이 주어졌는지 확인한다. 마감 시한이 주어졌고, 시스템 클록이 마감 시한을 넘겼다면 context 패키지에 정의된 특별한 에러인 DeadlineExceeded를 리턴한다.

프로그램에서 이 반복의 차이는 작지만, locale 함수가 빠르게 실패할 수 있다. 기능상의 다음 부분을 호출하는 데 높은 비용을 초래할 수 있는 프로그램에서는 이러한 빠른 실패를 통해 상당한 시간을 절약할 수 있지만, 그렇지 않은 경우라고 해도 최소한 실제 시간 초과를 기다리지 않고 즉시 실패할 수 있다. 유일한 문제는 하위의 호출 그래프가 얼마나 오래 걸리는지 알고 있어야 한다는 점인데, 이는 매우 어려울 수도 있다.

이로 인해 context 패키지가 제공하는 나머지 절반, 즉, 요청 범위 데이터를 저장하고 조회할 수 있는 Context용 데이터 저장소를 사용하게 된다. 함수가 고루틴과 Context를 생성할 때, 많은 경우에 요청을 처리할 프로세스를 시작하며, 스택의 아래쪽에 있는 함수는 요청에 대한 정보를 필요로 한다는 것을 잊지 말자. 다음은 Context에 데이터를 저장하고 조회하는 예제이다.

```
func main() {
  ProcessRequest("jane", "abc123")
}

func ProcessRequest(userID, authToken string) {
  ctx := context.WithValue(context.Background(), "userID", userID)
  ctx = context.WithValue(ctx, "authToken", authToken)
  HandleResponse(ctx)
}
```

```go
func HandleResponse(ctx context.Context) {
  fmt.Printf(
    "handling response for %v (%v)",
    ctx.Value("userID"),
    ctx.Value("authToken"),  )
}
```

실행 결과는 다음과 같다.

```
handling response for jane (abc123) // jane을 위한 응답을 처리 (abc123)
```

매우 간단하다. 이를 위한 유일한 자격 조건은 다음과 같다.

- 사용하는 키는 Go의 **비교 가능성** 개념을 충족시켜야 한다. 즉, 항등 연산자 == 및 !=을 사용하면 올바른 결과를 리턴해야 한다.

- 리턴된 값은 여러 고루틴에서 접근할 때 안전해야 한다.

Context의 키와 값이 interface{}로 정의돼 있기 때문에, 값을 검색할 때 Go의 타입 안전성을 잃어버리게 된다. 키는 다른 타입이거나 우리가 제공한 키와 약간 다를 수 있다. 값도 기대하는 타입과는 다를 수 있다. 이러한 이유로 Go 언어 작성자는 Context에서 값을 저장하고 조회할 때 몇 가지 규칙을 따를 것을 권고한다.

첫 번째로 패키지에 맞춤형 키 타입을 정의할 것을 추천한다. 다른 패키지도 똑같이 맞춤형 키 타입을 정의하기만 하면 Context 내에서의 충돌을 방지할 수 있다. 그 이유를 알려주기 위해 맵에 타입은 다르지만 같은 값을 가지는 키를 저장하려고 시도하는 짧은 프로그램을 살펴보겠다.

```go
type foo int
type bar int

m := make(map[interface{}]int)
m[foo(1)] = 1
m[bar(1)] = 2
```

```
fmt.Printf("%v", m)
```

실행 결과는 다음과 같다.

```
map[1:1 1:2]
```

근본적인 값은 동일하지만 타입이 다른 정보는 맵 내에서 서로 구분된다. 패키지의 키를 위해 정의한 타입은 외부로 내보내지 않으므로 다른 패키지 내에서 생성한 키와 충돌할 수 없다.

데이터를 저장하는 데 사용하는 키를 내보내지 않을 것이기 때문에, 데이터를 검색하는 함수를 내보내야 한다. 이 방식은 이 데이터의 소비자가 정적인, 타입-안전type-safe 함수를 사용할 수 있도록 하기 때문에 멋지게 동작한다.

이 모든 것을 하나로 합치면 다음과 같은 예제를 얻을 수 있다.

```go
func main() {
  ProcessRequest("jane", "abc123")
}

type ctxKey int

const (
  ctxUserID ctxKey = iota
  ctxAuthToken
)

func UserID(c context.Context) string {
  return c.Value(ctxUserID).(string)
}

func AuthToken(c context.Context) string {
  return c.Value(ctxAuthToken).(string)
}

func ProcessRequest(userID, authToken string) {
  ctx := context.WithValue(context.Background(), ctxUserID, userID)
```

```
  ctx = context.WithValue(ctx, ctxAuthToken, authToken)
  HandleResponse(ctx)
}

func HandleResponse(ctx context.Context) {
  fmt.Printf(
    "handling response for %v (auth: %v)",
    UserID(ctx),
    AuthToken(ctx),
  )
}
```

이 코드의 실행 결과는 다음과 같다.

```
// jane을 위한 응답을 처리 (인증: abc123)
handling response for jane (auth: abc123)
```

이제 타입-안전 방식으로 Context에서 값을 조회할 수 있는 방법을 확보했다. 만약 소비자가 다른 패키지에 있다면 정보를 저장하는 데 어떤 키를 사용했는지 알지도 못하고 관심도 없을 것이다. 그러나 이 기법에는 문제가 있다.

앞의 예제에서 HandleResponse가 response라는 다른 패키지에 있다고 가정해보겠다. 그리고 process 패키지 내에 ProcessRequest 패키지가 있다고 가정해보자. process 패키지는 HandleResponse를 호출하기 위해 response 패키지를 가져와야^{import} 하지만, HandleResponse는 process 패키지에 정의된 접근자 함수에 접근할 수 없다. process를 임포트할 때 순환 의존성을 발생하기 때문이다. Context에 키를 저장하는 데 사용되는 타입은 process 패키지에 대해 비공개^{private}이기 때문에 response 패키지에는 이 데이터를 조회할 수 있는 방법이 없다!

이로 인해 여러 위치에서 가져온 데이터 타입을 중심으로 패키지를 생성하는 아키텍처를 강제할 수밖에 없다. 이 방식이 확실하게 나쁘다고 할 순 없지만, 알아둬야 할 것이 있다. context 패키지는 꽤 깔끔하지만, 언제나 칭찬을 받지는 못했다. Go 커뮤니티 내에서 context 패키지는 다소 논란의 여지가 있다. 이 패키지의 취소 측면은 꽤 잘 받아들여졌지만, Context에 임의의 데이터를 저장할 수 있는 기능과 타입에 안전하지 않은 type-unsafe 방식의 데이터 저장으로 인해 논란이 발생했다. 접근자 함수로 타입 안전성을 부분적으로 완화했지만, 잘못된 타입을 저장해 버그를 품고 있을 수 있다.

그러나 더 큰 문제는 개발자가 Context의 인스턴스에 저장해야만 하는 특성이다.

Context 인스턴스에 어떤 식으로 데이터를 저장하는 것지 적절한지에 대한 가장 보편적인 지침은 context 패키지에 포함된 주석이 전부인데, 이마저도 내용이 다소 모호하다.

API나 프로세스 경계를 통과하는 요청 범위request-scoped의 데이터에 대해서만 컨텍스트 값을 사용하고, 함수에 선택적 매개 변수를 전달하는 용도로는 사용하지 않는다.

선택적 매개 변수가 무엇인지는 명확하게 알 수 있다. Go가 선택적 매개 변수를 지원하도록 하고 싶은 은밀한 욕망을 위해 Context를 사용해서는 안 된다. 그런데 "요청 범위 데이터"란 무엇인가? context 패키지 내의 주석에는 "API나 프로세스의 경계를 통과하는 요청 범위 데이터"라는 내용이 있다. 이 주석을 보면, 요청 범위 데이터는 프로세스와 API 경계를 통과하는 것으로 보이는데, 그 상황 자체가 주석에 명확히 나타나 있지 않아서 여러 가지 상황을 의미할 수 있다. 이를 정의하는 가장 좋은 방법은, 팀 내에서 몇 가지 경험적인 방법을 통해 코드 검토에서 평가하는 것이다. 다음은 내 개인적인 경험적인 규칙이다.

1) 데이터가 API나 프로세스 경계를 통과해야 한다.

　　프로세스의 메모리 내에서 데이터를 생성하는 경우, API 경계를 넘지 않는 한, 요청 범위의 데이터가 될 가능성이 적다.

2) 데이터는 변경 불가능(immutable)해야 한다.

　　불변 값이 아니라면 그 정의에 따라, 당신이 저장하고 있는 값은 요청으로부터 온 것이 아니다.

3) 데이터는 단순한 타입으로 변해야 한다.

　　요청 범위 데이터가 프로세스 및 API 경계를 통과하기 위한 것이라면, 패키지들의 복잡한 그래프를 임포트할 필요가 없으며, 다른 쪽에서 손쉽게 이 데이터를 가져올 수 있다.

4) 데이터는 메서드가 있는 타입이 아닌 데이터여야 한다.

연산은 논리이며, 이 데이터를 소비하는 것이 연산을 보유해야 한다.

5) 데이터는 연산을 주도하는 것이 아니라 꾸미는 데 도움이 돼야 한다.

Context에 무엇이 포함됐는지, 혹은 포함되지 않았는지에 따라 알고리즘이 다르게 동작하는 경우, 선택적 매개 변수의 영역으로 넘어갔을 가능성이 크다.

이들은 고정 불변의 규칙이 아닌 경험적인 규칙이다. 그러나 Context에 저장하는 데이터가 이 가이드라인 5개 모두를 위반하는 것으로 밝혀지면, 수행하려는 작업을 자세히 살펴봐야 할 수도 있다.

또한, 이 데이터가 활용되기 전에 거쳐가야 할 레이어의 수도 고려해야 한다. 데이터를 받은 곳과 사용되는 곳 사이에 몇 개의 프레임워크와 수십 가지 함수가 있다면, 장황하고 코드 자체가 문서화인 함수의 시그니처들에 기대어 데이터를 매개 변수로 추가하기를 원하는가? 아니면 데이터를 Context에 배치해 보이지 않는 의존성을 만들겠는가? 각 접근 방식마다 장점이 있으며, 결국에는 여러분이 결정해야 한다.

이러한 경험적인 방법을 사용해도 어떤 값이 요청 범위에 속하는지 아닌지는 대답하기 어려운 질문이다. 다음 표를 살펴보자. 이 표는 각 타입의 데이터가 위에 나열된 다섯 가지 경험 법칙을 충족하는지 여부에 대한 개인적인 의견이다. 여기에 동의하는가?

데이터	1	2	3	4	5
요청 ID	✓	✓	✓	✓	✓
사용자 ID	✓	✓	✓	✓	
URL	✓	✓			
API 서버 연결					
인증 토큰	✓	✓	✓	✓	
요청 토큰	✓	✓	✓		

API 서버 연결처럼 컨텍스트에 저장해서는 안 된다는 것이 명확할 수도 있고, 그렇지 않

을 수도 있다. 인증 토큰의 경우는 어떤가? 이것은 불변값이고 byte의 슬라이스일 수 있지만, 이 데이터의 수신자가 요청의 처리 여부를 결정하는 데 이 값을 사용하지 않을까? 이 데이터는 컨텍스트에 속하는가? 더 진흙탕으로 만들자면, 한 팀에서는 받아들여지는 것이 다른 팀에서는 받아들여지지 않을 수도 있다.

여기에는 절대적으로 쉬운 대답이 존재하지 않는다. 이 패키지는 표준 라이브러리에 포함돼 있으므로, 이를 사용하는 데 있어 나름의 의견을 형성해야 하지만, 그 의견은 어떤 프로젝트를 다루고 있는지에 따라 달라질 수 있다. 마지막으로 하고 싶은 조언은 Context에서 제공하는 취소 기능은 매우 유용하며, 데이터 저장소에 대한 당신의 생각 때문에 이를 사용하는 것을 단념해서는 안 된다는 것이다.

요약

4장에서는 많은 내용을 다뤘다. Go의 동시성 기본 요소들을 결합해 유지보수 가능한 동시성 코드를 만드는 데 도움이 되는 패턴을 작성했다. 이제 이 패턴에 익숙해졌으므로 이 패턴을 다른 시스템 패턴에 통합해 대형 시스템을 작성하는 방법을 논의할 수 있다. 5장에서는 이를 수행하는 기법에 대한 개요를 제공한다.

확장에서의 동시성

이제 Go에서 동시성을 활용하는 일반적인 패턴을 배웠으므로, 이러한 패턴들을 실제로 구성해 크고 구성 가능하면서도 확장할 수 있는 시스템을 작성해보자.

5장에서는 단일 프로세스 내에서 동시 작업의 규모를 조정하는 방법을 논의하고, 둘 이상의 프로세스를 처리할 때 동시성이 어떻게 작용하는지 살펴본다.

에러 전파

동시 코드, 특히 분산 시스템을 사용하면 시스템에서 문제가 발생하기 쉽고, 문제의 원인을 쉽게 파악할 수 없다. 시스템 전반에 걸쳐 문제가 전파되는 방식과 최종 사용자가 어떻게 대처해야 하는지를 신중하게 고려해야 자신이나 팀, 또는 사용자의 고통을 덜어줄 수 있다. 143페이지의 "에러 처리"에서 고루틴에서 에러를 전파하는 방법은 논의했지만, 그러한 에러가 어떤 모습이어야 하는지나, 크고 복잡한 시스템에서 에러가 어떻게 전달돼야 하는지에 대해서는 이야기하지 않았다. 이번에는 에러 전파의 철학에 대해 논의해보자. 다음은 동시성 시스템에서 에러를 처리하기위한 독창적인 프레임워크다.

많은 개발자가 에러 전파가 시스템의 흐름에서 부수적이거나 "별개"의 요소라고 생각하는 실수를 범한다. 데이터가 시스템을 통해 흘러가는 방법에 대해서는 신중하게 고려하지만, 에러는 별다른 생각없이 용인되고 불시에 스택에서 빠져나가 결국은 사용자 앞에 버려지는 것이다. Go는 사용자가 호출 스택의 모든 프레임에서 에러를 처리하도록 강요함으로써 이 나쁜 습관을 고치려고 시도했지만, 시스템의 제어 흐름이 에러를 2등 시민으로 간주하는 것은 흔한 일이다. 조금만 미리 고민하고 최소한의 부담만 감수하면 에러 처리를 시스템의 자산으로 만들고 사용자에게 즐거움을 줄 수 있다.

먼저 에러가 무엇인지 살펴보자. 언제 에러가 발생하며, 에러를 통해 얻는 이점은 무엇일까?

에러는 시스템이 사용자가 명시적으로 또는 암시적으로 요청한 작업을 수행할 수 없는 상태에 들어갔음을 나타낸다. 이 때문에 에러는 몇 가지 중요한 정보를 전달해야 한다.

발생한 사건

이것은 "디스크가 가득 찼다", "소켓이 닫혔다" 또는 "자격이 만료되었다"와 같은 정보를 포함한 에러의 유형이다. 이 정보는 에러를 발생시킨 것이 무엇이든 간에 암시적으로 생성될 수 있으며, 사용자에게 도움이 될 만한 컨텍스트를 추가할 수 있다.

발생한 장소 및 시점

에러에는 항상 호출이 시작된 메서드부터 시작해 에러가 인스턴스화된 위치로 끝나는 전체 스택 트레이스가 포함돼야 한다. 스택 트레이스가 에러 메시지에 포함돼서는 안 되지만(이에 대해서는 잠시 후에 다룬다), 스택 위쪽에서 에러를 처리할 때는 쉽게 접근할 수 있어야 한다.

또한 에러에는 실행 중인 컨텍스트와 관련된 정보가 포함돼야 한다. 예를 들어, 분산 시스템에서는 에러가 발생한 시스템을 식별할 수 있는 방법이 있어야 한다. 나중에 시스템에서 발생한 일을 이해하려고 할 때 이 정보는 매우 중요하다.

에러에는 UTC로 에러가 인스턴스화된 시스템 시간 또한 포함돼야 한다.

사용자 친화적인 메시지

사용자에게 표시되는 메시지는 시스템 및 시스템의 사용자에 맞춰 조정해야 한다. 이때 앞의 두 가지에 대한 간략하면서도 유의미한 정보만 포함해야 한다. 친화적인 메시지는 인간 중심적이면서 문제가 일시적인지 여부를 알려주는 한 줄 정도의 문구여야 한다.

사용자가 추가적인 정보를 얻을 수 있는 방법

어떤 시점에서 누군가는 에러가 발생했을 때 일어난 일을 자세히 알고 싶어 할 것이다. 사용자에게 표시되는 에러는 에러가 기록된 시간이 아닌 에러의 발생 시간, 에러가 생성됐을 때의 전체 스택 트레이스 등 에러의 전체 정보를 표시하는 로그에 상호 참조될 수 있는 ID를 제공해야 한다. 또한 버그 추적 시스템에서 비슷한 문제를 집계하는 데 도움이 되는 스택 트레이스의 해시 값을 포함하는 방식도 유용할 수 있다.

기본적으로 아무런 개입 없이 이러한 정보가 모두 에러에 포함되지는 않는다.

따라서 이러한 정보 없이 사용자에게 전파되는 에러는 실수이며 버그라 할 수 있다. 이 문제를 해결하기 위해 에러에 대해 생각할 수 있는 범용적인 프레임워크에 대해 고민할 필요가 있다. 모든 에러는 다음 두 가지 범주 중에 하나로 분류할 수 있다.

- 버그

- 알려진 예외적인 경우(예: 네트워크 연결 단절, 디스크 쓰기 실패 등)

버그는 사용자가 시스템에 맞춰 정의하지 않은 에러 또는 "처리되지 않은^{raw}" 에러다. 때로는 의도적인 경우도 있다. 시스템 출시 후 처음 몇 번의 반복 동안은 이미 알려진 예외에 해당하는 에러를 사용자에게 알릴 수도 있다. 때로는 버그가 우연히 발생하기도 한다. 그러나 여기서 제시한 접근법에 동의한다면, 처리되지 않은 에러는 항상 버그다. 이렇게 구분하면 에러를 전파하는 방법, 시간이 지남에 따라 시스템을 확대하는 방법 및 최종적으로 사용자에게 표시할 내용을 결정할 때 유용하다.

여러 개의 모듈을 가진 대형 시스템을 상상해보자.

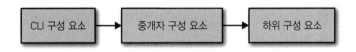

그리고 "하위 구성 요소$^{Low Level Component}$"에서 에러가 발생했고, 올바른 형식$^{well-formed}$의 에러를 만들어 스택의 위쪽으로 전달했다고 가정해보자. "하위 구성 요소" 컨텍스트에서 이 에러는 올바른 형식으로 간주될 수 있지만, 시스템의 컨텍스트 내에서는 그렇지

않을 수도 있다. 각 구성 요소의 경계에서, 들어오는 모든 에러는 코드가 포함된 구성 요소에 올바른 형식의 에러로 포장돼야 한다는 입장을 취해보자. 예를 들어 "중개자 구성 요소Intermediary Component"에서 "하위 구성 요소"의 코드를 호출했을 때 에러가 발생했을 수 있다.

```
func PostReport(id string) error {
  result, err := lowlevel.DoWork()
  if err != nil {
    if _, ok := err.(lowlevel.Error); ok {  ❶
      err = WrapErr(err, "cannot post report with id %q", id)  ❷
    }
    return err
  }
  // ...
}
```

❶ 여기서는 올바른 형식의 에러를 받았는지 확인한다. 그렇지 않은 경우 버그를 나타내기 위해 잘못된 형식의 에러를 스택의 위쪽으로 전달한다.

❷ 여기서는 가상의 함수를 호출해 전달받은 에러를 모듈에 대한 정보와 함께 포장하고 새로운 타입을 부여한다. 에러를 감싸는 것에는, 이 컨텍스트 내에서 사용자에게 중요하지 않을 수 있는 저수준의 세부 정보를 숨기는 것이 포함될 수 있다.

에러가 발생한 근본적인 원인이 어디인지에 대한 세부 정보(예: 고루틴, 기기, 스택 트레이스 등)는 에러가 처음 인스턴스화될 때 채워지지만, 아키텍처는 모듈의 경계에서 이 에러를 적절한 정보로 채워진 모듈의 에러 타입으로 변환할 것을 지시한다. 이제 모듈의 에러 타입이 아닌 상태로 모듈을 벗어나는 모든 에러는 잘못된 형식으로 간주될 수 있으며, 버그가 될 수 있다. 공개public 함수나 메서드와 같은 자기 모듈의 경계에서, 혹은 코드에 유용한 컨텍스트를 추가할 수 있는 경우에만 에러를 이 방식으로 감싸면 된다는 점에 주의하자. 이로 인해 보통은 대부분의 코드에서 에러를 감쌀 필요가 없게 된다.

이 입장을 취하면 시스템은 매우 유기적으로 성장할 수 있다. 전달받은 에러가 올바른 형태라고 확신할 수 있으며, 최종적으로 에러가 모듈 밖으로 나가는 방식을 확정할 수 있다. 에러의 정확성이 곧 시스템의 새로운 속성이 된다. 우리는 잘못된 형식의 에러를 명시적으로 처리함으로써 시스템이 최초에 완벽한 상태임을 받아들이고, 이를 기반으로 시간이 지나면서 발생할 수 있는 실수들을 포착해 수정할 수 있는 프레임워크를 보유하게 됐다. 타입이나 사용자에게 보여지는 내용을 바탕으로 잘못된 형식의 에러를 분명하게 기술할 수 있다.

앞서 확립한 프레임워크에 따르면, 모든 에러는 가능한 한 많은 정보와 함께 기록돼야 한다. 그러나 사용자에게 에러를 표시하는 시점에서 버그와 알려진 경계 케이스의 차이가 발생한다.

사용자를 대하는 코드가 올바른 형식의 에러를 받으면, 코드의 모든 단계에서 에러 메시지를 작성하는 데 주의를 기울였다는 사실을 확신할 수 있으며, 사용자가 볼 수 있도록 간단히 기록하고 출력할 수 있다. 올바른 타입의 에러를 보면서 얻을 수 있는 자신감은 간과할 수 없다.

잘못된 형식의 에러, 즉 버그가 사용자에게 전파될 때도 이 에러를 기록해야 하지만, 사용자에게는 예상치 못한 일이 발생했다는 친숙한 메시지가 표시된다. 시스템에서 자동 에러 보고를 지원하는 경우, 이 에러를 버그로 보고해야 한다. 자동 에러 보고를 지원하지 않는 경우라면 사용자에게 버그 보고서를 제출해달라고 제안할 수 있다. 잘못된 형식의 에러에 실제로 유용한 정보가 포함돼 있을 수도 있지만 이는 확신할 수는 없으며, 확실한 것은 에러가 제대로 가공되지 않았다는 것뿐이다. 그렇기 때문에 무슨 일이 일어났는지에 대해서 설명하는, 인간을 배려하지 않는 메시지를 퉁명스럽게 표시할 수밖에 없다.

올바른 형식의 에러나 잘못된 형식의 에러 모두 메시지에 로그 ID를 포함시켜, 사용자가 더 많은 정보를 원할 경우 다시 참조할 수 있는 항목을 제공해야 한다는 점을 기억하라. 따라서 버그에 유용한 정보가 포함되어 있더라도 호기심 많은 사용자는 여전히 조사할 방법이 있다.

완전한 예제를 살펴보자. 이 예제가 극단적으로 안정적인 것은 아니다. 예를 들어 에러 타입이 지나치게 단순할 수도 있다. 호출 스택은 선형적이기 때문에 모듈 경계에서만 에러를 감싸면 된다는 사실이 애매해졌다. 또한 책에서 다른 패키지의 함수라는 것을 표현하기가 어렵기 때문에 여기서는 가상 함수를 사용할 것이다.

먼저, 앞서 논의한 올바른 형식의 에러의 모든 측면을 포함할 수 있는 에러 타입을 작성해보겠다.

```go
type MyError struct {
  Inner     error
  Message   string
  StackTrace string
  Misc      map[string]interface{}
}

func wrapError(err error, messagef string, msgArgs ...interface{}) MyError {
  return MyError{
    Inner:    err,  ❶
    Message:  fmt.Sprintf(messagef, msgArgs...),
    StackTrace: string(debug.Stack()),  ❷
    Misc:     make(map[string]interface{}),  ❸
  }
}

func (err MyError) Error() string {
  return err.Message
}
```

❶ 여기서는 감싸고 있는 에러를 저장한다. 우리는 무슨 일이 발생했는지 조사하고자 하는 경우에 언제든 가장 낮은 수준의 에러로 되돌아갈 수 있기를 원한다.

❷ 이 행은 에러가 생성될 때의 스택 트레이스를 기록한다. 보다 정교한 에러 타입에서는 wrapError에서 스택 프레임을 생략할 수도 있다.

❸ 여기서는 잡다한 정보를 저장하기 위한 잡동사니 보관함을 만든다. 여기에서 동시성 ID, 스택 트레이스의 해시 또는 에러 진단에 도움이 되는 기타 상황별 정보를 저장할 수 있다.

다음으로 lowlevel 모듈을 만든다.

```
// "lowlevel" 모듈

type LowLevelErr struct {
  error
}

func isGloballyExec(path string) (bool, error) {
  info, err := os.Stat(path)
  if err != nil {
    return false, LowLevelErr{(wrapError(err, err.Error()))}  ❶
  }
  return info.Mode().Perm()&0100 == 0100, nil
}
```

❶ 여기서는 os.Stat 호출로 인해 발생한 원시 에러를 맞춤형 에러로 감싼다. 이 경우,
   이 에러에서 나오는 메시지도 괜찮기 때문에 굳이 가리지 않는다.

그러면 lowlevel 패키지에서 함수들을 호출하는 intermediate라는 또 다른 모듈을 생성
해보자.

```
// "intermediate" 모듈

type IntermediateErr struct {
  error
}
func runJob(id string) error {
  const jobBinPath = "/bad/job/binary"
  isExecutable, err := isGloballyExec(jobBinPath)
  if err != nil {
    return err  ❶
  } else if isExecutable == false {
    return wrapError(nil, "job binary is not executable")
  }

  return exec.Command(jobBinPath, "--id="+id).Run()  ❶
}
```

❶ 여기서는 lowlevel 모듈에서 발생한 에러들을 전달한다. 자체 버그 타입으로 감싸지 않은, 다른 모듈에서 전달된 에러는 버그로 간주한다는 아키텍처적인 결정으로 인해 이것은 나중에 문제가 될 수 있다.

마지막으로, intermediate 패키지의 함수를 호출하는 최상위의 main 함수를 만든다. 프로그램 중에서 사용자에게 보여지는 부분이 바로 이곳이다.

```go
func handleError(key int, err error, message string) {
  log.SetPrefix(fmt.Sprintf("[logID: %v]: ", key))
  log.Printf("%#v", err)  ❸
  fmt.Printf("[%v] %v", key, message)
}
```

```go
func main() {
  log.SetOutput(os.Stdout)
  log.SetFlags(log.Ltime|log.LUTC)
  err := runJob("1")
  if err != nil {
    msg := "There was an unexpected issue; please report this as a bug."
    if _, ok := err.(IntermediateErr); ok {  ❶
      msg = err.Error()
    }
    handleError(1, err, msg)  ❷
  }
}
```

❶ 여기서는 에러가 예상하고 있던 타입인지 확인한다. 예상하던 타입이라면 올바른 형식의 에러라는 것을 알기 때문에 사용자에게 메시지를 전달할 수 있다.

❷ 이 행에서는 로그 및 에러 메시지에 ID 1을 붙인다. 간단히 ID를 일정하게 증가시키거나 혹은 고유한 ID를 만들기 위해 GUID를 사용할 수 있다.

❸ 여기서는 누군가가 무슨 일이 일어났는지 파헤쳐야 할 경우에 대비해 전체 에러를 기록한다.

이를 실행하면 다음과 같은 내용을 포함한 로그 메시지를 얻게 될 것이다.

```
[logID: 1]: 21:46:07 main.LowLevelErr{error:main.MyError{Inner:
(*os.PathError)(0xc4200123f0),
Message:"stat /bad/job/binary: no such file or directory",
StackTrace:"goroutine 1 [running]:
runtime/debug.Stack(0xc420012420, 0x2f, 0xc420045d80)
  /home/kate/.guix-profile/src/runtime/debug/stack.go:24 +0x79
main.wrapError(0x530200, 0xc4200123f0, 0xc420012420, 0x2f, 0x0, 0x0,
0x0, 0x0, 0x0, 0x0, ...)
  /tmp/babel-79540aE/go-src-7954NTK.go:22 +0x62
main.isGloballyExec(0x4d1313, 0xf, 0xc420045eb8, 0x487649, 0xc420056050)
  /tmp/babel-79540aE/go-src-7954NTK.go:37 +0xaa
main.runJob(0x4cfada, 0x1, 0x4d4c35, 0x22)
  /tmp/babel-79540aE/go-src-7954NTK.go:47 +0x48
main.main()
  /tmp/babel-79540aE/go-src-7954NTK.go:67 +0x63
", Misc:map[string]interface {}{}}}
```

그리고 표준 출력에는 다음과 같이 출력될 것이다.

```
// 예상치 못한 문제가 발생했습니다. 버그를 보고해 주십시오.
[1] There was an unexpected issue; please report this as a bug.
```

이 에러의 경로 어딘가에서 제대로 처리되지 않았음을 알 수 있다. 이 에러 메시지는 사람이 처리하기에 적합하다고 확신할 수 없기 때문에 예상치 못한 일이 발생했다는 간단한 에러 메시지를 출력한다(이 방법론에 따르면 예상치 못한 일이 맞다). intermediate 모듈로 돌아가보면 그 이유를 알 수 있다. lowlevel 모듈에서는 에러를 감싸지 않았다. 이를 수정하고 그 결과를 살펴보자.

```go
// "intermediate" 모듈

type IntermediateErr struct {
  error
}

func runJob(id string) error {
  const jobBinPath = "/bad/job/binary"
  isExecutable, err := isGloballyExec(jobBinPath)
```

```
  if err != nil {
    return IntermediateErr{wrapError(
      err,       "cannot run job %q: requisite binaries not available",
      id,
    )} ❶
  } else if isExecutable == false {
    return wrapError(
      nil,
      "cannot run job %q: requisite binaries are not executable",
      id,
    )
  }
  return exec.Command(jobBinPath, "--id="+id).Run()
}
```

❶ 이번에는 손질된 메시지를 사용해 에러를 원하는 대로 변경한다. 이 경우, 이 작업이 실행되지 않은 이유가 모듈의 소비자에게 중요하지 않은 정보라고 생각했기 때문에 저수준의 구체적인 내용을 애매하게 숨기고자 했다.

```
func handleError(key int, err error, message string) {
  log.SetPrefix(fmt.Sprintf("[logID: %v]: ", key))
  log.Printf("%#v", err)
  fmt.Printf("[%v] %v", key, message)
}

func main() {
  log.SetOutput(os.Stdout)
  log.SetFlags(log.Ltime|log.LUTC)
  err := runJob("1")
  if err != nil {
    msg := "There was an unexpected issue; please report this as a bug."
    if _, ok := err.(IntermediateErr); ok {
      msg = err.Error()
    }
    handleError(1, err, msg)
  }
}
```

수정된 코드를 실행하면 유사한 로그 메시지를 얻게 된다.

```
[logID: 1]: 22:11:04 main.IntermediateErr{error:main.MyError
{Inner:main.LowLevelErr{error:main.MyError{Inner:(*os.PathError)
(0xc4200123f0), Message:"stat /bad/job/binary: no such file or directory",
StackTrace:"goroutine 1 [running]:
runtime/debug.Stack(0xc420012420, 0x2f, 0x0)
  /home/kate/.guix-profile/src/runtime/debug/stack.go:24 +0x79
main.wrapError(0x530200, 0xc4200123f0, 0xc420012420, 0x2f, 0x0, 0x0,
0x0, 0x0, 0x0, 0x0, ...)
  /tmp/babel-79540aE/go-src-7954DTN.go:22 +0xbb
main.isGloballyExec(0x4d1313, 0xf, 0x4daecc, 0x30, 0x4c5800)
  /tmp/babel-79540aE/go-src-7954DTN.go:39 +0xc5
main.runJob(0x4cfada, 0x1, 0x4d4c19, 0x22)
  /tmp/babel-79540aE/go-src-7954DTN.go:51 +0x4b
main.main()
  /tmp/babel-79540aE/go-src-7954DTN.go:71 +0x63
", Misc:map[string]interface {}{}}}, Message:"cannot run job \"1\":
requisite binaries not available", StackTrace:"goroutine 1 [running]:
runtime/debug.Stack(0x4d63f0, 0x33, 0xc420045e40)
  /home/kate/.guix-profile/src/runtime/debug/stack.go:24 +0x79
main.wrapError(0x530380, 0xc42000a370, 0x4d63f0, 0x33,
0xc420045e40, 0x1, 0x1, 0x0, 0x0, 0x0, ...)
  /tmp/babel-79540aE/go-src-7954DTN.go:22 +0xbb
main.runJob(0x4cfada, 0x1, 0x4d4c19, 0x22)
  /tmp/babel-79540aE/go-src-7954DTN.go:53 +0x356
main.main()
  /tmp/babel-79540aE/go-src-7954DTN.go:71 +0x63
", Misc:map[string]interface {}{}}}
```

그러나 에러 메시지는 정확히 사용자에게 보여주고자 했던 내용이다.

```
// 1번 작업을 실행할 수 없음: 필요한 바이너리를 사용할 수 없습니다
[1] cannot run job "1": requisite binaries not available
```

이러한 접근법에 호환되는 에러 패키지[1]들이 있지만, 어떤 에러 패키지를 사용하기로 결정하든 간에 그 패키지를 사용해 이 기법을 구현하는 것은 당신의 몫이다. 좋은 소식

---

1 http://github.com/pkg/errors를 추천한다.

은 이 기법이 유기적이라는 것이다. 최고 수준의 에러 처리를 구상하고 버그와 올바른 형식의 에러를 구분한 다음, 점진적으로 생성되는 모든 에러가 제대로 처리된 것으로 간주되고 있는지 확인하라.

시간 초과 및 취소

동시성 코드로 작업할 때 시간 초과^{timeout}나 취소^{cancellation}가 자주 발생한다. 이 절에서 살펴보겠지만, 시간 초과는 동작을 이해할 수 있는 시스템을 만드는 여러 요소 가운데 결정적인 요소이다. 취소는 시간 초과에 따르는 자연스러운 반응이다. 또한 동시에 실행되는 프로세스가 취소될 수 있는 다른 이유에 대해서도 알아볼 것이다.

동시 프로세스가 시간 초과를 지원하기를 원하는 이유가 무엇일까? 다음과 같은 몇 가지 이유가 있다.

시스템 포화

178페이지의 "대기열 사용"에서 설명했듯이, 시스템이 포화 상태인 경우(즉, 가용한 요청 처리 능력을 완전히 사용 중인 경우), 시스템의 경계에 있는 요청이 오랜 시간 후에 처리되는 것보다는 시간 초과되는 것을 원할 수도 있다. 어떤 경로를 취할지는 문제 공간에 따라 다르지만, 시간 초과를 발생시키는 경우에 대한 몇 가지 일반적인 지침이 있다.

- 시간 초과되었다고 해도 요청이 반복될 가능성이 낮다.

- 메모리 내 요청을 저장하기 위한 메모리, 영속적인 대기열을 저장하기 위한 디스크 공간 등 요청을 저장할 수 있는 리소스가 부족하다.

- 시간이 지날수록 요청 또는 전송 중인 데이터의 필요성이 줄어든다(뒤에서 이 문제에 대해 논의할 예정). 요청이 반복될 가능성이 높으면 시스템은 요청을 받아들이고 시간 초과를 처리하는 부담이 늘어날 것이다. 이 부담이 시스템의 용량보다 더 커지면 이로 인해 죽음의 나선이 생길 수 있다. 만약 요청을 대기열에 저장하는 데 필요한 시스템 리소스 자체가 부족하다면 이것은 고려할 가치조차 없다. 그리고 앞의 두 가지 지침을 따른다고 하더라도, 처리할 수 있는 시간이 되기 전에 요청

을 처리할 필요성이 사라지는 요청을 저장해야 하는 지점이 있다. 이로 인해 시간 초과를 지원해야 하는 또 다른 이유가 생긴다.

오래된 데이터

때로는 데이터에 처리돼야만 하는 기간이 있을 수 있다. 어떤 데이터는 더 적절한 데이터를 사용할 수 있기 전, 혹은 데이터가 만료되기 전에 처리돼야 한다. 현재 프로세스가 데이터를 처리하는데, 이 기간보다 더 많은 시간이 소요되면 동시 프로세스를 시간 초과해 취소해야 한다. 예를 들어, 동시 프로세스가 오랫동안 기다린 후에 요청을 대기열에서 꺼낸다면, 요청이나 그 데이터는 대기열에서 기다리는 동안 쓸모 없어질 수 있다.

이 기간을 사전에 알고 있다면 context.WithDeadline 또는 context.WithTimeout으로 생성된 동시 프로세스를 전달하는 것이 좋다. 기간을 미리 알 수 없다면 요청이 더 이상 필요하지 않은 경우에 동시 프로세스의 상위 프로세스가 동시 프로세스를 취소할 수 있어야 한다. context.WithCancel은 이 목적에 딱 알맞다.

데드락을 막으려는 시도

대규모 시스템, 특히 분산 시스템에서는 데이터가 어떻게 흘러가는지, 어떤 예외적인 경우가 나타날지 이해하기 어려울 수 있다. 시스템이 데드락에 빠지지 않도록 모든 동시 작업에 시간 초과를 설정하는 것은 불합리하고 권장하지도 않는 방법이다. 시간 초과 기간과 동시 연산의 실제 수행 시간이 비슷할 필요는 없다. 시간 초과 기간을 설정하는 목적은 데드락을 막기 위해 것일 뿐이므로, 데드락 상태의 시스템이 사용자 케이스에 맞게 적당한 시간 내에 차단 해제될 만큼만 짧으면 된다.

33페이지의 "데드락, 라이브락, 기아 상태" 절에서, 데드락을 피하기 위해 시간 초과를 설정하려는 시도는 잠재적으로 시스템에서 데드락을 유발하는 문제를 라이브락을 유발하는 문제로 바꿀 수 있다고 했던 내용을 떠올려보자. 그러나 대형 시스템에서는 동작 중인 구성품들이 더 많으므로, 지난번에 데드락에 빠졌던 것과는 다른 타이밍 프로필에 실행될 가능성이 높다. 그러므로 무조건 재부팅을 통해서만 시스템을 복구할 수 있는 데드락보다는 시간이 허락되면 복구가 가능한 라이브락이 낫다.

시스템을 올바르게 구축하기 위해 이 방법을 꼭 사용해야 하는 건 아니다. 오히려 개발 및 테스트 중에 미처 점검하지 않은 타이밍 에러를 견딜 수 있는 시스템을 구축하기 위한 제안이다. 개인적으로는 시간 초과를 적절히 위치시켜 둘 것을 권하지만, 목표는 시간 초과가 발생하지 않도록 데드락이 없는 시스템에 두는 것이 좋다.

지금까지 언제 시간 초과를 활용할지를 조금이나마 이해했다. 이제 취소의 원인 및 취소를 정상적으로 처리할 수 있는 동시 프로세스를 구축하는 방법을 살펴보겠다. 동시 프로세스가 취소될 수 있는 데는 여러 가지 이유가 있다.

시간 초과

시간 초과는 암묵적인 취소다.

사용자 개입

뛰어난 사용자 경험을 위해서는, 일반적으로 장기간 실행되는 프로세스들을 동시에 시작한 다음 일정 시간 간격으로 사용자에게 상태를 보고하거나 사용자가 적합하다고 판단한 시점에 상태를 조회할 수 있도록 하는 것이 좋다. 사용자와 대면하고 있는 동시 작업의 경우, 사용자가 시작한 작업을 취소할 수 있도록 허용해야 하는 상황도 있다.

부모 프로세스의 취소

그와 관련하여 동시 작업의 부모(작업자 혹은 다른 무엇)가 멈추면 이 부모의 자식으로서, 자식은 취소될 것이다.

복제된 요청

더 빠른 응답을 얻기 위해 하나의 프로세스에서 여러 동시 프로세스로 데이터를 보내려 할 수 있다. 최초의 응답이 돌아오면 나머지 프로세스를 취소하고자 할 것이다. 이에 대해서는 242페이지의 "복제된 요청"에서 자세히 설명한다.

다른 이유들도 가능할 수 있다. 그러나 "왜"라는 질문은 "어떻게"라는 질문만큼 어렵지도 않고 흥미롭지도 않다. 4장에서는 동시 프로세스를 취소하는 두 가지 방법, 즉 done 채널과 Context 타입을 살펴봤고, 비교적 쉬운 내용이었다. 여기서는 보다 복잡한 질문을 알아보고자 한다. 하나의 동시 프로세스가 취소됐을 때, 이것이 실행 중인 알고리즘 및 다음 단계의 소비자에게 어떤 의미가 있을까? 언제든지 종료될 수 있는 동시성 코드를 작성할 때 고려해야 할 사항은 무엇일까?

이러한 질문에 답하기 위해 알아봐야 할 첫 번째는 동시 프로세스의 선점 가능성 preemptability이다. 다음과 같은 코드가 고루틴에서 실행된다고 가정해보자.

```go
var value interface{}
select {
case <-done:
  return
case value = <-valueStream:
}

result := reallyLongCalculation(value)

select {
case <-done:
  return
case resultStream<-result:
}
```

고루틴이 취소됐는지 확인하기 위해, valueStream의 읽기와 resultStream의 쓰기를 done 채널과 충실하게 연결했지만 여전히 문제가 있다. reallyLongCalculation은 선점 가능한 것으로 보이지 않으며, 그 이름을 보면 정말 오랜 시간이 걸릴 것 같다. 즉, reallyLongCalculation이 실행되는 동안 무언가가 이 고루틴을 취소하려고 하면 취소 및 중단을 알아채기까지 매우 오랜 시간이 걸릴 수 있다는 의미이다. reallyLongCaluclation을 선점 가능하게 만들고 어떤 일이 일어나는지 살펴보자.

```go
reallyLongCalculation := func(
  done <-chan interface{},
  value interface{},
) interface{} {
  intermediateResult := longCalculation(value)
  select {
  case <-done:
```

```
        return nil
  default:
  }

  return longCaluclation(intermediateResult)
}
```

약간의 진전을 이루었다. 이제 reallyLongCaluclation은 선점 가능하지만, 문제가 절반밖에 해결되지 않았다는 것을 알 수 있다. 겉보기에 오랫동안 실행될 것 같은 함수 호출들 사이에서만 reallyLongCalculation을 선점할 수 있다.

이를 해결하기 위해 longCalculation 역시 선점 가능하게 만들어야 한다.

```
reallyLongCalculation := func(
  done <-chan interface{},
  value interface{},
) interface{} {
  intermediateResult := longCalculation(done, value)
  return longCaluclation(done, intermediateResult)
}
```

이러한 논리적인 결론에 이르는 일련의 추론을 받아들인다면, 두 가지 작업을 해야 한다는 점을 알 수 있다. 동시 프로세스가 선점될 수 있는 기간을 정의하고, 이보다 많은 시간이 걸리는 기능은 자체적으로 선점 가능하다는 것을 보장해야 한다. 이를 위한 손쉬운 방법은 고루틴을 작은 조각으로 나누는 것이다. 수용할 수 있다고 생각되는 기간 내에 완료되지 않는, 모든 선점 불가능한 원자적 연산을 목표로 삼아야 한다.

여기에는 또 다른 문제가 있다. 고루틴이 데이터베이스나 파일, 메모리 내의 데이터 구조체와 같은 공유 상태를 수정하는 경우 고루틴이 취소되면 어떻게 되는가? 해당 고루틴이 지금까지 수행된 중간 단계를 되돌리려고 시도하는가? 이 작업을 수행하는 데는 얼마나 걸리는가? 뭔가가 고루틴에게 중단돼야 한다고 말했기 때문에 고루틴이 작업을 되돌리는 데 너무 오래 걸려서는 안 된다. 그렇지 않은가?

이 문제를 다루는 방법에 대해 일반적인 조언을 하는 것은 어렵다. 이 상황을 어떻게 다룰지에 대한 많은 부분이 알고리즘의 특성에 달려 있기 때문이다. 그러나 제한된 범위 내에서 공유 상태에 대한 수정 사항을 유지하거나 혹은 수정 사항이 쉽게 롤백되는 경우는 취소 처리할 수 있으며, 때에 따라 둘 모두를 수행할 수 있다. 가능하다면 중간 결과를 메모리에 구성한 다음 가능한 빠르게 상태를 수정하도록 하자. 다음은 이를 잘못 수행한 예제이다.

```
result := add(1, 2, 3)
writeTallyToState(result)
result = add(result, 4, 5, 6)
writeTallyToState(result)
result = add(result, 7, 8, 9)
writeTallyToState(result)
```

여기에서는 상태에 쓰는 코드가 세 번이나 나온다. 이 코드를 실행하는 고루틴이 마지막 쓰기 전에 취소된 경우 이전 두 번의 writeTallyToState 호출을 되돌리도록 작성해야 한다. 이 접근 방법을 다음과 비교해보자.

```
result := add(1, 2, 3, 4, 5, 6, 7, 8, 9)
writeTallyToState(result)
```

롤백과 관련해 신경 써야 할 부분이 훨씬 줄어들었다. 여전히 writeTallyToState를 호출한 후에 취소가 발생하면 변경 사항을 취소할 방법이 필요하지만, 상태를 한 번만 수정하기 때문에 이런 일이 발생할 가능성은 훨씬 적다.

신경 써야 할 또 다른 문제는 중복 메시지다. 생성기 단계와 A단계, B단계의 세 단계로 구성된 파이프라인이 있다고 가정해보자. 생성기 단계는 채널에서 마지막으로 읽은 이후 경과한 시간을 추적하는 방식으로 단계 A를 모니터링하고, 현재 인스턴스가 제대로 동작하지 않는다면 새로운 인스턴스인 A2를 생성한다. 그렇게 되면 B단계는 중복된 메시지를 받을 수 있다(그림 5-1).

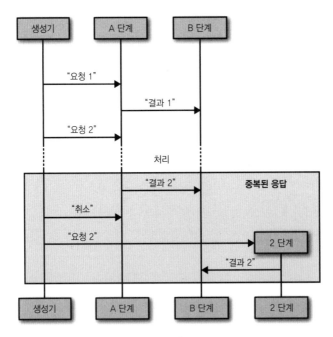

그림 5-1 중복 메시지가 발생할 수 있는 예

A단계가 이미 B단계에 결과를 보낸 후에, 취소 메시지가 나타나면 B단계가 중복 메시지를 받을 수 있음을 알 수 있다. 중복 메시지 전송을 막을 수 있는 방법은 몇 가지가 있다. 가장 쉬운(그리고 개인적으로 권장하는) 방법은 자식 고루틴이 이미 결과를 보고한 후에 부모 고루틴이 취소 신호를 보낼 가능성이 거의 없도록 만드는 것이다. 이를 위해서는 각 단계 사이의 양방향 통신이 필요하다. 자세한 내용은 227페이지의 "하트비트"를 참조한다. 다른 접근법은 다음과 같다.

처음 또는 마지막으로 보고된 결과 수용

알고리즘이 반복 연산을 허용하는 경우나 또는 동시에 실행되는 프로세스들이 멱등 idempotent인 경우에, 다음 단계의 하류 프로세스들에서는 중복 메시지가 올 가능성을 허용하고 첫 번째 또는 마지막 결과 중 하나를 수락할지 여부를 선택할 수 있다.

부모 고루틴을 폴링(poling)해 권한 부여

명시적으로 메시지 전송 권한을 요청하기 위해 부모와의 양방향 통신을 사용할 수 있다. 뒤에서 살펴보겠지만 이 접근법은 하트비트와 유사하다. 이는 그림 5-2처럼 보일 것이다.

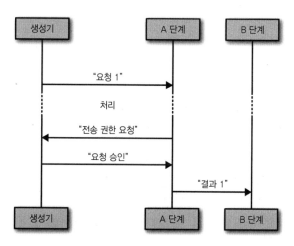

그림 5-2 부모 고루틴을 폴링하는 예

B의 채널에 쓰기를 수행할 수 있는 권한을 명시적으로 요청했기 때문에, 이는 하트비트보다 더 안전한 경로이다. 그러나 실제적으로 이 경로가 필요한 경우는 거의 없고, 하트비트보다 더 복잡하며, 하트비트가 더 일반적으로 유용하기 때문에 하트비트만 사용하는 것이 좋다.

동시 프로세스를 설계할 때는 타임 아웃과 취소를 고려해야 한다. 소프트웨어 엔지니어링의 다른 많은 주제와 마찬가지로, 시간 초과 및 취소를 처음부터 무시하다가 나중에서야 넣으려고 시도하는 것은 마치 케이크를 다 구운 다음 달걀을 추가하는 것과 같다.

하트비트

하트비트^{heartbeat}는 동시 프로세스가 외부로 생존 신호를 보내는 방법이다. 하트비트라는 용어는 관찰자에게 살아 있음을 나타내는 인체 해부학의 심장 박동에서 그 이름을 따왔다. 하트비트는 Go 이전부터 그 주변에 있었고, 내부에 유용하게 남아 있다.

하트비트가 동시 코드에서 흥미로운 몇 가지 이유가 있다. 하트비트는 시스템 내부를 보다 잘 이해할 수 있게 해주며, 하트비트가 없다면 결정론적으로 테스트할 수 없었을 시스템을 확률적인 변수 없이 결정론적으로 테스트할 수 있게 해준다.

이 절에서는 두 가지 유형의 하트비트를 다룬다.

- 일정 시간 간격으로 발생하는 하트비트

- 작업 단위의 시작 부분에서 발생하는 하트비트

일정 시간 간격으로 발생하는 하트비트는, 하나의 작업 단위unit of work를 처리하기 위해 다른 일이 일어날 때까지 대기 중인 동시 코드에 유용하다. 고루틴은 이 일이 언제 시작될지 알지 못하기 때문에, 뭔가 일어나기를 기다리는 동안 잠시 빈둥거리고 있을 것이다. 하트비트는 모든 것이 잘되고 있으며, 그 침묵이 예상된 것이라는 사실을 리스너listener에게 알리는 방법이다.

다음 코드는 하트비트를 노출하는 고루틴을 보여준다.

```
doWork := func(
  done <-chan interface{},
  pulseInterval time.Duration,
) (<-chan interface{}, <-chan time.Time) {
  heartbeat := make(chan interface{})    ❶
  results := make(chan time.Time)
  go func() {
    defer close(heartbeat)
    defer close(results)

    pulse := time.Tick(pulseInterval)      ❷
    workGen := time.Tick(2*pulseInterval)  ❸

    sendPulse := func() {
      select {
      case heartbeat <-struct{}{}:
      default:    ❹
      }
    }
    sendResult := func(r time.Time) {
```

```
    for {
      select {
      case <-done:
        return
      case <-pulse:    ❺
        sendPulse()
      case results <- r:
        return
      }
    }
  }

  for {
    select {
    case <-done:
      return
    case <-pulse:    ❺
      sendPulse()
    case r := <-workGen:
      sendResult(r)
    }
  }
  }()
  return heartbeat, results
}
```

❶ 여기서는 하트비트를 보내기 위한 채널을 설정한다. doWork 외부로 이 채널을 리턴한다.

❷ 여기서 주어진 pulseInterval에서 하트비트가 뛰도록 설정한다. 모든 pulseInterval에는 이 채널에서 읽을 내용이 있다.

❸ 이것은 들어오는 작업을 시뮬레이션하는 데 사용되는 또 다른 티커[ticker]이다. 고루틴에서 나오는 하트비트를 볼 수 있도록 pulseInterval보다 큰 지속 시간을 선택한다.

❹ default 절이 포함돼 있다는 점에 유의한다. 언제나 아무도 하트비트를 듣지 않을 수 있다는 사실에 대비해야 한다. 고루틴에서 나온 결과는 중요하지만, 규칙적인 신호인 펄스는 별로 중요하지 않다.

❺ done 채널과 마찬가지로 송수신을 수행할 때마다 하트비트의 펄스에 대한 case 역시 포함시켜야 한다.

입력을 기다리는 동안이나 결과를 보내기 위해 기다리는 동안 여러 개의 펄스를 보낼 수 있기 때문에, 모든 select문은 for 루프 내에 있어야 한다. 지금까지는 좋아 보인다. 이 함수을 어떻게 활용해야 하며, 이 함수가 내보내는 이벤트를 어떻게 소비해야 할까? 한번 살펴보자.

```go
done := make(chan interface{})
time.AfterFunc(10*time.Second, func() { close(done) })   ❶

const timeout = 2*time.Second   ❷
heartbeat, results := doWork(done, timeout/2)   ❸
for {
  select {
  case _, ok := <-heartbeat:   ❹
    if ok == false {
      return
    }
    fmt.Println("pulse")
  case r, ok := <-results:   ❺
    if ok == false {
      return
    }
    fmt.Printf("results %v\n", r.Second())
  case <-time.After(timeout):   ❻
    return
  }
}
```

❶ 표준 done 채널을 설정하고 10초 후에 이를 닫는다. 이로써 고루틴이 일을 할 약간의 시간을 준다.

❷ 여기서는 시간 초과 기간을 설정한다. 하트비트의 간격과 시간 초과를 연결하는 데 이 값을 사용한다.

❸ 여기서는 timeout/2를 전달한다. 이것은 시간 초과가 너무 민감하게 이루어지지 않도록 하트비트가 응답할 수 있는 추가적인 틱^{tick}을 제공한다.

❹ 여기서는 heartbeat에 대한 select를 수행한다. 결과가 없으면 적어도 timeout/2마다 heartbeat 채널의 메시지를 확인한다. 메시지를 받지 못하면 고루틴 자체에 문제가 생겼음을 알 수 있다.

❺ result 채널에서 select를 수행한다. 여기는 별다를 것이 없다.

❻ 하트비트나 새로운 결과 둘 모두를 받지 못한 경우 여기서 시간 초과된다.

이 코드의 실행 결과는 다음과 같다.

```
pulse
pulse
results 52
pulse
pulse
results 54
pulse
pulse
results 56
pulse
pulse
results 58
pulse
```

의도한 대로 하나의 결과당 2개의 펄스 신호를 받았음을 알 수 있다.

제대로 작동하는 시스템에서는 하트비트가 그렇게 흥미롭지 않다. 유휴 시간과 관련된 통계를 수집하는 데 사용할 수는 있지만, 고정된 간격마다 발생하는^{interval-based} 하트비트의 활용도는 고루틴이 예상대로 작동하지 않을 때 실제로 빛이 난다.

다음 예제를 살펴보자. 두 번의 반복 후에 패닉을 일으키며 멈추는 식으로 잘못 작성된 고루틴을 시뮬레이션하고, 두 채널 모두를 닫지 않은 상태로 둔다. 한번 살펴보자.

```go
doWork := func(
  done <-chan interface{},
  pulseInterval time.Duration,
) (<-chan interface{}, <-chan time.Time) {
  heartbeat := make(chan interface{})
  results := make(chan time.Time)
  go func() {
    pulse := time.Tick(pulseInterval)
    workGen := time.Tick(2*pulseInterval)
    sendPulse := func() {
      select {
      case heartbeat <-struct{}{}:
      default:
      }
    }
    sendResult := func(r time.Time) {
      for {
        select {
        case <-pulse:
          sendPulse()
        case results <- r:
          return
        }
      }
    }

    for i := 0; i < 2; i++ {    ❶
      select {
      case <-done:
        return
      case <-pulse:
        sendPulse()
      case r := <-workGen:
        sendResult(r)
      }
    }
  }()
  return heartbeat, results
}
```

```
done := make(chan interface{})
time.AfterFunc(10*time.Second, func() { close(done) })

const timeout = 2 * time.Second
heartbeat, results := doWork(done, timeout/2)
for {
  select {
  case _, ok := <-heartbeat:
    if ok == false {
      return
    }
    fmt.Println("pulse")
  case r, ok := <-results:
    if ok == false {
      return
    }
    fmt.Printf("results %v\n", r)
  case <-time.After(timeout):
    fmt.Println("worker goroutine is not healthy!")
    return  }
}
```

❶ 여기서는 패닉을 시뮬레이션한다. 앞의 예제처럼 멈추는 것을 요청하기 전까지 무한
  히 반복하는 대신, 2번만 루프를 반복한다.

실행 결과는 다음과 같다.

```
pulse
pulse
worker goroutine is not healthy! // 작업자 고루틴이 비정상이다!
```

아름답다! 시스템은 2초 이내에 고루틴이 뭔가 잘못되었다는 것을 깨닫고 for-select
루프를 벗어날 수 있다. 하트비트를 사용해 데드락을 성공적으로 회피했으며, 상대적으
로 더 긴 시간 초과에 의존할 필요가 없으므로 실행 시간이 사전에 결정된다. 188 페이
지의 "비정상 고루틴의 치료"에서 이 개념을 더 자세히 받아들일 수 있는 방법에 대해
논의할 것이다.

또한 하트비트가 반대의 경우에도 도움이 된다는 점에 주목하자. 값 채널에 보낼 값을 작업이 만들어내는 데 오래 걸려서 오랫동안 실행되고 있는 고루틴이 있다면, 이 고루틴이 여전히 실행되고 있다는 사실을 우리에게 알려줄 수 있다.

이제 작업 단위의 시작 부분에서 발생하는 하트비트를 살펴보겠다. 이들은 테스트에 매우 유용하다. 다음은 매 작업 단위 앞에서 펄스를 보내는 예제이다.

```go
doWork := func(done <-chan interface{}) (<-chan interface{}, <-chan int) {
  heartbeatStream := make(chan interface{}, 1)  ❶
  workStream := make(chan int)
  go func () {
    defer close(heartbeatStream)
    defer close(workStream)

    for i := 0; i < 10; i++ {
      select {  ❷
      case heartbeatStream <- struct{}{}:
      default:  ❸
      }

      select {
      case <-done:
        return
      case workStream <- rand.Intn(10):
      }
    }
  }()

  return heartbeatStream, workStream
}

done := make(chan interface{})
defer close(done)

heartbeat, results := doWork(done)
for {
  select {
  case _, ok := <-heartbeat:
    if ok {
```

```
      fmt.Println("pulse")
    } else {
      return
    }
  case r, ok := <-results:
    if ok {
      fmt.Printf("results %v\n", r)
    } else {
      return
    }
  }
}
```

❶ 여기서는 크기가 1인 버퍼로 heartbeat 채널을 생성한다. 이렇게 하면 송신 대기 시간 내에 아무도 채널을 듣고 있지 않아도 적어도 하나의 펄스가 송출된다.

❷ 여기서 하트비트를 위한 별도의 select 블록을 설정한다. 수신자가 결과를 받을 준비가 되지 않았다면 결과 대신 펄스를 받게 되고, 현재의 결과 값을 잃어버리게 되므로, 이를 results 채널에 대한 전송과 동일한 select 블록에 포함시키지 않는다. 또한 default case가 있기 때문에 done 채널에 대한 case 구문을 넣지 않았다.

❸ 다시 한번 아무도 하트비트를 듣지 않을 수 있다는 사실을 대비한다. heartbeat 채널은 크기가 1인 버퍼로 생성되었기 때문에, 누군가가 채널을 듣고는 있지만 첫 번째 하트비트에 맞춰서 듣지 못하면 하트비트가 계속 통보된다.

코드의 실행 결과는 다음과 같다.

```
pulse
results 1
pulse
results 7
pulse
results 7
pulse
results 9
pulse
results 1
```

```
pulse
results 8
pulse
results 5
pulse
results 0
pulse
results 6
pulse
results 0
```

의도한 대로 결과를 하나 받을 때마다 펄스도 받았다는 것을 알 수 있다.

이 기법이 정말 빛을 발하는 시점은 쓰기 테스트를 수행할 때다. 고정 간격 기반의 하트
비트는 동일한 방식으로 사용할 수 있으며, 고루틴이 자신의 작업을 시작했는지에만 관
심이 있다면 이 스타일의 하트비트는 간단하다. 다음 코드 조각을 살펴보자.

```
func DoWork(
  done <-chan interface{},
  nums ...int,
) (<-chan interface{}, <-chan int) {
  heartbeat := make(chan interface{}, 1)
  intStream := make(chan int)
  go func() {
    defer close(heartbeat)
    defer close(intStream)

    time.Sleep(2*time.Second)    ❶

    for _, n := range nums {
      select {
      case heartbeat <- struct{}{}:
      default:
      }
      select {
      case <-done:
        return
      case intStream <- n:
      }
```

```
    }
  }()

  return heartbeat, intStream
}
```

❶ 여기서는 고루틴이 작업을 시작할 수 있기 전에 약간의 지연을 시뮬레이션한다. 실제 상황에서 무엇이든 이러한 지연을 일으킬 수 있으며 이는 비결정적이다. 개인적으로 CPU 부하, 디스크 경합, 네트워크 대기 시간, 그리고 도깨비로 인한 지연도 본 적이 있다.

DoWork 함수는 넘겨준 숫자를 자신이 리턴하는 채널의 스트림으로 변환하는 매우 간단한 생성기다. 이 함수를 한번 테스트해보자. 다음은 나쁜 테스트의 예이다.

```
func TestDoWork_GeneratesAllNumbers(t *testing.T) {
  done := make(chan interface{})
  defer close(done)

  intSlice := []int{0, 1, 2, 3, 5}
  _, results := DoWork(done, intSlice...)
  for i, expected := range intSlice {
    select {
    case r := <-results:
      if r != expected {
        t.Errorf(
          "index %v: expected %v, but received %v,",
          i,
          expected,
          r,
        )
      }
    case <-time.After(1 * time.Second):   ❶
      t.Fatal("test timed out")
    }
  }
}
```

❶ 여기서는 테스트가 데드락에 빠지는 것을 막기에 적당하다고 생각되는 기간에 시간 초과를 설정한다.

이 테스트의 실행 결과는 다음과 같다.

```
go test ./bad_concurrent_test.go
 --- FAIL: TestDoWork_GeneratesAllNumbers (1.00s)
   bad_concurrent_test.go:46: test timed out
 FAIL
 FAIL  command-line-arguments 1.002s
```

이 테스트는 비결정적이기 때문에 좋지 않은 테스트다. 예제 함수에서는 이 테스트가 항상 실패할 것이라 확신했지만, time.Sleep을 제거하려고 하면 상황이 악화된다. 이 테스트는 어떤 경우에는 통과하고 어떤 경우에는 실패한다.

앞에서 고루틴이 첫 번째 반복에 이르는 데 더 오래 걸리도록 하는 프로세스의 외부 요소를 설명했다. 고루틴이 첫 번째로 스케줄돼 있는지 여부도 관심사다. 요점은 시간 초과가 일어나기 전에 고루틴의 첫 번째 반복이 발생한다는 것을 확신할 수 없다는 것이므로, 확률에 대해 생각해보자. 이 시간 초과는 얼마나 중요한가? 시간 초과를 늘릴 수는 있지만, 그렇게 하면 실패하는 데 더 많은 시간이 걸린다는 것을 의미한다. 따라서 전체적인 테스트 시간이 오래 걸릴 것이므로 테스트 모음의 속도가 느려진다.

이는 끔찍한 상황이다. 팀은 테스트 실패를 신뢰해야 할지 또는 무시해도 되는지를 더 이상 알지 못한다. 모든 노력이 흐트러지기 시작한다.

다행히도 하트비트로 이를 쉽게 해결할 수 있다. 다음은 사전에 실행 시간이 결정돼 있는 예제이다.

```
func TestDoWork_GeneratesAllNumbers(t *testing.T) {
  done := make(chan interface{})
  defer close(done)
  intSlice := []int{0, 1, 2, 3, 5}
  heartbeat, results := DoWork(done, intSlice...)
```

```
  <-heartbeat   ❶

  i := 0
  for r := range results {
    if expected := intSlice[i]; r != expected {
      t.Errorf("index %v: expected %v, but received %v,", i, expected, r)
    }
    i++
  }
}
```

❶ 여기서는 고루틴이 반복을 처리하기 시작했다는 신호를 보낼 때까지 대기한다.

이 테스트의 실행 결과는 다음과 같다.

```
ok      command-line-arguments                     2.002s
```

하트비트 덕분에 시간 초과 없이 안전하게 테스트를 작성할 수 있다. 유일한 운영상의
리스크는, 반복 작업 중 하나가 너무 많은 시간을 소비하는 것이다. 이 리스크가 중요하
다면, 더 안전한 고정 간격 기반의 하트비트를 활용해 완벽한 안전성을 얻을 수 있다.

다음은 고정 간격 기반 하트비트를 사용한 예제이다.

```
func DoWork(
  done <-chan interface{},
  pulseInterval time.Duration,
  nums ...int,
) (<-chan interface{}, <-chan int) {
  heartbeat := make(chan interface{}, 1)
  intStream := make(chan int)
  go func() {
    defer close(heartbeat)
    defer close(intStream)

    time.Sleep(2*time.Second)

    pulse := time.Tick(pulseInterval)
  numLoop:   ❷
```

```
      for _, n := range nums {
        for {  ❶
          select {
          case <-done:
            return

          case <-pulse:
            select {
            case heartbeat <- struct{}{}:
            default:
            }
          case intStream <- n:
            continue numLoop  ❸
          }
        }
      }
    }()

    return heartbeat, intStream
}

func TestDoWork_GeneratesAllNumbers(t *testing.T) {
    done := make(chan interface{})
    defer close(done)

    intSlice := []int{0, 1, 2, 3, 5}
    const timeout = 2*time.Second
    heartbeat, results := DoWork(done, timeout/2, intSlice...)

    <-heartbeat  ❹

    i := 0
    for {
      select {
      case r, ok := <-results:
        if ok == false {
          return
        } else if expected := intSlice[i]; r != expected {
          t.Errorf(
            "index %v: expected %v, but received %v,",
```

240

```
          i,
          expected,
          r,
        )
      }
      i++
    case <-heartbeat:   ❺
    case <-time.After(timeout):
      t.Fatal("test timed out")
    }
  }
}
```

❶ 두 개의 루프가 필요하다. 하나는 숫자 목록을 순회하는 것이며, 이 내부 루프는 숫자가 intStream에 성공적으로 전송될 때까지 실행된다.

❷ 여기에서 레이블을 사용해 내부 루프에서 continue하는 것을 조금 더 간단하게 만든다.

❸ 여기에서 외부 루프를 계속 실행[continue]한다.

❹ 고루틴의 루프에 들어갔음을 나타내는 첫 번째 하트비트가 발생할 때까지 계속 기다린다.

❺ 또한 시간 초과가 발생하지 않도록 여기에서 하트비트를 select한다.

이 테스트를 실행한 결과는 다음과 같다.

```
ok      command-line-arguments                      3.002s
```

이 버전의 테스트가 훨씬 더 불명확하다는 것을 눈치챘을지도 모르겠다. 예제에서 테스트하고 있는 논리가 약간 혼란스럽다. 이런 이유로 (고루틴의 루프가 일단 시작되면 실행을 멈추지 않는다고 논리적으로 확신한다면) 첫 번째 하트비트를 받았을 때 중단한 다음, 간단한 range 구문으로 들어갈 것을 추천한다. 채널을 닫지 못하거나 루프 반복이 너무 오래 걸리거나 다른 타이밍 관련 문제가 있는지 테스트하는 별도의 테스트를 작성할 수도 있다.

하트비트가 동시 코드 작성 시 엄격하게 필요한 것은 아니지만, 이 절에서는 그 용도를 설명했다. 오랫동안 실행되는 고루틴 또는 테스트가 필요한 고루틴의 경우는 이 패턴을 사용하는 것이 좋다.

복제된 요청

일부 애플리케이션의 경우, 가능한 빨리 응답을 받는 것이 최우선 과제다. 예를 들어, 애플리케이션이 사용자의 HTTP 요청을 처리 중이거나 복제된 데이터를 가져오는 중일 수 있다. 이러한 경우에는 일종의 교환을 할 수 있다. 여러 핸들러(고루틴, 프로세스 또는 서버)에 요청을 복제할 수 있으며, 그 중 하나는 다른 핸들러보다 빠르게 리턴될 것이고 그러면 즉시 결과를 리턴할 수 있다. 이 방법의 단점은 리소스를 활용해 핸들러의 여러 복사본을 계속 실행해야 한다는 것이다.

이 복제가 메모리 내에서 수행되면 비용이 많이 들지는 않지만, 핸들러를 복제할 때 프로세스, 서버 또는 데이터 센터를 복제해야 하는 경우 비용이 많이 든다. 이러한 비용이 실제로 이익이 되는지 결정해야 한다.

단일 프로세스 내에서 요청을 복제하는 방법을 살펴보자. 요청의 핸들러 역할을 위해 여러 고루틴들을 사용할 것이고, 각 고루틴은 작업의 부하를 시뮬레이션하기 위해 1~6 초 사이의 임의의 시간 동안 잠들 것이다. 이렇게 하면 다양한 시간에 결과를 리턴하는 핸들러를 제공할 수 있으며, 이것이 결과를 더 빠르게 얻을 수 있는 방법이라는 사실을 입증할 수 있다.

다음은 10개의 핸들러로 시뮬레이션된 요청을 복제하는 예제이다.

```
doWork := func(
  done <-chan interface{},
  id int,
  wg *sync.WaitGroup,
  result chan<- int,
) {
  started := time.Now()
```

```go
    defer wg.Done()

    // 랜덤한 작업 부하 시뮬레이션
    simulatedLoadTime := time.Duration(1+rand.Intn(5))*time.Second
    select {
    case <-done:
    case <-time.After(simulatedLoadTime):
    }

    select {
    case <-done:
    case result <- id:
    }

    took := time.Since(started)
    // 핸들러가 얼마나 오래 걸리는지 표시
    if took < simulatedLoadTime {
      took = simulatedLoadTime
    }
    fmt.Printf("%v took %v\n", id, took)
}

done := make(chan interface{})
result := make(chan int)

var wg sync.WaitGroup
wg.Add(10)

for i:=0; i < 10; i++ {  ❶
  go doWork(done, i, &wg, result)
}

firstReturned := <-result  ❷
close(done)  ❸
wg.Wait()

fmt.Printf("Received an answer from #%v\n", firstReturned)
```

❶ 요청을 처리할 핸들러 10개를 시작시킨다.

❷ 여러 개의 핸들러 중에서 처음으로 리턴된 값을 받는다.

❸ 나머지 핸들러들을 모두 취소시킨다. 이렇게 함으로써 그들이 더 이상 필요하지 않은 작업을 하지 않게 한다.

이 코드의 실행 결과는 다음과 같다.

```
8 took 1.000211046s
4 took 3s
9 took 2s
1 took 1.000568933s
7 took 2s
3 took 1.000590992s
5 took 5s
0 took 3s
6 took 4s
2 took 2s
Received an answer from #8 // 8번으로부터 응답을 받았다
```

이번 실행에서는 8번째 핸들러가 가장 빠르게 리턴한 것처럼 보인다. 이 출력은 얼마나 많은 시간을 절약할 수 있는지 알 수 있도록 각 핸들러가 얼마나 오랫동안 기다렸는지를 보여준다. 핸들러 하나만 뽑았는데 그것이 5번 핸들러라고 생각해보자. 요청을 처리하기 위해 잠깐 기다리는 것이 아니라 5초 동안이나 기다려야 했다.

이 접근법에서 유일한 주의 사항은 모든 핸들러에게 요청을 처리할 동등한 기회가 필요하다는 것이다. 다시 말해서, 요청을 처리할 수 없다면 그 핸들러가 아무리 빠르게 요청에 응답한다 해도 받을 수 없는 것이다. 앞서 말했듯이, 핸들러가 자신의 작업을 수행하는 데 사용하는 자원이 무엇이건 간에 그 자원을 복제해야 한다.

이 동일한 문제의 또 다른 증상은 획일성이다. 핸들러가 서로 너무 비슷하면 어떤 핸들러가 작업을 처리하든 이상치가 나올 확률이 더 적다. 그러므로 다른 프로세스, 기기, 데이터 저장소에 대한 경로 또는 서로 다른 데이터 저장소에 대한 접근 등 런타임 조건이 다른 핸들러로만 이러한 요청을 복제해야 한다.

이 기법은 설치 및 유지보수 비용이 비싸지만 속도가 목적일 때 유용하다. 또한 자연스럽게 내결함성과 확장성을 제공한다.

속도 제한

서비스용 API로 작업해본 적이 있다면 속도 제한과 씨름했을 가능성이 높다. 속도 제한이란, 리소스에 대한 접근을 단위 시간당 특정 횟수로 제한하는 것을 말한다. 이때 리소스는 API 연결, 디스크 읽기/쓰기, 네트워크 패킷, 에러 등 어떤 것도 될 수 있다.

서비스에 속도 제한을 적용하는 이유가 궁금했던 적 있는가? 시스템에 대한 자유로운 접근을 허용하지 않는 이유가 뭘까? 가장 확실한 대답은 시스템에 속도 제한을 도입함으로써 시스템에 대한 전체적인 공격 벡터 클래스를 차단한다는 것이다. 리소스가 허용하는 한 빠르게 시스템에 접근할 수 있으면 악의적인 사용자는 모든 종류의 작업을 수행할 수 있다.

예를 들어, 공격자는 로그 메시지나 유효한 요청으로 서비스의 디스크를 채울 수 있다. 로그 순환^{rotation}을 잘못 구성했다면, 공격자는 악의적인 작업을 수행할 수 있으며, 활동에 대한 기록이 로그에서 /dev/null로 순환될 만큼 충분한 요청을 할 수 있다. 공격자는 리소스에 대한 무차별적 접근을 시도할 수도 있고, 분산 서비스 거부 공격을 수행할 수도 있다. 요점은, 시스템에 대한 요청의 속도를 제한하지 않으면 쉽게 보안을 설정할 수 없다는 것이다.

악의적 사용이 속도 제한의 유일한 이유는 아니다. 분산 시스템에서는 합법적인 사용자가 너무 많은 양의 작업을 수행하거나 버그가 있는 코드를 연습하는 경우에도 다른 사용자의 시스템 성능을 저하시킬 수 있다. 또한 이 때문에 이전에 논의했던 죽음의 나선이 발생할 수도 있다. 제품의 관점에서 보자면 이는 끔찍한 문제다. 일반적으로 사용자가 어떤 정도의 성능을 기대할 수 있는지 일관된 기준을 보장하고자 할 것이다. 한 사용자가 이러한 합의에 영향을 미칠 수 있다면 좋지 않을 것이다. 사용자는 일반적으로 시스템에 대한 접근이 샌드 박스로 돼 있어 다른 사용자의 활동에 영향을 미치지도 영향을 받지도 않는다고 생각한다. 그 생각의 틀을 깨면 사용자는 시스템이 잘 설계되지 않은 것처럼 느껴질 수 있으며, 사용자가 화를 내거나 떠날 수도 있다.

사용자가 단 한명이어도 속도를 제한하는 것이 나을 수 있다. 많은 경우 시스템은 일반적인 유즈 케이스에서 잘 작동하도록 개발되었지만, 상황에 따라 다르게 작동하기 시작할 수 있다. 분산된 시스템과 같은 복잡한 시스템에서 이 영향이 시스템 전체로 파급될 수 있으며, 극단적이고 의도하지 않았던 결과를 초래할 수 있다. 어쩌면 부하가 상태에서 패킷을 삭제하기 시작할지도 모른다. 이로 인해 분산 데이터베이스가 쿼럼quorum(완료됐다고 여겨지는 작업에 반드시 응답해야 하는 서버의 수)을 잃어버리고, 쓰기를 허용하지 않게 돼 기존 요청이 실패하게 되며, 결국 뭔가 잘못된 일이 일어날 수 있음을 알 수 있다. 시스템이 이런 식으로 스스로에게 DDoS 공격을 수행하는 것이 전례가 없는 일도 아니다!

실제 사례

새로운 프로세스로 시작해 작업을 병렬로 확장하는, 여러 개의 기기로 수평 확장 가능한 분산 시스템에서 작업한 적이 있다. 각 프로세스는 데이터베이스 연결을 열고, 일부는 데이터를 읽고 일부는 연산을 수행한다. 한동안은 고객의 요구를 충족시키기 위해 이러한 방식으로 시스템을 확장하는 데 큰 성공을 거두었다. 그러나 얼마 후 시스템 사용률은 데이터베이스에서 읽는 시간이 초과될 정도까지 증가했다.

당시 데이터베이스 관리자는 로그를 조사해 무엇이 잘못됐는지 파악했다. 그리고 마침내 시스템의 어떤 것에 대해서도 속도 제한이 설정되지 않았기 때문에 프로세스가 서로 충돌하고 있음을 발견했다. 디스크 경합은 100%로 급상승하고, 다른 프로세스가 디스크의 다른 부분에서 데이터를 읽으려고 시도할 때까지 그 상태로 유지된다. 이로 인해 일종의 자학적인 라운드 로빈 시간 초과-재시도 루프가 발생했다. 작업은 결코 완료되지 않을 것이다.

우리는 가능한 데이터베이스 연결의 수를 제한하기 위한 시스템을 고안했다. 그리고 속도 제한도 도입해 클라우드 읽기 연결에서 초당 비트 수를 제한해 문제를 해결했다. 고객들은 작업이 완료될 때까지 더 오래 기다려야 했지만 작업은 어쨌든 완료됐으며, 우리는 시스템의 용량을 구조화된 방법으로 확장하기 위해 적절한 용량을 계획할 수 있게 됐다.

속도 제한은 시스템이 사전에 조사한 경계를 벗어나는 것을 막음으로써, 시스템의 성능과 안정성을 판단할 수 있도록 해준다. 이러한 경계를 확장해야 하는 경우, 많은 테스트를 마친 후에 통제된 방식으로 경계를 확장할 수 있다.

시스템에 대한 접근에 비용을 청구하는 시나리오에서는 속도 제한을 통해 고객과 건전한 관계를 유지할 수 있다. 속도가 심하게 제한된 상황에서 시스템을 사용해볼 수도 있다. 구글은 자사의 클라우드를 이런 식으로 제공해 큰 성공을 거두었다.

구글이 고객에게 요금 지불을 요청하면, 속도 제한을 통해 사용자를 보호할 수도 있다. 시스템에 대한 대부분의 접근은 프로그래밍 방식으로 이루어지므로, 유료 시스템에 제어할 수 없는 형태로 버그가 발생할 수 있다. 이 버그 때문에 비용이 많이 들 수도 있으며, 여러 방안 중 어떤 방안을 채택해야 할지 결정해야 하는 어색한 상황에 처하게 된다. 예를 들어, 서비스의 주인이 비용을 부담하고 의도하지 않은 접근을 용납할지, 아니면 사용자가 청구서를 지불하도록 할지 결정해야 한다. 사용자에게 비용을 청구하는 경우 영구적으로 관계가 악화될 수도 있다.

속도 제한은 종종 제한될 수 있는 자원을 만드는 사람들의 관점에서 생각할 수 있지만, 사용자가 속도 제한을 활용할 수도 있다. 서비스 API를 활용하는 방법을 이해하고 있다면, 속도 제한을 조정할 수 있어 매우 기분이 좋을 것이고 내 발등을 찍는 일을 피할 수 있을 것이다.

다행히도 절대 도달하지 못할 것으로 생각되는 한계를 설정하더라도, 속도를 제한하는 것이 좋다는 것을 확신시키기에 충분한 정당성을 부여했다. 속도 제한은 매우 간단하게 만들 수 있으며, 많은 문제를 해결하므로 사용하지 않을 이유가 없다.

Go에서 속도 제한을 구현하려면 어떻게 해야 하는가?

대부분의 속도 제한은 **토큰 버킷**token bucket이라는 알고리즘을 사용하여 이루어진다. 이는 이해하기 쉽고 구현하기도 비교적 쉽다. 배경이 되는 이론을 먼저 살펴보겠다.

리소스를 활용하려면 리소스에 대한 접근 토큰이 있어야 한다고 가정해보자. 토큰이 없으면 요청은 거부된다. 이제 이 토큰이 사용을 위해 검색 대기 중인 버킷에 저장되어 있다고 가정한다. 버킷의 깊이는 d이며, 이는 버킷이 한 번에 d개의 접근 토큰을 보유할 수 있음을 나타낸다. 예를 들어 버킷의 깊이가 5인 경우 다섯 개의 토큰을 보유할 수 있다.

이제 리소스에 접근해야 할 때마다 버킷으로 가서 토큰을 하나 제거한다. 버킷에 토큰이 다섯 개 있는데 리소스에 다섯 번 접근하려고 하면, 접근할 수 있다. 하지만 여섯 번째 시도에서는 사용할 수 있는 접근 토큰이 없을 것이다. 토큰이 사용 가능해질 때까지 요청을 대기열에 넣어 두거나 요청을 거부해야 한다.

이 개념을 시각화하는 데 도움이 되는 시간표가 있다. 시간은 초 단위의 시간 차이$^{time-delta}$를 나타내며, 버킷은 버킷 내의 요청 토큰 수를 나타내고, 요청 열의 tok은 요청의 성공을 나타낸다. (이 시간표 및 이후의 시간표에서는 시각화를 단순화하기 위해 요청은 즉각적이라고 가정한다.)

시간	버킷	요청
0	5	tok
0	4	tok
0	3	tok
0	2	tok
0	1	tok
0	0	
1	0	
	0	

첫 1초가 지나가기도 전에 다섯 번의 요청을 모두 할 수 있다는 것을 알 수 있으며, 더 이상 사용 가능한 토큰이 없으므로 대기한다.

지금까지는 꽤 간단하다. 토큰을 보충하는 것은 어떨까? 항상 새 토큰을 얻을까? 토큰 버킷 알고리즘에서는 토큰이 버킷에 다시 추가되는 속도를 r로 정의한다. 이 값은 1나노초일 수도 있고 1분일 수도 있다. 이것이 일반적으로 생각하는 속도 제한이 된다. 새 토큰을 사용할 수 있을 때까지 기다려야하기 때문에 작업은 이 재충전 속도에 의해 제한된다.

다음은 깊이가 1이고 초당 토큰 1개가 회전되는 토큰 버킷의 예제이다.

시간	버킷	요청
0	1	
0	0	tok
1	0	
2	1	
2	0	tok
3	0	
4	1	
4	0	tok

즉시 요청을 할 수 있지만, 곧 2초에 한 번으로 요청이 제한되는 것을 볼 수 있다. 속도 제한이 제대로 동작한다!

이제는 얼마나 많은 토큰을 바로 사용할 수 있을지를 나타내는 버킷의 깊이 d와, 토큰이 보충되는 속도인 r이라는 두 가지를 설정할 수 있다. 이 둘을 통해 간헐적 대량 요청의 최대치burstiness와 전반적인 속도 제한을 모두 제어할 수 있다. 간헐적 대량 요청의 최대치란, 단순히 버킷을 가득 채웠을 때 얼마나 많은 요청을 할 수 있는지를 의미한다.

다음은 깊이가 5이고, 초당 0.5개의 토큰이 회전되는 토큰 버킷의 예이다.

시간	버킷	요청
0	5	
0	4	tok
0	3	tok
0	2	tok
0	1	tok
0	0	tok
1	0(0.5)	
2	1	
2	0	tok
3	0(0.5)	
4	1	
4	0	tok

이번에는 즉시 5개의 요청을 할 수 있으며, 이 이후에 2초에 하나의 요청으로 제한된다. 간헐적 대량 요청^{burst}은 시작 부분에서 발생했다.

사용자가 하나의 긴 스트림에서 토큰 버킷 전체를 사용하지 못할 수 있다는 점에 유의하자. 버킷의 깊이는 버킷의 용량만 제어한다. 다음은 처음에 2개의 대량 요청, 그리고 4초 후에 5개의 대량 요청을 가진 사용자의 예이다.

시간	버킷	요청
0	5	
0	4	tok
0	3	tok
1	3	
2	4	
3	5	
4	5	
5	4	tok
5	3	tok
5	2	tok
5	1	tok
5	0	tok

사용자가 쓸 수 있는 토큰을 가지고 있기만 하다면, 순간 최대치는 시스템에 대한 접근을 허용하며 호출자의 용량에 의해서만 접근을 제한한다. 간헐적으로만 시스템에 접근하고, 작업을 끝내자마자 가능한 빠르게 돌아가고자 하는 사용자는 간헐적 대량 요청을 활용하는 것이 좋다. 동시에 집중되는 모든 사용자의 요청 시스템에서 처리할 수 있는지 또는 충분한 사용자가 시스템에 영향을 미치기 위해 동시에 요청을 집중시킬 가능성이 통계적으로 거의 없는지만 확인하면 된다. 어느 쪽이든, 속도 제한은 사전에 계산된 리스크만 감당할 수 있게 해준다.

이 알고리즘을 사용해 토큰 버킷 알고리즘의 구현에 대해 작성된 Go 프로그램이 어떻게 작동하는지 살펴보자.

API에 접근하는 척하면서, Go 클라이언트가 API를 활용하도록 제공한다. 이 API에는 두 개의 엔드 포인트가 있다. 하나는 파일 읽기용이고 다른 하나는 도메인 이름을 IP 주소로 해석하는 용도다. 단순화를 위해 실제로 서비스에 접근하는 데 필요한 인수와 리턴 값은 제거할 것이다. 그러므로 우리 클라이언트는 다음과 같다.

```go
func Open() *APIConnection {
  return &APIConnection{}
}

type APIConnection struct {}
func (a *APIConnection) ReadFile(ctx context.Context) error {
  // 여기서 작업하는 척한다.
  return nil
}

func (a *APIConnection) ResolveAddress(ctx context.Context) error {
  // 여기서 작업하는 척한다.
  return nil
}
```

이론적으로 이 요청은 네트워크를 통해 이루어지므로, 요청을 취소하거나 서버에 값을 전달해야 할 경우를 대비해 context.Context를 첫 번째 인수로 사용한다. 굉장히 표준적인 내용이다.

이제 이 API에 접근할 수 있는 간단한 드라이버를 만들 것이다. 이 드라이버는 10개의 파일을 읽고 10개의 주소를 확인해야 하는데, 파일과 주소는 서로 관련이 없으므로 드라이버는 이러한 API 호출을 동시에 수행할 수 있다. 이러한 사항은 나중에 APIClient에 부하를 가하고 속도 제한을 사용하는 데 도움이 된다.

```go
func main() {
  defer log.Printf("Done.")
  log.SetOutput(os.Stdout)
  log.SetFlags(log.Ltime | log.LUTC)

  apiConnection := Open()
  var wg sync.WaitGroup
```

```
  wg.Add(20)

  for i := 0; i < 10; i++ {
    go func() {
      defer wg.Done()
      err := apiConnection.ReadFile(context.Background())
      if err != nil {
        log.Printf("cannot ReadFile: %v", err)
      }
      log.Printf("ReadFile")
    }()
  }

  for i := 0; i < 10; i++ {
    go func() {
      defer wg.Done()
      err := apiConnection.ResolveAddress(context.Background())
      if err != nil {
        log.Printf("cannot ResolveAddress: %v", err)
      }
      log.Printf("ResolveAddress")
    }()
  }

  wg.Wait()
}
```

이 코드의 실행 결과는 다음과 같다.

```
20:13:13 ResolveAddress
20:13:13 ReadFile
20:13:13 ResolveAddress
20:13:13 ReadFile
20:13:13 ReadFile
20:13:13 ReadFile
20:13:13 ReadFile
20:13:13 ResolveAddress
20:13:13 ResolveAddress
20:13:13 ReadFile
```

```
20:13:13 ResolveAddress
20:13:13 ResolveAddress
20:13:13 ResolveAddress
20:13:13 ResolveAddress
20:13:13 ResolveAddress
20:13:13 ResolveAddress
20:13:13 ReadFile
20:13:13 ReadFile
20:13:13 ReadFile
20:13:13 ReadFile
20:13:13 Done.
```

모든 API 요청이 거의 동시에 처리되는 것을 볼 수 있다. 속도 제한 설정이 없으므로 고객이 원하는 만큼 자주 시스템에 접근할 수 있다. 이제는 드라이버에 무한 루프를 발생시킬 수 있는 버그가 있음을 알려줄 시점이 됐다. 만약 속도 제한이 없다면, 기분 나쁜 청구서를 받았을지도 모를 일이다.

그러면 이제 속도 제한을 도입해보자! 여기서는 `APIConnection` 내에 속도 제한을 도입할 것이지만, 일반적으로 속도 제한은 서버에서 실행돼 사용자가 쉽게 우회할 수 없다. 운영 시스템에서는 클라이언트가 거부당할 것이 뻔한 불필요한 호출을 하지 않도록 클라이언트 측 속도 제한을 포함시킬 수도 있지만 이는 최적화에 해당한다. 예제의 목적을 위해 클라이언트 측 속도 제한은 단순하게 유지한다.

golang.org/x/time/rate 패키지의 토큰 버킷 속도 제한기 구현을 사용하는 예제를 살펴보자. 이 패키지는 표준 라이브러리에 가깝기 때문에 이 패키지를 선택했다. 더 많은 신호들을 주고받으면서 동일한 일을 하는 다른 패키지가 분명 존재하며, 실제 운영 시스템에서 사용하기에는 더 좋은 서비스일 수 있다. 그러나 golang.org/x/time/rate 패키지는 매우 간단하므로 우리의 목적에는 더 잘 부합한다.

이 패키지와 상호작용할 수 있는 두 가지 방법은 `Limit` 타입과 `NewLimiter` 함수다. 다음을 살펴보자.

```
// Limit는 어떤 이벤트의 최대 빈도를 정의한다.
// Limit는 초당 이벤트의 수를 나타낸다. 0의 Limit는 아무런 이벤트도 허용하지
```

```
// 않는다.
type Limit float64

// NewLimiter은 새로운 r의 속도를 가지며 최대 b개의 토큰을 가지는
// 새로운 Limiter를 리턴한다.
func NewLimiter(r Limit, b int) *Limiter
```

NewLimiter에서는 익숙한 매개 변수인 r과 b를 볼 수 있다. r은 앞에서 논의한 속도이며, b는 앞에서 논의한 버킷 깊이다.

rate 패키지는 time.Duration을 Limit로 변환하는 것을 돕기 위해 도우미 메서드인 Every를 정의한다.

```
// Every는 Limit에 대한 이벤트 사이의 최소 시간 간격을 변환한다.
func Every(interval time.Duration) Limit
```

Every 함수는 의미가 있지만, 여기서는 속도 제한을 요청 간의 간격이 아니라 측정 시간 당 작업 수라는 면에서 논의하고자 한다. 이를 다음과 같이 나타낼 수 있다.

```
rate.Limit(events/timePeriod.Seconds())
```

하지만 매번 이를 입력하고 싶지는 않다. 또한 Every 함수는 주어진 interval이 0이면 rate.Inf를 리턴하는 특수한 논리를 가지고 있다. 따라서 자체 도우미 함수를 Every 함수로 표현할 것이다.

```
func Per(eventCount int, duration time.Duration) rate.Limit {
  return rate.Every(duration/time.Duration(eventCount))
}
```

rate.Limiter를 생성하고 난 후, 접근 토큰이 주어질 때까지 요청을 대기하도록 하는 데 이를 사용할 것이다. 이를 위해 Wati 함수를 사용하면 된다. 이 함수는 단순히 1을 매개 변수로 WaitN을 호출해준다.

```
// Wait 는 WaitN(ctx, 1)의 축약형이다.
func (lim *Limiter) Wait(ctx context.Context)
```

```
// WaitN 함수는 lim가 n개의 이벤트 발생을 허용할 때까지 대기한다.
// n이 Limiter의 버퍼 사이즈를 초과하면 error를 리턴하며, Context는 취소된다.
// 그렇지 않은 경우에는 Context의 Deadline이 지날 때까지 대기한다.
func (lim *Limiter) WaitN(ctx context.Context, n int) (err error)
```

이제 우리의 API 요청에 속도 제한을 시작하는 데 필요한 모든 재료를 가지고 있다.
APIConnection 타입을 수정하고 테스트해보자!

```
func Open() *APIConnection {
  return &APIConnection{
    rateLimiter: rate.NewLimiter(rate.Limit(1), 1), ❶
  }
}

type APIConnection struct {
  rateLimiter *rate.Limiter
}

func (a *APIConnection) ReadFile(ctx context.Context) error {
  if err := a.rateLimiter.Wait(ctx); err != nil { ❷
    return err
  }
  // 여기서 작업하는 척한다.
  return nil
}

func (a *APIConnection) ResolveAddress(ctx context.Context) error {
  if err := a.rateLimiter.Wait(ctx); err != nil { ❷
    return err
  }
  // 여기서 작업하는 척한다.
  return nil
}
```

❶ 여기서 모든 API 연결에 대해 1초당 1개의 이벤트라는 속도 제한을 설정한다.

❷ 여기서는 속도 제한에 의해 요청을 완료하기에 충분한 접근 토큰을 가질 때까지 대기한다.

이 코드의 실행 결과는 다음과 같다.

```
22:08:30 ResolveAddress
22:08:31 ReadFile
22:08:32 ReadFile
22:08:33 ReadFile
22:08:34 ResolveAddress
22:08:35 ResolveAddress
22:08:36 ResolveAddress
22:08:37 ResolveAddress
22:08:38 ResolveAddress
22:08:39 ReadFile
22:08:40 ResolveAddress
22:08:41 ResolveAddress
22:08:42 ResolveAddress
22:08:43 ResolveAddress
22:08:44 ReadFile
22:08:45 ReadFile
22:08:46 ReadFile
22:08:47 ReadFile
22:08:48 ReadFile
22:08:49 ReadFile
22:08:49 Done.
```

이전에는 동시에 모든 API 요청을 처리하는 반면, 이번에는 한 번에 한 개의 요청씩 완료한다. 우리의 속도 제한이 제대로 작동하는 것처럼 보인다!

이것은 매우 기본적인 속도 제한을 제공하지만, 운영 시에는 좀 더 복잡한 것을 원할 수 있다. 아마도 초당 요청의 수를 제한하는 세분화된 컨트롤과 분당, 시간당 또는 일별 요청을 제한하는 큰 규모의 컨트롤을 여러 계층으로 설정해야 할 것이다.

어떤 경우에는 하나의 속도 제한기를 사용해 이를 수행할 수도 있다. 그러나 모든 경우에 이것이 가능하지는 않으며, 시간 단위별 제한의 의미를 하나의 계층으로 말아버리면 속도 제한의 의도와 관련된 많은 정보를 잃게 된다. 이런 이유로 속도 제한기를 분리된 상태로 유지하면서, 여러 개의 속도 제한기를 하나의 속도 제한기로 결합해 상호 작용을 관리하는 것이 더 간단하다는 사실을 발견했다. 이런 관점에서 multiLimiter라는 간단한 통합된 속도 제한기를 만들었다. 그 정의는 다음과 같다.

```go
type RateLimiter interface {  ❶
  Wait(context.Context) error
  Limit() rate.Limit
}

func MultiLimiter(limiters ...RateLimiter) *multiLimiter {
  byLimit := func(i, j int) bool {
    return limiters[i].Limit() < limiters[j].Limit()
  }
  sort.Slice(limiters, byLimit)  ❷
  return &multiLimiter{limiters: limiters}
}

type multiLimiter struct {
  limiters []RateLimiter
}

func (l *multiLimiter) Wait(ctx context.Context) error {
  for _, l := range l.limiters {
    if err := l.Wait(ctx); err != nil {
      return err
    }
  }
  return nil
}

func (l *multiLimiter) Limit() rate.Limit {
  return l.limiters[0].Limit()  ❸
}
```

❶ 여기서 RateLimiter interface를 정의했으며, 이로 인해 MultiLimiter는 다른 MultiLimiter 인스턴스를 재귀적으로 정의할 수 있다.

❷ 여기서는 최적화를 구현하고 각 RateLimiter의 Limit()로 정렬한다.

❸ multiLimiter가 인스턴스화될 때 자식 RateLimiter 인스턴스들을 정렬하기 때문에, 간단하게 가장 한정적인 제한을 리턴할 수 있다. 슬라이스의 첫 번째 요소가 이에 해당한다.

Wait 메서드는 루프를 통해 모든 자식 속도 제한기를 순회하면서 각 자식 속도 제한기를 호출한다. 이러한 호출은 대기할 수도 있고 아닐 수도 있다. 그러나 요청의 각 속도 제한기에 통지해야만 토큰 버킷을 줄일 수 있다. 각각의 속도 제한에 따라 대기하게 되면 결과적으로 가장 긴 대기 시간 동안 기다리게 된다. 그 이유는 상대적으로 짧은 대기 시간들은 가장 긴 대기 시간에 포함되고, 짧은 대기들을 마치고 남은 시간만큼만 대기하도록 가장 긴 대기 시간을 다시 계산할 것이기 때문이다. 버킷 앞쪽의 짧은 대기로 인해 기다리는 동안 긴 대기 시간들은 버킷을 다시 채우고 있기 때문에 대기 시간이 조정되는 것이며, 그 후에 대기들은 즉시 리턴된다.

이제 여러 속도 제한들로부터 속도 제한을 표시할 수 있는 방법이 생겼으므로 이를 수행해보자. APIConnection를 초당 제한과 분당 제한을 가지도록 재정의한다.

```go
func Open() *APIConnection {
  secondLimit := rate.NewLimiter(Per(2, time.Second), 1)    ❶
  minuteLimit := rate.NewLimiter(Per(10, time.Minute), 10) ❷
  return &APIConnection{
    rateLimiter: MultiLimiter(secondLimit, minuteLimit),    ❸
  }
}

type APIConnection struct {
  rateLimiter RateLimiter
}

func (a *APIConnection) ReadFile(ctx context.Context) error {
  if err := a.rateLimiter.Wait(ctx); err != nil {
    return err
  }
  // 여기서 작업하는 척한다.
  return nil
}
```

```
func (a *APIConnection) ResolveAddress(ctx context.Context) error {
  if err := a.rateLimiter.Wait(ctx); err != nil {
    return err
  }
  // 여기서 작업하는 척한다.
  return nil
}
```

❶ 여기서는 대량 요청을 처리하지 않는 초당 속도 제한을 정의한다.

❷ 여기서는 사용자에게 초기 풀^{pool}을 제공하기 위해 10개의 대량 요청을 처리할 수 있는 분당 속도 제한을 정의한다. 초당 제한을 통해 시스템에 요청 과부하가 이루어지지 않게 할 수 있다.

❸ 그런 다음 두 제한을 결합하여 APIConnection의 주 속도 제한기로 설정한다.

이 코드의 실행 결과는 다음과 같다.

```
22:46:10 ResolveAddress
22:46:10 ReadFile
22:46:11 ReadFile
22:46:11 ReadFile
22:46:12 ReadFile
22:46:12 ReadFile
22:46:13 ReadFile
22:46:13 ReadFile
22:46:14 ReadFile
22:46:14 ReadFile
22:46:16 ResolveAddress
22:46:22 ResolveAddress
22:46:28 ReadFile
22:46:34 ResolveAddress
22:46:40 ResolveAddress
22:46:46 ResolveAddress
22:46:52 ResolveAddress
22:46:58 ResolveAddress
22:47:04 ResolveAddress
22:47:10 ResolveAddress
22:47:10 Done.
```

여기서 볼 수 있듯이 11번째 요청까지 초당 두 건을 요청한다. 이 시점부터 6초마다 요청하기 시작한다. 이것은 분당 요청 토큰의 사용 가능한 풀을 모두 소모해 초당 속도 제한에 의해 제한을 받기 때문이다.

11번째 요청이 이후의 나머지 요청들처럼 6초 후에 이루어지는 것이 아니라, 2초 후에 발생하는 이유가 다소 직관적이지 않을 수 있다. API 요청은 1분당 10번으로 제한되지만, 그 시간의 범위는 시간이 지남에 따라 이동^{sliding window}한다. 11번째 요청에 도달했을 때 1분이 지났기 때문에 분당 속도 제한기는 새로운 토큰을 하나 얻게 된다.

이와 같이 제한를 정의하면 미세한 수준으로 요청을 제한하면서도 대단위의 한계를 명확하게 표현할 수 있다.

이 기법을 사용하면 시간 이외의 다른 차원에서 생각할 수도 있다. 시스템의 속도를 제한하면 아마 두 가지 이상을 제한하게 될 것이다. API 요청의 수에 제한이 있을 수 있지만 디스크 접근, 네트워크 접근 등과 같은 다른 리소스에 대한 제한도 있을 것이다. 예제에 조금 더 살을 붙이고 디스크 및 네트워크의 속도 제한을 설정해보자.

```go
func Open() *APIConnection {
  return &APIConnection{
    apiLimit: MultiLimiter(  ❶
      rate.NewLimiter(Per(2, time.Second), 2),
      rate.NewLimiter(Per(10, time.Minute), 10),
    ),
    diskLimit: MultiLimiter(  ❷
      rate.NewLimiter(rate.Limit(1), 1),
    ),
    networkLimit: MultiLimiter(  ❸
      rate.NewLimiter(Per(3, time.Second), 3),
    ),
  }
}

type APIConnection struct {
  networkLimit,
  diskLimit,
  apiLimit RateLimiter
```

```
}

func (a *APIConnection) ReadFile(ctx context.Context) error {
  err := MultiLimiter(a.apiLimit, a.diskLimit).Wait(ctx) ❹
  if err != nil {
    return err
  }
  // 여기서 작업하는 척한다.
  return nil
}

func (a *APIConnection) ResolveAddress(ctx context.Context) error {
  err := MultiLimiter(a.apiLimit, a.networkLimit).Wait(ctx) ❺
  if err != nil {
    return err
  }
  // 여기서 작업하는 척한다.
  return nil
}
```

❶ 여기서는 API 호출에 대한 속도 제한을 설정한다. 초당 요청 수 및 분당 요청 수에 대한 제한이 있다.

❷ 여기서는 디스크 읽기에 대한 속도 제한을 설정한다. 초당 1번의 읽기로 제한한다.

❸ 네트워크에 대해서는 초당 3번의 읽기로 제한한다.

❹ 파일을 읽으려고 하면 API 호출에 대한 제한과 디스크 읽기에 대한 제한이 조합될 것이다.

❺ 네트워크에 접근하려고 하면 API 제한기와 네트워크 제한기가 조합될 것이다.

이 코드의 실행 결과는 다음과 같다.

```
01:40:15 ResolveAddress
01:40:15 ReadFile
01:40:16 ReadFile
01:40:17 ResolveAddress
01:40:17 ResolveAddress
```

```
01:40:17 ReadFile
01:40:18 ResolveAddress
01:40:18 ResolveAddress
01:40:19 ResolveAddress
01:40:19 ResolveAddress
01:40:21 ResolveAddress
01:40:27 ResolveAddress
01:40:33 ResolveAddress
01:40:39 ReadFile
01:40:45 ReadFile
01:40:51 ReadFile
01:40:57 ReadFile
01:41:03 ReadFile
01:41:09 ReadFile
01:41:15 ReadFile
01:41:15 Done.
```

여기에서 또 다른 시간표를 만들어 각 호출이 왜 일어나는지를 분석할 수는 있지만, 그러면 핵심을 놓치게 될 것이다. 그 대신 논리적 속도 제한기들을 각 호출에 맞게 그룹으로 구성할 수 있으며, APIConnection이 제대로 작업을 수행한다는 사실에 초점을 맞추도록 하겠다. APIConnection의 동작에 대해 간략하게 설명하자면, 네트워크 접근과 관련된 API 호출이 좀 더 규칙적인 것처럼 보이며, 처음 2/3 부분에서 끝나는 것을 볼 수 있다. 이는 고루틴들이 스케줄링돼 있는 것과 관련이 있을 수도 있지만, 속도 제한기가 제대로 동작하는 쪽이 훨씬 더 관련이 있다.

또한 rate.Limiter 타입이 최적화 및 다양한 사용 사례를 위해 몇 가지 특별한 트릭을 가지고 있다는 점도 언급해야 겠다. 토큰 버킷이 또 다른 토큰을 받을 때까지 기다릴 수 있는 기능에 대해서만 설명했지만, 이를 사용하는 데 관심이 있다면 몇 가지 다른 기능이 있다는 점도 알아두자.

이 절에서는 속도 제한을 활용해야 하는 이유 및 그 구축 알고리즘, Go의 토큰 버킷 알고리즘 구현, 여러 개의 토큰 버킷 제한기를 더 크고 복잡한 속도 제한기로 구성하는 방법에 대해 살펴봤다. 이는 속도 제한에 대한 개요를 알려주며, 현장에서 사용하기 시작하는 데 도움이 된다.

비정상 고루틴의 치료

데몬과 같이 수명이 긴 프로세스에서는 수명이 긴 고루틴의 집합을 사용하는 것이 일반적이다. 이러한 고루틴들은 보통 어떤 식으로든 데이터가 들어오기를 기다리면서 멈춰있다가, 데이터가 오면 깨어나서 작업을 수행한 다음 데이터를 전달한다. 때때로 고루틴은 제대로 제어하지 못하는 리소스에 의존한다. 어쩌면 고루틴이 웹 서비스에서 데이터를 가져오라는 요청을 받거나, 임시 파일을 모니터링하는 중일 수도 있다. 요점은 고루틴이 외부의 도움없이 복구할 수 없는 나쁜 상태에 빠지기 쉽다는 것이다. 만약 관심사를 분리한다고 하면, 나쁜 상태에서 스스로 회복하는 방법을 알아내기 위한 작업을 수행하는 것이 고루틴의 관심사가 되어서는 안 된다고까지 말할 수 있다. 장기간 실행되는 프로세스에서는, 고루틴이 건강한 상태인지 확인하고 건강한 상태가 아니라면 재시작하는 메커니즘을 만드는 것이 도움이 될 수 있다. 고루틴을 다시 시작하는 과정을 "치료"라고 한다.[2]

고루틴을 치료하기 위해, 모니터링하는 고루틴의 생존 여부를 확인하려는 목적으로 하트비트 패턴을 사용한다. 하트비트의 유형은 모니터링하려는 내용에 따라 결정되지만, 고루틴이 라이브락에 빠질 수 있는 경우, 하트비트에 고루틴이 살아 있을 뿐만 아니라 유용한 작업도 수행하고 있음을 나타내는 정보가 포함되도록 하라. 이 절에서는 단순화를 위해 고루틴의 작동 여부만을 고려한다.

고루틴의 건강 상태를 모니터하는 논리를 스튜어드^{steward, 관리인}라고 부를 것이며 모니터링되는 고루틴을 와드^{ward, 피후견인}라고 부를 것이다. 스튜어드는 와드의 고루틴이 비정상 상태가 되면 해당 고루틴이 재시작되도록 해야 할 책임이 있다. 이를 위해 해당 고루틴을 시작시킬 수 있는 함수에 대한 참조가 필요하다. 스튜어드가 어떤 형태를 가지는지 살펴보자.

```
type startGoroutineFn func(
  done <-chan interface{},
  pulseInterval time.Duration,
) (heartbeat <-chan interface{}) ❶
```

---

2   얼랭(Erlang)에 익숙한 사람이라면 이 개념을 알아볼 것이다! 얼랭의 감독관(supervisor) 역시 완전히 동일한 역할을 한다.

```
newSteward := func(
  timeout time.Duration,
  startGoroutine startGoroutineFn,
) startGoroutineFn {    ❷
  return func(
    done <-chan interface{},
    pulseInterval time.Duration,
  ) (<-chan interface{}) {
    heartbeat := make(chan interface{})
    go func() {
      defer close(heartbeat)

      var wardDone chan interface{}
      var wardHeartbeat <-chan interface{}
      startWard := func() {    ❸
        wardDone = make(chan interface{})    ❹
        wardHeartbeat = startGoroutine(or(wardDone, done), timeout/2) ❺
      }
      startWard()
      pulse := time.Tick(pulseInterval)

    monitorLoop:
      for {
        timeoutSignal := time.After(timeout)

        for {    ❻
          select {
          case <-pulse:
            select {
            case heartbeat <- struct{}{}:
            default:
            }
          case <-wardHeartbeat:    ❼
            continue monitorLoop
          case <-timeoutSignal:    ❽
            log.Println("steward: ward unhealthy; restarting")
            close(wardDone)
            startWard()
            continue monitorLoop
          case <-done:
```

```
            return
        }
      }
    }
  }()

  return heartbeat
  }
}
```

❶ 여기서는 모니터링되고 재시작될 고루틴의 시그니처를 정의한다. 하트비트 패턴에서 친숙한 done 채널 및 pulseInterval과 heartbeat를 볼 수 있다.

❷ 이 행에서 스튜어드가 모니터링 대상이 되는 고루틴에 대한 timeout과, 모니터링하는 고루틴을 실행하기 위한 startGoroutine 함수를 인자로 받는 것을 볼 수 있다. 흥미롭게도 스튜어드는 startGoroutineFn을 리턴하는데, 이는 스튜어드 자체도 역시 모니터링 가능하다는 것을 나타낸다.

❸ 여기서는 정형화된 방식으로 우리가 모니터링할 고루틴을 시작시킬 클로저^{closure}를 작성한다.

❹ 여기서는 중단 신호를 보내야 할 경우를 대비해, 피후견인 고루틴으로 전달할 새로운 채널을 만든다.

❺ 여기서 모니터링할 고루틴을 시작한다. 스튜어드가 멈추거나 혹은 스튜어드가 와드 고루틴을 멈추게 하고자 하는 경우에 와드 고루틴이 멈추기를 원하기 때문에 논리적인 or로 두 가지 done 채널을 모두 감싸준다. 전달한 pulseInterval은 시간 초과 기간의 절반이지만, 227페이지의 "하트비트"에서 이야기했듯이 이 값은 조정 가능하다.

❻ 이것은 스튜어드가 자체적으로 펄스를 보낼 수 있도록 하는 내부 루프이다.

❼ 여기서 와드의 하트비트를 받으면 계속 모니터링 루프를 진행한다.

❽ 이 행은 시간 초과 기간 내에 와드로부터 펄스를 받지 못하면 와드를 중단시키고 새로운 와드 고루틴이 시작되도록 요청한다는 것을 나타낸다. 모니터링을 계속한다.

for 루프는 다소 바쁘다. 하지만 관련된 패턴을 잘 알고 있으면 비교적 쉽게 읽을 수 있다. 스튜어드를 테스트 삼아 실행해보자. 오작동하는 고루틴을 모니터링하면 어떻게 될까? 한번 살펴보자.

```
log.SetOutput(os.Stdout)
log.SetFlags(log.Ltime | log.LUTC)

doWork := func(done <-chan interface{}, _ time.Duration) <-chan interface{} {
  log.Println("ward: Hello, I'm irresponsible!")
  go func() {
    <-done  ❶
    log.Println("ward: I am halting.")
  }()
  return nil
}
doWorkWithSteward := newSteward(4*time.Second, doWork)  ❷

done := make(chan interface{})
time.AfterFunc(9*time.Second, func() {  ❸
  log.Println("main: halting steward and ward.")
  close(done)
})

for range doWorkWithSteward(done, 4*time.Second) {}  ❹
log.Println("Done")
```

❶ 여기서는 이 고루틴이 아무것도 하지 않고 취소되기만 기다린다는 것을 알 수 있다. 이 고루틴은 아무런 펄스도 보내지 않는다.

❷ 이 행은 doWork 고루틴의 시작시키는 스튜어드를 생성하는 함수를 만든다. doWork에 대한 시간 초과는 4초로 설정했다.

❸ 9초 후에 스튜어드와 와드 모두를 중단시켜 예제를 끝낼 것이다.

❹ 마지막으로 예제가 멈추는 것을 막기 위해, 스튜어드를 시작시키고 그 펄스들을 순회하기 시작한다.

266

이 예제의 실행 결과는 다음과 같다.

```
18:28:07 ward: Hello, I'm irresponsible!(응답할 수 없습니다)
18:28:11 steward: ward unhealthy; restarting(와드가 비정상 상태이므로 재시작합니다)
18:28:11 ward: Hello, I'm irresponsible!
18:28:11 ward: I am halting.(중단합니다)
18:28:15 steward: ward unhealthy; restarting
18:28:15 ward: Hello, I'm irresponsible!
18:28:15 ward: I am halting.
18:28:16 main: halting steward and ward.(스튜어드와 와드를 중단합니다)
18:28:16 ward: I am halting.
18:28:16 Done
```

제대로 동작하는 것처럼 보인다. 와드는 조금 단순하긴 하다. 취소와 하트비트에 필요한 것 외에는 매개 변수를 필요로 하지도 않고 아무런 인자도 리턴하지 않는다. 스튜어드와 함께 사용할 수 있는 형태를 가진 와드를 어떻게 만들 수 있을까? 매번 와드에 맞게 스튜어드를 재작성하거나 생성할 수 있지만, 이 일은 번거롭고 불필요하다. 대신 클로저를 사용할 것이다. 불연속적인 값의 목록을 기반으로 정수 스트림을 생성할 와드를 살펴보자.

```go
doWorkFn := func(
  done <-chan interface{},
  intList ...int,
) (startGoroutineFn, <-chan interface{}) {  ❶
  intChanStream := make(chan (<-chan interface{}))  ❷
  intStream := bridge(done, intChanStream)
  doWork := func(
    done <-chan interface{},
    pulseInterval time.Duration,
  ) <-chan interface{} {  ❸
    intStream := make(chan interface{})  ❹
    heartbeat := make(chan interface{})
    go func() {
      defer close(intStream)
      select {
      case intChanStream <- intStream:  ❺
      case <-done:
```

```
        return
      }

    pulse := time.Tick(pulseInterval)

    for {
      valueLoop:
      for _, intVal := range intList {
        if intVal < 0 {
          log.Printf("negative value: %v\n", intVal)  ❻
          return
        }

        for {
          select {
          case <-pulse:
            select {
            case heartbeat <- struct{}{}:
            default:
            }
          case intStream <- intVal:
            continue valueLoop
          case <-done:
            return
          }
        }

      }
    }
  }()
  return heartbeat
  }
  return doWork, intStream
}
```

❶ 여기서는 와드가 감싸기를 원하는 값을 받아서, 와드가 통신하는 데 사용하게 될 모든 채널을 리턴할 것이다.

❷ 이 행은 브리지 패턴의 일부로 채널들의 채널을 생성한다.

❸ 여기서 스튜어드가 시작시키고 감시할 클로저를 만든다.

❹ 여기에서 와드의 고루틴 인스턴스 내에서 통신할 채널을 인스턴스화한다.

❺ 여기서 브리지에게 통신할 새로운 채널에 대해 알려준다.

❻ 이 행은 음수를 만났을 때 에러를 로깅하고 고루틴으로부터 리턴함으로써 비정상 상태의 와드를 시뮬레이션한다.

와드의 사본을 여러 개 실행할 것이기 때문에, doWork의 소비자에게 하나의 중단되지 않는 채널을 제공할 수 있도록 도와주는 브리지 채널(176페이지의 "bridge 채널" 참조)을 사용한다. 이러한 기법을 사용하면, 패턴들을 구성을 통해 간단하게 와드를 복합적으로 만들 수 있다. 이를 어떻게 활용하는지 살펴보자.

```
log.SetFlags(log.Ltime | log.LUTC)
log.SetOutput(os.Stdout)

done := make(chan interface{})
defer close(done)

doWork, intStream := doWorkFn(done, 1, 2, -1, 3, 4, 5)  ❶
doWorkWithSteward := newSteward(1*time.Millisecond, doWork)  ❷
doWorkWithSteward(done, 1*time.Hour) ❸

for intVal := range take(done, intStream, 6) {  ❹
  fmt.Printf("Received: %v\n", intVal)
}
```

❶ 이 행은 와드 함수를 생성하는데, 이 함수는 가변 정수 슬라이스를 감싸고 다시 통신할 스트림을 리턴할 수 있게 해준다.

❷ 여기서는 doWork 클로저를 모니터링할 스튜어드를 만든다. 상당히 빠르게 실패할 것이라 예상하기 때문에 모니터링 기간을 1밀리초로 설정한다.

❸ 여기서는 스튜어드에게 와드를 시작하고 모니터링을 시작하라고 말한다.

❹ 마지막으로, 개발한 파이프라인 단계 중 하나를 사용하고 intStream으로부터 첫 6개
의 값을 가져온다. 이 코드의 실행 결과는 다음과 같다.

```
Received: 1
23:25:33 negative value: -1
Received: 2
23:25:33 steward: ward unhealthy; restarting
Received: 1
23:25:33 negative value: -1
Received: 2
23:25:33 steward: ward unhealthy; restarting
Received: 1
23:25:33 negative value: -1
Received: 2
```

수신한 값들 속에 흩어져 있는, 와드로부터의 에러를 볼 수 있으며, 스튜어드는 에러를
탐지하고 와드를 재시작시킨다. 또한 1과 2만 수신된다는 것을 알 수 있다. 이는 처음
부터 매번 나타나는 와드의 증상이다. 와드를 개발할 때, 시스템이 중복된 값에 민감하
다면 이를 고려해야 한다. 또한 특정 횟수만큼 실패한 이후에는 종료되도록 스튜어드를
작성하는 것도 생각해볼 수 있다. 이 경우에 반복 시마다 클로저가 감싸고 있는 intList
를 업데이트함으로써 간단하게 생성기가 상태를 유지하게^{stateful}하게 만들 수 있다. 이전
과 비교해보자.

```
valueLoop:
for _, intVal := range intList {
  // ...
}
```

이 대신 다음과 같이 작성할 수 있다.

```
valueLoop:
  for {
    intVal := intList[0]
    intList = intList[1:]
    // ...
  }
```

이렇게 하면 잘못된 음수에 계속 머물러 있게 되고 와드가 계속 실패할 수는 있지만, 와드가 다시 시작되는 동안에도 상태가 저장될 것이다.

이 패턴을 사용하면 장기간 실행되는 고루틴의 상태를 정상적으로 유지하면서 지속적으로 실행되도록 할 수 있다.

요약

5장에서는 시스템을 안정적으로 유지하고, 분산돼 있는 대규모 시스템일 수도 있는 해당 문제 도메인에서 이해할 수 있게 유지하기 위한 몇 가지 방법을 배웠다. 또한 고차원 추상화를 생성할 때 Go의 동시성 기본 요소들이 어떻게 확장되는지도 알아봤다. 동시성을 중심으로 설계된 언어의 이점이 없었더라면 이러한 패턴은 훨씬 복잡해지고 훨씬 덜 견고했을 것이다.

6장에서는 Go의 런타임의 내부를 탐색하여 동작 방식을 자세히 배워본다. 또한 Go 소프트웨어 개발 및 디버깅 작업을 좀 더 쉽게 수행할 수 있는 유용한 도구도 살펴본다.

고루틴과 Go 런타임

Go 언어로 작업할 때는 언어 자체가 동시성을 매우 쉽게 만들어 주기 때문에 이 동시성을 제대로 활용하는 것이 중요하다! Go의 런타임이 모든 것을 하나로 엮는 방법을 이해해야 하는 경우는 거의 없었다. 그러나 여전히 이 정보가 유용한 경우가 있으며, 2장에서 논의했던 내용들 역시 Go의 런타임 덕분에 가능한 것이기 때문에 런타임의 동작 방식을 잠시 살펴볼 가치가 있다. 또한 런타임은 재미있다는 부가적인 이점을 가지고 있다!

Go 런타임이 하는 모든 일 중 고루틴을 생성하고 관리하는 일이 아마 당신과 당신의 소프트웨어에 가장 유익할 것이다. Go를 탄생시킨 회사인 구글은 전부터 컴퓨터 과학 이론과 백서를 업무에 활용해왔기 때문에, Go에 학계의 여러 아이디어가 포함돼 있다는 것은 놀라운 일이 아니다. 놀라운 것은 개별 고루틴의 뒤에 존재하는 정교함이다. Go는 프로그램의 성능을 향상시키는 몇 가지 강력한 아이디어를 훌륭하게 수행했을 뿐만 아니라, 이러한 세부 사항을 추상화하고 개발자가 작업할 수 있는 매우 간단한 외관을 제공하는 데도 성공했다.

작업 가로채기

57페이지의 "동시성을 지원하는 언어의 장점"과 65페이지의 "고루틴"에서 설명했듯이, Go는 OS 스레드에 다중화하는 방식으로 고루틴을 다룬다. 이를 위해 사용하는 알고리즘을 작업 가로채기[work stealing] 전략이라고 한다. 무슨 뜻일까?

먼저 공정한 스케줄링이라고 하는, 여러 개의 프로세서에서 작업을 공유하기 위한 단순한 전략을 살펴보겠다. 모든 프로세서가 동등하게 활용되도록 하기 위해, 사용 가능한 모든 프로세서 간에 부하를 균등하게 분산시킬 수 있다. 작업을 수행할 n개의 프로세서와 x개의 작업이 있다고 가정해보자. 공정한 스케줄링 전략에서 각 프로세서는 x/n개의 작업을 얻는다.

```
<Schedule Task 1>
<Schedule Task 2>
<Schedule Task 3>
<Schedule Task 4>
```

불행하게도 이 접근 방식에는 문제가 몇 가지 있다. 65페이지의 "고루틴"을 기억하는지 모르겠지만, Go는 fork-join 모델을 사용해 동시성을 모델링한다. fork-join 패러다임에서는 작업들이 서로 의존적일 가능성이 높으며, 단순하게 프로세서별로 분할하면 프로세서 중 하나가 제대로 활용되지 않을 수 있다. 이뿐만 아니라, 동일한 데이터를 필요로 하는 작업들이 서로 다른 프로세서에서 스케줄링돼 캐시의 지역성[cache locality]이 나빠질 수 있다. 예제를 통해 그 이유를 살펴보자.

앞에서 설명한 공정한 스케줄링 전략에 따라 프로세서에 작업이 분산되는 간단한 프로그램을 생각해보자. 작업 2가 완료될 때까지 더 오래 걸린다면 어떻게 될까?

시간	P1	P2
	T1	T2
n+a	T3	T2
n+a+b	(유휴)	T4

a와 b 사이의 시간 간격이 어떻게 되든, 프로세서 1은 대기할 것이다.

작업들 사이에 상호작용이 있다면 어떻게 될까? 하나의 프로세서에 할당된 작업이 다른 프로세서에 할당된 작업의 결과를 필요로 한다면? 예를 들어, 작업 1이 작업 4에 의존적인 경우는 어떻게 될까?

시간	P1	P2
	T1	T2
n+a	(대기)	T2
n+a+b	(대기)	T4
n+a+b+c	T1	(유휴)
n+a+b+c+d	T3	(유휴)

이 시나리오에서 프로세서 1은 작업 2와 4가 계산될 때까지 완전히 유휴^{idle} 상태이다. 프로세서 1은 작업 1에서 대기 중이고 프로세서 2는 작업 2가 점유하고 있으므로, 프로세서 1이 대기 상태에서 벗어나기 위해 스스로 작업 4를 수행할 수도 있었다.

이것은 FIFO 대기열이 도움이 될 수 있는 기본적인 부하 분산 문제와 같으므로 이렇게 해보자. 대기열에 스케줄링된 작업들을 수행하는데, 각 프로세서는 처리 용량이 허용될 때 대기열에서 작업을 꺼내오고 그렇지 않으면 조인에서 대기한다. 이것이 살펴볼 첫 번째 유형의 작업 가로채기 알고리즘이다. 이걸로 문제가 해결됐을까?

그럴 수도 있다. 활용률이 낮은 프로세서로 인한 문제를 해결하기 때문에 단순히 프로세서들 사이에 작업을 나누는 것보다는 낫지만, 모든 프로세서가 사용해야만 하는 대기열이라는 중앙 집중식 데이터 구조를 도입했다. 30페이지의 "메모리 접근 동기화"에서 설명했듯이 임계 영역에 계속해서 들어가고 나오는 것은 비용이 많이 든다. 이뿐만 아니라 캐시의 지역성 문제도 악화됐다. 이제는 작업을 대기열에 추가하거나 제거하기를 원할 때마다 중앙 집중식 대기열을 각 프로세서의 캐시에 로드한다. 그럼에도 불구하고 세분화되지 않은 작업의 경우 이는 유효한 접근 방법이다. 그러나 고루틴은 대개 잘게 나누어져 있다. 따라서 중앙 집중식 대기열은 작업 스케줄링 알고리즘에서 좋은 선택지가 될 수 없다.

다음으로 할 수 있는 도약은 작업 대기열을 분산시키는 것이다. 다음과 같이 각 프로세서에게 자체 스레드와 양쪽에서 넣고 뺄 수 있는 큐, 즉 데큐^{dequeue}를 제공할 수 있다.

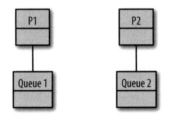

높은 경쟁 하에서 중앙 집중식 데이터 구조에 대한 문제를 해결했지만, 캐시의 지역성 및 프로세서 활용과 관련된 문제는 어떤가? 이때 작업이 P1에서 시작되고 모든 포크^{fork}된 작업이 P1의 대기열에 배치되면 P2에는 어떻게 작업이 이루어지는가? 그리고 작업이 대기열 사이에서 이동하기 때문에 이제는 컨텍스트 전환에 문제가 없어졌는가? 작업 가로채기 알고리즘과 분산 대기열이 함께 작동하는 방식에 대한 규칙을 살펴보겠다.

다시 한번 환기하자면, Go는 동시성을 위해 fork-join 모델을 따른다. 포크는 고루틴이 시작되는 시점, 합류 지점^{join point}은 두 개 이상의 고루틴이 sync 패키지의 채널이나 타입을 통해 동기화되는 시점이다. 작업 가로채기 알고리즘은 몇 가지 기본 규칙을 따른다.

1. 포크 지점에서 이 스레드와 연관된 데큐의 끝에 작업을 추가한다.

2. 스레드가 유휴 상태이면, 임의의 다른 스레드와 관련된 데큐의 앞[head]에서 작업을 가로챈다.

3. 아직 실현되지 않은 합류 지점(즉 아직 완료되지 않은 고루틴과 동기화)에서, 스레드 자체 데큐의 꼬리 부분을 제거한다.

4. 스레드의 데큐 양쪽이 모두 비어 있는 경우,

    a. 조인을 지연시킨다.

    b. 임의의 스레드와 관련된 데큐의 앞 쪽에서 작업을 가로챈다.

이것은 약간 추상적이어서, 실제 코드를 살펴보면서 이 알고리즘을 실제로 살펴보자. 다음 프로그램은 피보나치 수열을 재귀적으로 계산한다.

```go
var fib func(n int) <-chan int
fib = func(n int) <-chan int {

  result := make(chan int)
  go func() {
    defer close(result)
    if n <= 2 {
      result <- 1
      return
    }
    result <- <-fib(n-1) + <-fib(n-2)
  }()
  return result
}
fmt.Printf("fib(4) = %d", <-fib(4))
```

이 Go 프로그램에서 이 버전의 작업 가로채기 알고리즘이 어떻게 작동하는지 살펴보겠다. 이 프로그램이 두 개의 단일 코어 프로세서가 있는 가상 머신에서 실행된다고 가정해보자. 각 프로세서에 하나의 OS 스레드씩, 프로세서 1에 대해 T1, 프로세서 2에 대해 T2를 생성한다. 이 예제를 살펴보면서 몇 가지 구조를 제공하기 위해 T1에서 T2로 전환할 것이다. 실제로 이 중 어느 것도 실행 시간이 사전에 결정돼 있지 않다.

이제 프로그램이 시작된다. 처음에는 main 고루틴 하나만 있으며, 프로세서 1에 스케줄링된 것으로 가정한다.

T1 호출 스택	T1 작업 데큐	T2 호출 스택	T2 작업 데큐
(main 고루틴)			

다음으로 fib(4)의 호출에 도달한다. 이 고루틴은 T1의 작업 데큐의 꼬리에 스케줄링돼 위치할 것이고, 부모 고루틴은 연산을 계속할 것이다.

T1 호출 스택	T1 작업 데큐	T2 호출 스택	T2 작업 데큐
(main 고루틴)	fib(4)		

이 시점에서 타이밍에 따라 다음 두 가지 중 하나가 발생할 것이다. T1 또는 T2가 fib(4)에 대한 호출을 호스팅하는 고루틴을 가로챈다. 이 예에서는 알고리즘을 보다 명확하게 설명하기 위해 T1이 작업을 가로채는데 성공했다고 가정하지만, 두 스레드 중 어느 쪽이든 이길 수 있다는 점에 유의해야 한다.

T1 호출 스택	T1 작업 데큐	T2 호출 스택	T2 작업 데큐
(main 고루틴) (미실현 합류 지점)			
fib(4)			

fib(4)는 T1에서 실행되며, 추가된 작업은 왼쪽에서 오른쪽 순으로 이루어지므로 fib(4)가 호출된다.

T1 호출 스택	T1 작업 데큐	T2 호출 스택	T2 작업 데큐
(main 고루틴) (미실현 합류 지점)	fib(3)		
fib(4)	fib(2)		

이 시점에서 T2는 여전히 유휴 상태이므로, T1의 양방향 데큐의 헤드에서 fib(3)을 꺼내온다. 여기서 fib(4)가 마지막으로 대기열에 넣었으므로 T1이 가장 먼저 계산했어야

할 것 같은 `fib(2)`가 T1에 남아 있다는 것에 주목하자. 이것이 중요한 이유에 대해서는 뒤에서 이야기할 것이다.

T1 호출 스택	T1 작업 데큐	T2 호출 스택	T2 작업 데큐
(main 고루틴) (미실현 합류 지점)	fib(2)	fib(3)	
fib(4)			

한편, T1은 `fib(4)`에서 작업을 계속할 수 없는 지점에 도달한다. `fib(3)` 및 `fib(2)`에서 반환된 채널을 기다리고 있다. 이것이 알고리즘의 3단계에서 미실현된 합류 지점이다. 이 때문에 자체 대기열의 꼬리 부분에서 작업을 꺼내오며, 여기서는 `fib(2)`이다.

T1 호출 스택	T1 작업 데큐	T2 호출 스택	T2 작업 데큐
(main 고루틴) (미실현 합류 지점)		fib(3)	
fib(4) (미실현 합류 지점)			
fib(2)			

이 부분은 약간 혼란스럽다. 재귀 알고리즘에서는 역추적^{backtracking}을 사용하지 않으므로 `fib(2)`를 계산하기 위해 다른 고루틴을 스케줄링할 것이다. 이것은 T1에 막 스케줄링된 새롭고 분리된 고루틴이다. T1에 방금 스케줄링된 것은 `fib(4)` (즉, 4-2)에 대한 호출의 일부였다. 새로운 고루틴은 `fib(3)`(즉, 3-1)에 대한 호출의 일부이다. 여기는 `fib(3)`에 대한 호출에서 새롭게 스케줄링된 고루틴들이다.

T1 호출 스택	T1 작업 데큐	T2 호출 스택	T2 작업 데큐
(main 고루틴) (미실현 합류 지점)		fib(3)	fib(2)
fib(4) (미실현 합류 지점)			fib(1)
fib(2)			

다음으로 T1은 재귀적 피보나치 알고리즘의 기저 사례(n <=2)에 도달하고 1을 리턴한다.

T1 호출 스택	T1 작업 데큐	T2 호출 스택	T2 작업 데큐
(main 고루틴) (미실현 합류 지점)		fib(3)	fib(2)
fib(4) (미실현 합류 지점)			fib(1)
(1 리턴)			

그 후에 T2는 미실현 합류 지점에 도달하고 자신의 데큐 꼬리에서 작업을 꺼내온다.

T1 호출 스택	T1 작업 데큐	T2 호출 스택	T2 작업 데큐
(main 고루틴) (미실현 합류 지점)		fib(3) (미실현합류지점)	fib(2)
fib(4) (미실현 합류 지점)		fib(1)	
(1 리턴)			

이제 T1은 다시 유휴 상태가 되었으며, T2의 작업 데큐에서 작업을 가로챘다.

T1 호출 스택	T1 작업 데큐	T2 호출 스택	T2 작업 데큐
(main 고루틴) (미실현 합류 지점)		fib(3) (미실현합류지점)	
fib(4) (미실현 합류 지점)		fib(1)	
fib(2)			

그러면 T2는 다시 한번 기저 사례(n <= 2)에 도달하고 1을 리턴한다.

T1 호출 스택	T1 작업 데큐	T2 호출 스택	T2 작업 데큐
(main 고루틴) (미실현 합류 지점)		fib(3) (미실현합류지점)	
fib(4) (미실현 합류 지점)		(1 리턴)	
fib(2)			

다음으로 T1 역시 기저 사례에 도달하고 1을 리턴한다.

T1 호출 스택	T1 작업 데큐	T2 호출 스택	T2 작업 데큐
(main 고루틴) (미실현 합류 지점)		fib(3) (미실현합류지점)	
fib(4) (미실현 합류 지점)		(1 리턴)	
(1 리턴)			

T2의 fib(3)에 대한 호출은 이제 두 개의 실현된 합류 지점을 가지고 있다. fib(2)와 fib(1)에 대한 호출 모두 자신들의 채널로 결과를 리턴했으며, 생성된 두 개의 고루틴들은 fib(3)을 호출했던 자신들의 부모 고루틴과 합류join했다. 이 부모 고루틴은 덧셈(1+1=2)을 수행하고 그 결과를 자신의 채널로 리턴한다.

T1 호출 스택	T1 작업 데큐	T2 호출 스택	T2 작업 데큐
(main 고루틴) (미실현 합류 지점)		(2 리턴)	
fib(4) (미실현 합류 지점)			

동일한 일이 다시 일어난다. fib(4)에 대한 호출을 호스팅하는 고루틴은 fib(3)과 fib(2)라는 두 개의 미실현 합류 지점을 가지고 있다. 이전 단계에서 막 fib(3)에 대한 조인을 완료했으며, 마지막 작업 T2가 완료되면서 fib(2)에 대한 조인이 완료됐다.

다시 덧셈(2+1=3)이 수행되고, 그 결과는 fib(4)의 채널로 리턴된다.

T1 호출 스택	T1 작업 데큐	T2 호출 스택	T2 작업 데큐
(main 고루틴) (미실현 합류 지점)			
(3 리턴)			

이 시점에서 main 고루틴에 대한 합류 지점(<-fib(4))이 실현되었으며, main 고루틴은 계속해서 실행될 수 있다. main 고루틴은 결과를 출력한다.

T1 호출 스택	T1 작업 데큐	T2 호출 스택	T2 작업 데큐
(3 리턴)			

이제 이 알고리즘의 다른 흥미로운 부분들을 알아보자. 실행 스레드는 작업 데큐의 끝에 넣고 필요할 때마다 꺼낸다는 것을 떠올려 보자. 데큐의 꼬리 쪽에 위치한 작업에는 몇 가지 흥미로운 속성이 있다.

부모의 조인을 완료하는 데 가장 필요한 작업이다.

더 빠르게 조인을 완료한다는 것은 프로그램의 성능이 향상되고 메모리에 저장되는 항목이 적음을 의미한다.

프로세서의 캐시에 여전히 남아있을 가능성이 있는 작업이다.

> 스레드가 현재 작업을 수행하기 전에 마지막으로 수행한 작업이기 때문에, 스레드가 실행 중인 CPU의 캐시에 이 정보가 남아 있을 가능성이 높다. 즉, 캐시 누락$^{\text{cache miss}}$ 이 적다는 의미이다.

전반적으로 이러한 방식으로 작업을 스케줄링하면 드러나지 않는 성능상의 이점이 많다.

작업 또는 연속 가로채기

대충 얼버무리고 넘어간 것 중 하나가 어떤 작업을 대기시키고 어떤 작업을 가로채는지에 대한 질문이다. 포크-조인 패러다임에서는 두 가지 옵션, 즉 작업^{task}과 연속^{continuation}이 있다. Go에서 작업과 연속이 무엇인지 명확하게 이해하기 위해서 피보나치 프로그램을 다시 살펴보자.

```go
var fib func(n int) <-chan int
fib = func(n int) <-chan int {
  result := make(chan int)
  go func() {   ❶
    defer close(result)
    if n <= 2 {
      result <- 1
      return
    }
    result <- <-fib(n-1) + <-fib(n-2)
  }()
  return result   ❷
}
fmt.Printf("fib(4) = %d", <-fib(4))
```

❶ Go에서 고루틴은 작업이다.

❷ 고루틴이 호출된 이후의 모든 것은 연속이다.

분산 대기열 작업 가로채기 알고리즘에 관한 이전의 예제에서 작업이나 고루틴을 대기열에 넣었다. 고루틴이 작업의 내용을 깔끔하게 캡슐화하는 함수를 호스팅하기 때문에, 이 방식은 자연스럽다. 그러나 이것이 실제로 Go의 작업 가로채기 알고리즘이 작동하는 방식은 아니다. Go의 작업 가로채기 알고리즘은 연속을 대기열에 넣고 가로챈다.

그렇다면 이 문제가 왜 중요할까? 연속을 대기열에 넣고 가로채는 경우에 작업을 큐에 넣고 가로채는 것에 비해 추가적으로 발생하는 일들은 무엇일까? 이 질문에 대답하기 위해 합류 지점을 살펴보자.

알고리즘에 따르면, 실행 스레드가 실현되지 않은 합류 지점에 도달하면 스레드는 실행을 일시 중지하고 작업의 가로채기를 수행해야 한다. 작업이 수행되는 동안 조인이 뒤로 미뤄지기 때문에 이를 조인 지연이라고 한다. 작업 가로채기와 연속 가로채기 알고리즘은 둘 다 조인을 지연시키지만, 지연이 얼마나 자주 발생하는지에는 상당한 차이가 있다.

다음을 생각해보자. 고루틴을 생성할 때는, 프로그램에서 그 고루틴의 함수를 실행하기를 원할 것이다. 또한 그 고루틴 뒤쪽의 연속은 어떤 시점에서 그 고루틴과 조인하기를 원할 것이다. 그리고 고루틴이 완료되기 전에 그 뒤에서 조인을 시도하는 것이 드문 일은 아니다. 이 근본 명제를 감안한다면, 고루틴을 스케줄링할 때 즉시 작업을 시작하는 것이 합리적이다.

이제 데큐의 꼬리 쪽에 작업을 넣거나 꼬리 쪽에서 작업을 꺼내오는 스레드와 머리 쪽에서 작업을 꺼내오는 스레드의 속성에 대해 생각해보자. 데큐의 꼬리 쪽에 연속을 집어넣는다면, 데큐의 머리 쪽에서 꺼내가는 스레드에게 가로채기 당할 가능성이 거의 없으며, 고루틴이 실행을 끝내면 이를 다시 꺼내올 수 있고 지연을 피할 수 있다. 또한 포크된 태스크를 함수 호출과 비슷하게 보이도록 만든다. 스레드는 고루틴의 실행으로 건너뛰고 완료 후 그 연속으로 리턴한다.

피보나치 프로그램에 연속 가로채기를 적용하는 방법을 살펴보자. 연속을 표현하는 것은 작업을 표현하는 것보다 덜 명확하기 때문에 다음과 같은 규칙을 사용한다.

- 작업 데큐에 연속이 들어왔을 때 그것을 X의 연속으로 표시한다.

- 연속이 실행을 위해 대기열에서 꺼내지면 암묵적으로 연속을 fib의 다음 호출로 변환한다.

다음은 Go의 런타임이 수행하는 작업을 더 자세히 보여준다.

다시 한번 main 고루틴에서 시작한다.

T1 호출 스택	T1 작업 데큐	T2 호출 스택	T2 작업 데큐
main			

main 고루틴은 fib(4)를 호출하고, 이 호출의 연속은 T1의 작업 데큐 꼬리 쪽에 들어간다.

T1 호출 스택	T1 작업 데큐	T2 호출 스택	T2 작업 데큐
fib(4)	main의 연속		

T2 는 유휴 상태이므로 main의 연속을 가로챈다.

T1 호출 스택	T1 작업 데큐	T2 호출 스택	T2 작업 데큐
fib(4)		main의 연속	

fib(4)는 fib(3)을 T1의 호출 스택에 스케줄링하는데, 이 fib(3)은 바로 실행되고 fib(4)
의 연속이 T1의 작업 데큐 뒤쪽에 추가된다.

T1 호출 스택	T1 작업 데큐	T2 호출 스택	T2 작업 데큐
fib(3)	fib(4)의 연속	main의 연속	

T2가 main의 연속을 실행하려고 시도할 때 T2는 미실현 합류 지점에 도달하게 되고
T1의 다른 작업들을 가로챈다. 이번에 가로채는 것은 fib(4)의 연속이다.

T1 호출 스택	T1 작업 데큐	T2 호출 스택	T2 작업 데큐
fib(3)		main의 연속(미실현 합류 지점)	
		fib(4)의 연속	

다음으로 T1의 fib(3)에 대한 호출은 fib(2)를 위한 고루틴을 스케줄링 하는데, T1은 이
fib(2)를 바로 실행하기 시작한다. fib(3)의 연속은 T1의 작업 데큐 뒤쪽에 들어간다.

T1 호출 스택	T1 작업 데큐	T2 호출 스택	T2 작업 데큐
fib(2)	fib(3)의 연속	main의 연속	
		fib(4)의 연속	

fib(4)의 연속에 대한 T2의 실행은 T1이 남겨두고 간 지점에서 계속되며, fib(2)를 스케줄링해 즉시 실행하기 시작한다. 그리고 다시 fib(4)를 데큐에 넣는다.

T1 호출 스택	T1 작업 데큐	T2 호출 스택	T2 작업 데큐
fib(2)	fib(3)의 연속	main의 연속(미실현 합류 지점)	fib(4)의 연속
		fib(2)	

다음으로 fib(2)에 대한 T1의 호출은 우리 재귀 알고리즘의 기저 사례에 도달하게 되고, 1을 리턴한다.

T1 호출 스택	T1 작업 데큐	T2 호출 스택	T2 작업 데큐
(1을 리턴)	fib(3)의 연속	main의 연속(미실현 합류 지점)	fib(4)의 연속
		fib(2)	

그러면 T2도 기저 사례에 도달하고 마찬가지로 1을 리턴한다.

T1 호출 스택	T1 작업 데큐	T2 호출 스택	T2 작업 데큐
(1을 리턴)	fib(3)의 연속	main의 연속(미실현 합류 지점)	fib(4)의 연속
		(1을 리턴)	

그 다음으로 T1은 자신의 대기열에서 작업을 가로채서 fib(1)을 계산하기 시작한다. T1의 콜 체인이 fib(3) → fib(2) → fib(1)가 되는 방식을 주목하라. 이게 바로 앞서 논의한 연속 가로채기의 이점이다!

T1 호출 스택	T1 작업 데큐	T2 호출 스택	T2 작업 데큐
fib(1)		main의 연속(미실현 합류 지점)	fib(4)의 연속
		(1을 리턴)	

T2는 fib(4)의 연속의 끝에 위치하지만, fib(2)라는 하나의 합류 지점만 실현된다. fib(3)에 대한 호출은 여전히 T1에서 처리되고 있다. 더 이상 가로챌 작업이 없으므로 T2는 유휴 상태이다.

T1 호출 스택	T1 작업 데큐	T2 호출 스택	T2 작업 데큐
fib(1)		main의 연속(미실현 합류 지점)	
		fib(4)의 연속(미실현 합류 지점)	

T1은 이제 연속의 마지막인 fib(3)에 도달했으며, 합류 지점인 fib(2)와 fib(1)도 만족 됐다. T1은 2를 리턴한다.

T1 호출 스택	T1 작업 데큐	T2 호출 스택	T2 작업 데큐
(2를 리턴)		main의 연속(미실현 합류 지점)	
		(2를 리턴)	

이제 fib(4)의 합류 지점인 fib(3)와 fib(2)도 만족됐다. T2는 계산을 수행할 수 있으며, 그 결과(2+1=3)을 리턴한다.

T1 호출 스택	T1 작업 데큐	T2 호출 스택	T2 작업 데큐
		main의 연속(미실현 합류 지점)	
		(3을 리턴)	

마침내 main 고루틴의 합류 지점이 실현되었으며 fib(4)의 호출 결과를 받아서 4을 출 력할 수 있게 됐다.

T1 호출 스택	T1 작업 데큐	T2 호출 스택	T2 작업 데큐
		main(3을 출력)	

이렇게 추적해보면, T1에서 연속적으로 연산이 실행되도록 하기 위해 어떤 식으로 연속을 활용하는지 간략히 알 수 있다. 연속 가로채기를 사용한 이번 실행과 작업 가로채기를 사용한 실행의 통계를 비교한다면 그 이점이 좀 더 명확하게 드러날 것이다.

통계 지표	연속 가로채기	작업 가로채기
단계의 수	14	15
데큐의 최대 길이	2	2
지연된 조인의 횟수	2(모두 유휴 스레드)	3(모두 작업 중인 스레드)
호출 스택의 크기	2	3

이러한 통계 지표는 비슷해 보일 수 있지만 큰 시스템을 대상으로 추론한다면 연속 가로채기가 얼마나 확실하게 이득인지 실감할 수 있다.

또한 오직 하나의 실행 스레드만 있을 경우에 이 실행이 어떻게 되는지도 살펴보자.

T1 호출 스택	T1 작업 데큐
main	

T1 호출 스택	T1 작업 데큐
fib(4)	main

T1 호출 스택	T1 작업 데큐
fib(3)	main
	fib(4)의 연속

T1 호출 스택	T1 작업 데큐
fib(2)	main
	fib(4)의 연속
	fib(3)의 연속

T1 호출 스택	T1 작업 데큐
(1을 리턴)	main
	fib(4)의 연속
	fib(3)의 연속

T1 호출 스택	T1 작업 데큐
fib(1)	main
	fib(4)의 연속

T1 호출 스택	T1 작업 데큐
(1을 리턴)	main
	fib(4)의 연속

T1 호출 스택	T1 작업 데큐
(2를 리턴)	main
	fib(4)의 연속

T1 호출 스택	T1 작업 데큐
fib(2)	main

T1 호출 스택	T1 작업 데큐
(1을 리턴)	main

T1 호출 스택	T1 작업 데큐
(3을 리턴)	main

T1 호출 스택	T1 작업 데큐
main(3을 출력)	

흥미롭다! 고루틴을 사용한 단일 스레드의 런타임은 함수를 사용한 것과 동일하다! 이 것이 연속 가로채기의 또 다른 이점이다.

이 모든 것을 고려하면, 연속을 가로채는 것이 이론적으로 작업을 가로채는 것보다 훨씬 우월하다는 점을 알 수 있으므로 고루틴이 아닌 연속을 대기열에 넣는 것이 가장 좋다. 다음 표에서 볼 수 있듯이 연속을 가로채는 것에는 여러 가지 이점이 있다.

	연속	자식
대기열 크기	제한	무제한
실행의 순서	순차적	무작위
합류 지점	지연 없음	지연

그렇다면 왜 모든 작업 가로채기 알고리즘을 연속 가로채기로 구현하지 않는 걸까? 연속 가로채기는 여전히 컴파일러의 지원을 필요로 한다. 운 좋게도 Go는 자체 컴파일러가 있으며, 연속 가로채기는 Go의 작업 가로채기 알고리즘이 구현되는 방식이다. 이러한 고급스러움이 없는 언어는 대개 라이브러리로, 흔히 "자식"이라고 하는 작업 가로채기를 구현한다.

이 모델은 Go의 알고리즘에 더 가깝지만, 전체 그림을 나타내는 것은 아니다. Go는 추가적인 최적화를 수행한다. 이를 분석하기 전에 소스 코드에 Go 스케줄러의 명명법을 사용하기 시작하는 것으로 단계를 설정해보겠다.

Go의 스케줄러는 세 가지 메인 컨셉을 가지고 있다.

G

고루틴

M

OS의 스레드(소스코드에서는 기기^{machine}로 언급되기도 한다)

P

컨텍스트(소스코드에서는 프로세서^{processor}로 언급되기도 한다)

작업 가로채기에 대한 논의에서 M은 T와 같으며 P는 작업 데큐와 동일하다 (GOMAXPROCS가 변경되면 할당되는 개수가 변경된다). G는 고루틴이지만 goroutine의 현 상태, 특히 대표적으로 프로그램 카운터(PC)를 나타낸다는 점에 유의하자. 이를 통해 G는 연속을 나타낼 수 있으며 Go는 연속 가로채기를 할 수 있다.

Go의 런타임에서는 M이 시작되고 M이 P를 호스트한 다음, P는 G를 스케줄링하고 호스트한다.

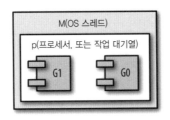

이 표기법만 사용하는 경우 이 알고리즘이 어떻게 작동하는지 분석하기가 어렵기 때문에, 이번 분석에서는 전체 이름을 사용할 것이다. 좋다. 이제 용어가 정해졌으므로 Go의 스케줄러가 어떻게 작동하는지 살펴보자!

앞서 언급했듯이, GOMAXPROCS 설정은 런타임에서 사용할 수 있는 컨텍스트 수를 제어한다. 기본 설정은 호스트 시스템의 논리 CPU당 하나의 컨텍스트가 존재하는 것이다. 컨텍스트와는 다르게, Go의 런타임이 가비지 컬렉션 및 고루틴 등을 관리하는 데 도움이 되는 OS 스레드는 코어보다 더 많거나 적을 수 있다. 사실 런타임이 보장하는 매우 중요한 사실이 하나 있기 때문에 이 이야기를 꺼낸 것이다. 바로 적어도 모든 컨텍스트를 호스팅 처리할 수 있을 만큼 충분한 OS 스레드가 언제나 존재한다는 점이다. 이로 인해 런타임은 중요한 최적화를 수행할 수 있다. 런타임은 현재 사용되지 않는 스레드에 대한 스레드 풀도 포함한다. 이제 최적화에 대해 이야기해보자!

입/출력 또는 Go의 런타임 외부에서 시스템 콜을 통해 고루틴 중 하나가 차단된 경우 어떤 일이 발생할지 생각해보자. 고루틴을 호스팅하는 OS 스레드도 차단돼 다른 고루틴들을 진행하거나 호스트하지 못할 수 있다. 논리적으로 말하면 이것은 괜찮다. 하지만 성능면에서 Go는 기기의 프로세서를 가능한 활성 상태로 유지하기 위해 더 많은 작업을 수행할 수 있다.

이 상황에서 Go는, OS 스레드에서 컨텍스트를 분리해 컨텍스트를 대기 상태가 아닌 다른 OS 스레드로 넘겨줄 수 있다. 이렇게 하면 컨텍스트가 추가적인 고루틴을 스케줄링할 수 있으므로, 런타임은 호스트 시스템의 CPU를 활성 상태로 유지할 수 있다. 차단된 고루틴은 차단된 스레드와 관련이 있다.

고루틴이 차단 해제되면 호스트 OS의 스레드는 이전에 차단됐던 고루틴을 계속 실행할 수 있도록, 다른 OS 스레드 중 하나에서 컨텍스트를 가로채려고 시도한다. 그러나 이것이 항상 가능한 것은 아니다. 컨텍스트 가로채기가 불가능한 경우, 스레드는 전역 컨텍스트에 고루틴을 배치하고 해당 스레드는 절전 모드로 전환되며, 나중에 고루틴이 다시 차단되는 경우가 발생한 경우 등에 사용할 수 있도록 런타임의 스레드 풀에 배치된다.

방금 언급한 전역 컨텍스트는 추상적인 작업 가로채기 알고리즘에 대해 앞서 이야기한 내용과 부합하지 않는다. 이는 Go가 CPU 사용을 최적화하는 방법에 따라 필요한 구현 상의 세부 사항이다. 전역 컨텍스트에 배치되는 고루틴이 영원히 거기 머물지 않도록 하려면 몇 가지 추가적인 단계가 작업 가로채기 알고리즘에 추가돼야 한다. 주기적으로 컨텍스트는 전역 컨텍스트를 검사해 거기에 고루틴이 있는지 확인하고, 컨텍스트의 큐가 비어 있으면 다른 OS 스레드의 컨텍스트를 확인하기 전에 먼저 전역 컨텍스트에서 가져올 작업이 있는지 확인한다.

입력/출력 및 시스템 콜 외에 Go는 함수 호출 중에도 고루틴이 선점 될 수 있게 한다. 이는 런타임이 효율적으로 작업을 스케줄링할 수 있도록 해주며, 매우 정교한 동시 작업을 선호하는 Go의 철학에 맞춰 작동한다. Go 개발팀이 해결하려고 한 주목할 만한 예외가 하나 있다(https://github.com/golang/go/issues/10958). 바로 입력/출력과 시스템 콜, 함수 호출을 수행하지 않는 고루틴이다. 현재 이러한 종류의 고루틴은 선점 가능하지 않으며, 긴 가비지 컬렉션 대기, 심지어는 데드락과 같은 중요한 문제를 일으킬 수 있다. 다행히도, 경험으로 미루어 보아 이런 일은 거의 발생하지 않는다.

이 모든 것을 개발자에게 보여주는 방법

고루틴이 어떻게 작동하는지 이해했으므로 이제 뒤로 물러나서, 이 모든 것을 개발자와 인터페이스하는 방식을 통해 다시 반복해보겠다. 그것은 바로 go 키워드이다. 이게 전부다.

함수이나 클로저 앞에 go라는 단어를 치면, 실행 중인 컴퓨터에서 가장 효율적인 방식으로 실행될 작업이 자동으로 스케줄링된다. 개발자로서 우리는 여전히 우리가 잘 알고 있는 기본 요소인 함수를 기반으로 생각하고 있다. 우리는 일을 하는 새로운 방식, 복잡한 데이터 구조 또는 스케줄링 알고리즘을 이해할 필요가 없다.

확장성, 효율성, 단순성. 이것이 고루틴을 매우 흥미롭게 만드는 특징이다.

결론

Go의 동시성에 대한 첫 번째 원칙부터 기본적인 사용법, 패턴 및 런타임의 작동 방식에 대한 일반적인 관점을 살펴봤다. 이 책을 통해 Go에서 동시성을 잘 파악해서 작업을 효율적으로 마무리할 수 있기를 진심으로 바란다.

부록

동시 코드를 작성하는 여정을 떠나면서, 프로그램 작성 및 정확성 분석을 위한 도구와, 프로그램 내에서 일어나는 일을 이해하는 데 도움이 되는 몇 가지 유용한 지침이 필요할 것이다. 다행스럽게도 Go 생태계는 Go 팀과 커뮤니티 모두에서 풍부한 도구 세트를 보유하고 있다!

이 부록에서는 이러한 도구 중 일부를 소개하고 해당 도구가 개발 전 및 개발 과정, 개발 이후 어떻게 도움을 줄 수 있는지에 대해 설명한다. 이 책은 동시성에 중점을 두고 있기 때문에 동시 코드를 작성하거나 분석하는 데 도움이 되는 항목만 논의할 것이다. 또한 고루틴이 패닉에 빠졌을 때 일어나는 일을 간략하게 살펴보겠다. 자주 발생하지는 않지만, 처음 보면 이 출력이 약간 혼란스러울 수 있다.

고루틴 에러 분석

언젠가는 프로그램에 패닉이 일어날 것이다. 운이 좋다면 그 과정에서 사람이나 컴퓨터에 해를 끼치지 않을 것이며, 최악의 상황은 스택 트레이스의 좋지 못한 결말을 그저 바라보는게 되는 것이다.

Go 1.6 이전에는 고루틴이 패닉에 빠지면, 런타임은 현재 실행 중인 모든 고루틴의 스택 트레이스를 출력한다. 때때로 이것은 무슨 일이 일어나는지 판단하는 것을 어렵게 만들었으며, 시간이 많이 걸리게 만드는 요소였다. 이 글을 쓰는 시점에서, Go 1.6 이상은 패닉에 빠진 고루틴의 스택 트레이스만 출력해 작업을 크게 단순화한다.

예를 들어 다음의 간단한 프로그램을 실행해보자.

```
1 package main
3 func main() {
4   waitForever := make(chan interface{})
5   go func() {
6     panic("test panic")
7   }()
8   <-waitForever
9 }
```

다음 스택 트레이스가 출력될 것이다.

```
panic: test panic
 goroutine 4 [running]:
 main.main.func1()   ❸
   /tmp/babel-3271QbD/go-src-32713Rn.go:6 +0x65   ❶
 created by main.main
   /tmp/babel-3271QbD/go-src-32713Rn.go:7 +0x4e   ❷
 exit status 2
```

❶ 패닉이 발생한 위치를 나타낸다.

❷ 고루틴이 시작된 위치를 나타낸다.

❸ 고루틴으로 실행중인 함수의 이름을 나타낸다. 이 예제에서와 같이 익명의 함수인 경우 자동 고유 식별자가 지정됩니다.

프로그램이 패닉 상태일 때 실행 중인 모든 고루틴의 스택 트레이스를 보려면, GOTRACEBACK 환경 변수를 all로 설정하여 예전의 동작 방식을 활성화할 수 있다.

레이스 탐지

Go 1.1에서는 대부분의 go 명령에 -race 플래그가 플래그로 추가됐다.

```
$ go test -race mypkg   # 패키지 테스트
$ go run -race mysrc.go # 프로그램 컴파일 및 실행
$ go build -race mycmd  # mycmd 빌드
$ go install -race mypkg # 패키지 설치
```

만약 당신이 개발자이고 레이스 컨디션을 안정적으로 탐지할 방법이 필요한 것뿐이라면 이것만 알면 된다. 레이스 탐지기를 사용할 때 한 가지 주의 사항은, 이 알고리즘은 검사되는 코드에 포함된 레이스 컨디션만 찾는다는 것이다. 이러한 이유로 Go 팀에서는 실제 환경의 부하 속에서 race 플래그로 빌드된 어플리케이션의 빌드를 실행할 것을 권한다. 이렇게 하면 더 많은 코드가 실행될 확률이 높아지기 때문에 레이스를 찾을 확률도 높아진다.

보통은 기본값으로 충분하지만, 환경 변수를 통해 레이스 탐지기의 동작을 조정할 수 있는 옵션도 몇 가지 있다.

LOG_PATH

레이스 탐지기가 LOG_PATH.pid 파일에 보고서를 쓰도록 지시한다. stdout 및 stderr와 같은 특별한 값을 전달할 수도 있다. 기본값은 stderr이다.

STRIP_PATH_PREFIX

레이스 탐지기가 보고서에서 파일 경로의 시작 부분을 제거해 더 간결하게 만든다.

HISTORY_SIZE

고루틴당 히스토리의 크기, 즉 고루틴 별로 이전의 메모리 접근을 얼마나 기억하고 있을지를 제어한다. 유효한 값 범위는 [0, 7]이다. 고루틴 히스토리에 할당되는 메모리는 HISTORY_SIZE가 0일 때 32KB으로 시작해서, 늘어날 때마다 두 배씩 증가해서 HISTORY_SIZE가 7일 때 최대 4MB가 된다. 보고서에서 "failed to restore the stack(스택 복구 실패)"가 표시되면, 이는 이 값을 증가시켜야 한다는 지표이다. 그러나 메모리 소비를 크게 증가시킬 수 있다.

다음은 1장에서 살펴봤던 간단한 예제이다.

```
1 var data int
2 go func() {  ❶
3   data++
4 }()
5 if data == 0 {
6   fmt.Printf("the value is %v.\n", data)
7 }
```

다음과 같은 에러가 발생할 것이다.

```
==================
 WARNING: DATA RACE
 Write by goroutine 6:
  main.main.func1()
     /tmp/babel-10285ejY/go-src-10285GUP.go:6 +0x44 ❶
 Previous read by main goroutine:
  main.main()
     /tmp/babel-10285ejY/go-src-10285GUP.go:7 +0x8e ❷
 Goroutine 6 (running) created at:
  main.main()
     /tmp/babel-10285ejY/go-src-10285GUP.go:6 +0x80

==================
 Found 1 data race(s)
 exit status 66
```

❶ 동기화되지 않은 메모리에 접근해 쓰려고 시도하는 고루틴을 나타낸다.

❷ 동일한 메모리를 읽으려는 고루틴(이 경우에는 main 고루틴)을 나타낸다.

레이스 탐지기는 코드에서 레이스 컨디션을 자동으로 탐지하는 데 매우 유용한 도구이다. 지속적인 통합 프로세스의 일부로 그것을 통합하는 것이 좋다. 다시 한번 말하지만, 레이스 탐지는 발생하는 레이스만 탐지할 수 있기 때문에 레이스 컨디션을 발생시키는 때로는 까다롭기까지 한 방법도 다뤘다. 레이스 컨디션을 일으키기 위해서는 계속해서 실제 시나리오를 실행해야 한다.

pprof

대규모 코드베이스에서는 런타임에 프로그램의 성능을 확인하기가 어려울 수 있다. 얼마나 많은 고루틴들이 돌아가고 있을까? CPU는 완전히 활용되고 있을까? 메모리 사용량은 어떻게 될까? 프로파일링은 이 질문에 대한 훌륭한 답이며, Go는 프로파일러를 지원하기 위해 표준 파이브러리 내에 "pprof"라는 패키지를 가지고 있다.

pprof는 구글에서 만든 도구이며, 프로그램이 실행되는 동안 또는 저장된 런타임 통계를 사용해 프로파일링 데이터를 표시할 수 있다. 이 프로그램의 사용법은 help 플래그에 잘 설명돼 있으므로, 여기에서는 runtime/pprof 패키지, 특히 동시성에 적용되는 부분에 대해 논의한다.

runtime/pprof 패키지는 매우 간단하며, 후킹 및 표시를 위한 프로파일을 미리 정의하고 있다.

```
goroutine    - 현재의 모든 고루틴들에 대한 스택 트레이스
heap         - 모든 힙 할당에 대한 샘플링
threadcreate - 새로운 OS 스레드의 생성으로 이어진 스택 트레이스
block        - 동기화 기본 요소에서의 대기를 발생시킨 스택 트레이스
mutex        - 뮤텍스를 두고 경합하는 보유자들의 스택 트레이스
```

동시성의 컨텍스트에서, 이들 대부분은 실행중인 프로그램 내에서 일어나는 일을 이해하는 데 유용하다. 다음은 고루틴 누수를 탐지할 수 있도록 도와주는 고루틴의 예제이다.

```
log.SetFlags(log.Ltime | log.LUTC)
log.SetOutput(os.Stdout)

// 매 초마다 현재 얼마나 많은 고루틴이 실행되고 있는지 기록한다.
go func() {
  goroutines :=
pprof
.Lookup("goroutine")
  for range time.Tick(1*time.Second) {
    log.Printf("goroutine count: %d\n", goroutines.Count())
  }
}()
```

```
// 절대 종료되지 않는 고루틴을 몇 개 생성한다.
var blockForever chan struct{}
for i := 0; i < 10; i++ {
  go func() { <-blockForever }()
  time.Sleep(500*time.Millisecond)
}
```

이러한 기본 제공 프로파일은 프로그램의 문제점을 프로파일링하고 진단하는 데 정말 도움이 될 수 있지만, 프로그램을 모니터하는 데 도움이 되도록 사용자 정의 프로파일을 작성할 수도 있다.

```
func newProfIfNotDef(name string) * pprof.Profile {
  prof := pprof.Lookup(name)
  if prof == nil {
    prof = pprof.NewProfile(name)
  }
  return prof
}
prof := newProfIfNotDef("my_package_namespace")
```

찾아보기

Go 동시성 프로그래밍

개발자를 위한 도구와 테크닉

발 행 | 2019년 6월 28일

지은이 | 캐서린 콕스 부데이
옮긴이 | 이 상 식

펴낸이 | 권 성 준
편집장 | 황 영 주
편 집 | 조 유 나
　　　　김 진 아
디자인 | 윤 서 빈

에이콘출판주식회사
서울특별시 양천구 국회대로 287 (목동)
전화 02-2653-7600, 팩스 02-2653-0433
www.acornpub.co.kr / editor@acornpub.co.kr

한국어판 ⓒ 에이콘출판주식회사, 2019, Printed in Korea.
ISBN 979-11-6175-317-1
http://www.acornpub.co.kr/book/concurrency-in-go

이 도서의 국립중앙도서관 출판시도서목록(CIP)은 서지정보유통지원시스템 홈페이지(http://seoji.nl.go.kr)와
국가자료공동목록시스템(http://www.nl.go.kr/kolisnet)에서 이용하실 수 있습니다.(CIP제어번호: CIP2019024273)